ABITUR

Prüfungsaufgaben
mit Lösungen

2015

Geschichte

Gymnasium • Gesamtschule
Niedersachsen

2013 – 2014

STARK

ISBN 978-3-8490-1058-4

10. neu bearbeitete und ergänzte Auflage
www.stark-verlag.de

Inhalt

Abiturähnliche Übungsaufgaben

Abiturprüfungsaufgaben 2013

Grundlegendes Anforderungsniveau

Erhöhtes Anforderungsniveau

Abiturprüfungsaufgaben 2014

Grundlegendes Anforderungsniveau

Erhöhtes Anforderungsniveau

Autoren:

Beatrix Brüning: 2013/GA I, 2014/GA I

Dr. Johannes Heinßen: Übungsaufgabe 3, 2013/EA I, II

Dr. Hans-Joachim Müller: Übungsaufgabe 6, 2012/GA I; 2014/EA I

Wolfgang Münchenhagen: Hinweise, Übungsaufgabe 2, 5, 2014/GA II

Dr. Uta Richter-Uhlig: Übungsaufgaben 2012/EA I, II, 2013/GA II, 2014/EA II

Dennis Röder: Übungsaufgaben 1, 4

Vorwort

Liebe Schülerinnen, liebe Schüler,

der vorliegende Band unterstützt Sie bei Ihrer effektiven Vorbereitung auf die zentrale schriftliche Abiturprüfung.

Das einführende Kapitel „**Hinweise und Tipps zum Zentralabitur**" gibt Ihnen wertvolle Informationen zum **Ablauf des Zentralabiturs** sowie konkrete Tipps, die Ihnen bei Ihrer Vorbereitung und beim Verfassen der Klausuren helfen. Wichtig sind für Sie dabei die Erläuterungen zu den rechtlichen, inhaltlichen und organisatorischen Vorgaben für die Abiturprüfung 2015. Hier wird Ihnen das Spektrum der prüfungsrelevanten Themen vorgestellt und erläutert. Außerdem erhalten Sie Informationen zu den Arbeitsanweisungen (**Operatoren**) und zum Umgang mit verschiedenen **historischen Quellen**. Ausführliche Tipps zu grundlegenden **Schreibkompetenzen und Schreibtechniken** und detaillierte, kleinschrittige Ausführungen zu den prüfungsrelevanten **Aufsatzformen** runden diesen Abschnitt ab.

Das Buch enthält darüber hinaus **Übungsaufgaben** mit **Musterlösungen zu allen Wahlpflichtmodulen des Zentralabiturs 2015**. Mithilfe der Übungsaufgaben können Sie sowohl Ihre im Unterricht erworbenen Kenntnisse wieder auffrischen als auch die Bearbeitung von Aufgaben unter Prüfungsbedingungen trainieren und optimieren. Darüber hinaus sind sämtliche Abituraufgaben der Jahre 2013 und 2014 ebenfalls mit Musterlösungen enthalten.

Sollten nach Erscheinen dieses Bandes noch wichtige **Änderungen** in der Abitur-Prüfung 2015 vom Kultusministerium bekannt gegeben werden, finden Sie aktuelle Informationen dazu im Internet unter: *www.stark-verlag.de/pruefung-aktuell.*

Zu jeder Aufgabe finden Sie im Anschluss nicht nur ausführliche **Lösungsvorschläge**, sondern auch **allgemeine Hinweise** zum Lösen der Aufgabe sowie konkrete **Bearbeitungshinweise**, die Ihnen eine gezielte Vorgehensweise bei der Beantwortung der einzelnen Aufgaben vermitteln.

Ein **Stichwortverzeichnis** erleichtert Ihnen die gezielte Nutzung dieses Bandes und ermöglicht Ihnen einen schnellen Zugriff auf zentrale Sachverhalte.

Verlag und Autoren wünschen Ihnen eine gute Vorbereitungsphase und viel Erfolg in der Abiturprüfung!

Stichwortverzeichnis

Hinweise und Tipps zum Zentralabitur

Rechtliche, inhaltliche und organisatorische Vorgaben für die Abiturprüfung

1 Schulrechtliche Vorgaben für die Abiturprüfung

Den schulrechtlichen Rahmen für die schriftlichen und mündlichen Abiturprüfungen im Fach Geschichte stecken drei Regelwerke ab:

- Die **Einheitlichen Prüfungsanforderungen in der Abiturprüfung Geschichte** („EPA" der KMK, Fassung vom 10. 2. 2005), die von der Kultusministerkonferenz herausgegeben wurden, sind bundesweit gültig. Hier werden allgemeine Festlegungen für die schriftliche und mündliche Abiturprüfung getroffen. Was für Sie davon wichtig ist – z. B. die fachlichen Inhalte, die verbindlichen Qualifikationen und Anforderungsbereiche –, wird in den folgenden Abschnitten systematisch und für Ihren Abiturjahrgang konkretisiert dargestellt.
- Im Abitur kann nur das geprüft werden, was vorher unterrichtet wurde. Diesen Rahmen beschreibt das **Kerncurriculum Geschichte für die Oberstufe** (Kerncurriculum für das Gymnasium – gymnasiale Oberstufe, die Gesamtschule – gymnasiale Oberstufe, das Berufliche Gymnasium, das Abendgymnasium, das Kolleg, Geschichte, Niedersächsisches Kultusministerium, 2011). Die hier verzeichneten Kompetenzen, die Sie in den beiden Schuljahren erworben haben sollen, bilden die Grundlage der schriftlichen und mündlichen Abiturprüfungen. Hier finden Sie ein Menü von vier Rahmenthemen, in jedem der vier Kurshalbjahre der Qualifikationsphase wird jeweils eines behandelt. Jedes Rahmenthema ist in mehrere Wahlmodule gegliedert.
- Damit die Lehrkräfte wissen, was sie in den vier Kurshalbjahren unterrichten sollen, sodass die Abiturientinnen und Abiturienten die zentral gestellten schriftlichen Abiturprüfungen erfolgreich bearbeiten können, wählt das Kultusministerium für jeden Abiturjahrgang aus den vier Rahmenthemen je ein Wahlmodul verbindlich aus, die vier „**Wahlpflichtmodule**". Diese sind dem Informationsblatt „**Abitur 2015 – Hinweise zum Fach Geschichte**" (Nds. Kultusministerium, Juli 2011 und Januar 2014) zu entnehmen.

2 Prüfungsinhalte im Abitur 2015

Für die vier Kurshalbjahre des Abiturs 2015 hat das Kultusministerium in seinen **Hinweisen zur schriftlichen Abiturprüfung 2015** folgende **Wahlpflichtmodule** in dieser Kursreihenfolge verbindlich vorgegeben:

1. Schulhalbjahr: Krise(n) der römischen Republik seit dem 2. Jh. v. Chr.
Inhaltliche Schwerpunkte:

- Veränderungsprozesse in der römischen Gesellschaft seit dem 2. Jahrhundert v. Chr. (militärisch, wirtschaftlich, politisch, sozial)
- Krisenbewältigungsstrategien (u. a. Gracchen, Marius, Sulla)
- Umgestaltung der republikanischen Staatsordnung (Caesar, Augustus)

2. Schulhalbjahr: Spanischer Kolonialismus
Inhaltliche Schwerpunkte:

- Spanische Herrschaftspraxis in der „Neuen Welt" (u. a. Anspruch und Realität)
- Demografische, ökologische und gesundheitliche Auswirkungen in den Kolonien und in Spanien
- Entstehung lateinamerikanischer Gesellschaften und Kulturen (u. a. Mexiko, Kuba)

3. Schulhalbjahr: Nationalsozialismus und deutsches Selbstverständnis
Inhaltliche Schwerpunkte:

- Hintergründe und Inhalte der NS-Ideologie (u. a. Sozialdarwinismus/Antisemitismus, Führerprinzip, „Volksgemeinschaft") und deren Umsetzung in die Praxis
- Zwischen Anpassung und Widerstand im nationalsozialistischen Deutschland (u. a. militärischer Widerstand)
- Aufarbeitung von Schuld und Verantwortung nach 1945 (u. a. für Holocaust/Schoah)

4. Schulhalbjahr, inhaltliche Vorgabe: Mythen
Inhaltliche Schwerpunkte:

- Beispiele von Mythen (z. B. Troja, Nibelungen, Wilder Westen, Che Guevara, Ostalgie)
- Analyse und Dekonstruktion der Inhalte und Intentionen
- Rekonstruktion (z. B. Ausstellung, Essay, Leserbrief)

3 Der unterrichtliche Bezug der schriftlichen Abituraufgaben

Eine zentral gestellte schriftliche Prüfungsaufgabe bezieht sich in ihrem Schwerpunkt jeweils auf eines dieser Wahlpflichtmodule. In einer Teilaufgabe muss darüber hinaus ein Bezug zu einem anderen Wahlpflichtmodul und somit zu einem anderen Kurshalbjahr hergestellt werden, z. B. indem Sie zusätzlich Transferleistungen einbringen oder eigenständig Beispiele und Argumentationsketten entwickeln müssen (halbjahresübergreifender Bezug in der Prüfungsaufgabe).
Die Fachkonferenz Geschichte an Ihrer Schule musste jedes Wahlpflichtmodul durch ein weiteres Modul aus dem Kerncurriculum Geschichte ergänzen. Daher kann z. B. eine Abitur-Teilaufgabe fordern, dass Sie Kenntnisse oder Schlussfolgerungen aus dem Zusammenhang des Wahlpflichtmoduls mit dem ergänzenden Modul inhaltlich bzw. methodisch verknüpfen.

4 Aufgabenvorschläge – Auswahlzeit – Bearbeitungszeiten

- Sie erhalten in der zentral gestellten schriftlichen Abiturprüfung zwei Aufgaben, die sich in ihrem Schwerpunkt auf unterschiedliche Kurshalbjahre und damit auf unterschiedliche Wahlpflichtmodule beziehen. Von diesen müssen Sie eine Aufgabe auswählen und in Form eines Fachaufsatzes (einer Klausur) bearbeiten.
- Für die Auswahl wird Ihnen eine Zeit von maximal 20 Minuten gewährt.
- Die anschließende Bearbeitungszeit beträgt im Schwerpunktfach mit erhöhtem Anforderungsniveau 300 Minuten bzw. im Ergänzungsfach mit grundlegendem Anforderungsniveau 220 Minuten.

5 Aufgaben mit grundlegendem und erhöhtem Anforderungsniveau

Prüfungsklausuren mit grundlegendem und solche mit erhöhtem Anforderungsniveau unterscheiden sich durch

- die Anzahl und den Umfang der zu behandelnden Gegenstandsbereiche,
- die Komplexität und die Vielfalt der Untersuchungsaspekte,
- den Umfang und die Vielfalt der zu interpretierenden historischen Quellen und Darstellungen,
- die Tiefe der Einblicke in Erkenntnisprobleme des Faches.

6 Zentral gestellte Aufgaben – dezentral gestellte Aufgaben

Die zentrale Aufgabenstellung gilt nur für die schriftlichen Abiturprüfungen, die mündliche Prüfung wird weiterhin dezentral gestellt, das heißt von Ihrer Lehrkraft.

7 Anforderungsbereiche

Anforderungsbereiche (abgekürzt: AFB) beschreiben in allgemeiner Form die systematisch aufeinander aufbauenden Arbeitsschritte eines Untersuchungsprozesses. Sie werden überall dort angewendet, wo Sachverhalte anspruchsvoll auf fachlicher Grundlage untersucht werden: Das geschieht in Abiturklausuren ebenso wie in Studium, Beruf und vielen anderen Situationen des öffentlichen und privaten Lebens, wenn intellektuell anspruchsvolle Probleme professionell zu lösen sind.

Tipp: Bevor Sie sich den Definitionen der Anforderungsbereiche im Fach Geschichte zuwenden, machen Sie sich das System der methodisch aufeinander aufbauenden Verarbeitungsschritte verständlich:

- Der Untersuchungsprozess beginnt mit dem **Beschreiben** des Untersuchungsgegenstandes oder Sachverhalts, um zunächst eine Informationsgrundlage zu schaffen (AFB I).
- Darauf aufbauend wird der zu untersuchende Sachverhalt a) in seine Einzelteile zergliedert und diese analysiert (immanente Analyse) und/oder b) es erfolgt eine Analyse des Zusammenhangs zwischen dem Gegenstand (z. B. der Quelle) und seinem Kontext (z. B. dem historischen Hintergrund der Quelle) (AFB II).

- Im dritten Schritt wird auf Basis der Analyseergebnisse die **Problemlösung** gefunden und begründet (AFB III).

In diesem methodischen Grundkonzept steigt der Schwierigkeitsgrad stufenweise an.

Im Fach Geschichte werden die drei Anforderungsbereiche, die selbstverständlich in schriftlichen wie in mündlichen Prüfungen gelten, folgendermaßen beschrieben:

Der **Anforderungsbereich I (AFB I)** umfasst das Wiedergeben von Sachverhalten aus einem abgegrenzten Gebiet und im gelernten Zusammenhang unter rein reproduktivem Benutzen eingeübter Arbeitstechniken.
Dies erfordert vor allem **Reproduktionsleistungen**, insbesondere:

- Wiedergeben von grundlegendem historischen Fachwissen
- Bestimmen der Quellenart
- Unterscheiden zwischen Quellen und Darstellungen
- Entnehmen von Informationen aus Quellen und Darstellungen
- Bestimmen von Raum und Zeit historischer Sachverhalte

Der **Anforderungsbereich II (AFB II)** umfasst das selbstständige Erklären, Bearbeiten und Ordnen bekannter Inhalte sowie das angemessene Anwenden gelernter Inhalte und Methoden auf andere Sachverhalte.
Dies erfordert vor allem **Reorganisations- und Transferleistungen**, insbesondere:

- Erklären kausaler, struktureller bzw. zeitlicher Zusammenhänge
- sinnvolles Verknüpfen historischer Sachverhalte zu Verläufen und Strukturen
- Analysieren von Quellen oder Darstellungen
- Konkretisieren bzw. Abstrahieren von Aussagen der Quelle oder Darstellung

Der **Anforderungsbereich III (AFB III)** umfasst den reflexiven Umgang mit neuen Problemstellungen, den eingesetzten Methoden und gewonnenen Erkenntnissen, um zu eigenständigen Begründungen, Folgerungen, Deutungen und Wertungen zu gelangen. Dies erfordert vor allem Leistungen der **Reflexion und Problemlösung**, insbesondere:

- Entfalten einer strukturierten, multiperspektivischen und problembewussten historischen Argumentation
- Diskutieren historischer Sachverhalte und Probleme
- Überprüfen von Hypothesen zu historischen Fragestellungen
- Entwickeln eigener Deutungen
- Reflektieren der eigenen Urteilsbildung unter Beachtung historischer bzw. gegenwärtiger ethischer, moralischer und normativer Kategorien

Die Teilaufgaben sind jeweils überwiegend einem Anforderungsbereich zugeordnet, die erste in der Regel dem AFB I (→ Darstellung der Informationen), die letzte meist dem AFB III (→ Problemlösung), die mittleren Aufgaben dienen überwiegend dazu, die Einzelteile des Untersuchungsgegenstandes zu analysieren (überwiegend AFB II). Die Teilaufgaben einer Klausur können nicht immer trennscharf, sondern nur überwiegend oder in ihrem Schwerpunkt einem Anforderungsbereich zugeordnet werden:

Mitunter müssen Sie zur Lösung einer Teilaufgabe, die dem AFB I zugeordnet ist, einzelne analytische oder sogar problemlösende Denkleistungen vollbringen, wenn Sie z. B. bei der Inhaltswiedergabe eines Quellentextes in der Einleitung dessen Thema bestimmen müssen.

Der Schwerpunkt einer kompletten Abituraufgabe liegt immer im AFB II, dann folgt der AFB I und schließlich der AFB III. Eine Bearbeitung, deren Ergebnisse sich nur im AFB I bewegen, darf nicht als „ausreichend" zensiert werden, als „gut" bzw. „sehr gut" bewertete Klausuren müssen gehaltvolle Ergebnisse im AFB III enthalten.

8 Operatoren

Jede Teilaufgabe enthält ein Verb, das Ihnen sagt, was Sie leisten sollen. Dieses Verb mit einem Aufforderungscharakter wird als „Operator" bezeichnet. Die Operatoren sind den drei Anforderungsbereichen eindeutig zugeordnet.

Anforderungsbereich I

Operatoren	Beschreibung der erwarteten Leistung
beschreiben	strukturiert und fachsprachlich angemessen Materialien vorstellen und/oder Sachverhalte darlegen
gliedern	einen Raum, eine Zeit oder einen Sachverhalt nach selbst gewählten oder vorgegebenen Kriterien systematisierend ordnen
wiedergeben	Kenntnisse (Sachverhalte, Fachbegriffe, Daten, Fakten, Modelle) und/oder (Teil-)Aussagen mit eigenen Worten sprachlich distanziert, strukturiert und damit unkommentiert darstellen
zusammenfassen	Sachverhalte auf wesentliche Aspekte reduzieren und sprachlich distanziert strukturiert und unkommentiert wiedergeben

Tipp: Das Ergebnis entspricht einem Bericht bzw. einer Inhaltsangabe: Das Erscheinungsbild eines Untersuchungsgegenstandes wird beschrieben. Zweck ist: Die Beschreibung muss andere Personen so über den Gegenstand und die Problemlösung der Untersuchung informieren, dass sie die folgenden Analysen und Problemlösungen schlüssig nachvollziehen können, ohne den Gegenstand im Original zu kennen.

Anforderungsbereich II

Operatoren	Beschreibung der erwarteten Leistung
analysieren	Materialien, Sachverhalte oder Räume kriterienorientiert oder aspektgeleitet erschließen und strukturiert darstellen
charakterisieren	Sachverhalte in ihren Eigenarten beschreiben, typische Merkmale kennzeichnen und diese dann gegebenenfalls unter einem oder mehreren bestimmten Gesichtspunkten zusammenführen
einordnen	begründet eine Position/Material zuordnen oder einen Sachverhalt begründet in einen Zusammenhang stellen
erklären	Sachverhalte so darstellen – gegebenenfalls mit Theorien und Modellen –, dass Bedingungen, Ursachen, Gesetzmäßigkeiten und/oder Funktionszusammenhänge verständlich werden
erläutern	Sachverhalte in ihren komplexen Beziehungen an Beispielen und/oder Theorien verdeutlichen (auf Grundlage von Kenntnissen bzw. Materialanalyse)
herausarbeiten	Materialien auf bestimmte, explizit nicht unbedingt genannte Sachverhalte hin untersuchen und Zusammenhänge zwischen den Sachverhalten herstellen
in Beziehung setzen	Zusammenhänge zwischen unterschiedlichen Materialien bzw. Sachverhalten aspektgeleitet und kriterienorientiert herstellen und erläutern
nachweisen	Materialien auf Bekanntes hin untersuchen und belegen
vergleichen	Gemeinsamkeiten, Ähnlichkeiten und Unterschiede von Sachverhalten kriterienorientiert darlegen

Tipp: Im AFB II werden entweder die inneren und/oder die äußeren Zusammenhänge des Untersuchungsgenstandes einzeln analysiert. Die Ergebnisse werden durch Schlussfolgerungen erzielt, die argumentativ zu vertreten sind: Eine Schlussfolgerung wird behauptet, die Behauptung ist zu begründen, die Begründung ist zu belegen (durch Zitate, anerkannte Tatsachen). Die Ergebnisse sind in dem argumentativen Dreischritt „behaupten – begründen – belegen“ darzustellen.

Anforderungsbereich III

Operatoren	Beschreibung der erwarteten Leistung
beurteilen	den Stellenwert von Sachverhalten oder Prozessen in einem Zusammenhang überprüfen, um kriterienorientiert zu einem begründeten Sachurteil zu gelangen
entwickeln	zu einem Sachverhalt oder zu einer Problemstellung eine Einschätzung, ein konkretes Lösungsmodell, eine Gegenposition oder ein Lösungskonzept inhaltlich weiterführend und/oder zukunftsorientiert darlegen
erörtern	zu einer vorgegebenen Problemstellung eine reflektierte, abwägende Auseinandersetzung führen und zu einem begründeten Sach- und/oder Werturteil kommen
interpretieren	Sinnzusammenhänge aus Quellen erschließen und eine begründete Stellungnahme abgeben, die auf einer Analyse, Erläuterung und Bewertung beruht
Stellung nehmen	Beurteilung mit zusätzlicher Reflexion individueller, sachbezogener und/oder politischer Wertmaßstäbe, die Pluralität gewährleisten und zu einem begründeten eigenen Werturteil führen
überprüfen	Inhalte, Sachverhalte, Vermutungen oder Hypothesen auf der Grundlage eigener Kenntnisse oder mithilfe zusätzlicher Materialien auf ihre sachliche Richtigkeit bzw. auf ihre innere Logik hin untersuchen

Tipp: Im AFB III wird eine Problemlösung entwickelt. Auch diese wird durch Schlussfolgerungen erzielt, die argumentativ zu vertreten sind: Entsprechend muss auch hier die Schlussfolgerung jeweils behauptet, die Behauptung begründet und die Begründung z. B. durch Zitate oder anerkannte Tatsachen belegt werden (argumentativer Dreischritt „behaupten – begründen – belegen“).

1 Grundlegende Schreibkompetenzen und Schreibtechniken für Fachaufsätze

Ihre Abiturklausur muss einem Fachaufsatz entsprechen. Wenn Sie diesen Abschnitt zum Thema „Schreibkompetenzen und Schreibtechniken" soweit verstanden haben, dass Sie das Wesentliche umsetzen können, wird Ihnen das nicht nur in der Abiturklausur, sondern auch darüber hinaus in Studium und Beruf sehr helfen. Denn die methodischen Fähigkeiten zum selbstständigen Verfassen von Texten werden Sie immer wieder benötigen, nicht nur in der Abiturklausur Geschichte! Die folgenden acht Tipps sollen Sie beim Verfassen Ihres Fachaufsatzes unterstützen; sie sind nicht als starre Prinzipien zu verstehen, sondern als flexibel anzuwendende Hilfen.

1. Tipp: Vorarbeiten
Schreiben Sie nie einfach drauflos! Gehen Sie in Ihrem Ergebnis-Produktionsprozess strukturiert vor und arbeiten Sie Ihre Lösungen systematisch aus. Ein erfolgreicher Schreibprozess beginnt mit gründlichen Vorarbeiten!

2. Tipp: Aufsatzformen
Im Fach Geschichte gibt es 19 Operatoren. Natürlich sollten Sie wissen, was Sie bei den einzelnen Operatoren leisten müssen. Von besonderer Bedeutung aber sind die Anforderungsbereiche: Die erste Teilaufgabe liegt in der Regel im AFB I, die folgenden mit aufsteigendem Schwierigkeitsgrad im AFB II und III. So unterschiedlich die Operatoren sind: Für alle müssen Sie nur drei Aufsatzformen beherrschen:

- im AFB I die Inhaltswiedergabe zum Text (= Bericht über einen Text) bzw. den Bericht zur Darstellung von Sachverhalten (beide Aufsatzformen sind verwandt),
- die lineare Erörterung im AFB II und im AFB III und die dialektische Erörterung im AFB III.

Diese drei Aufsatzformen (Inhaltswiedergabe und Bericht können Sie im Wesentlichen als eine Darstellungsform betrachten) werden Ihnen im Abschnitt „2 Aufsatzformen" vorgestellt.

3. Tipp: Stilsicherer Ausdruck
Beachten Sie folgende Faustregeln für Ihren Ausdruck:

- Tempora der Verben: Sie können in der Vergangenheitsform schreiben oder das historische Präsens wählen. Beachten Sie dabei die Ihnen bekannten Formen der jeweiligen Vor- und Nachzeitigkeit (Tipp zu den Zeitformen in der berichteten Rede: *www.w-muenchenhagen.de → Kompendium Schreibkompetenzen → Berichtete Rede*). Wechseln Sie nicht zwischen der Vergangenheitsform oder dem historischen Präsens.
- Wesentliches in den Hauptsatz, Nebensächliches in den Nebensatz (bzw. in Infinitiv- und Partizipialgruppen, nachgestellte Erläuterungen etc.)!
- Jeder neue Gedanke verlangt einen neuen Satz, jeder Gedankenzusammenhang einen eigenen Absatz (z. B. ein Teilergebnis in der Analyse).

- Gestalten Sie den Satzbau abwechslungsreich, nicht schematisch! Ärgern oder langweilen Sie Ihre Leser/-innen nicht durch stilistische Eintönigkeit in Wortwahl und Satzbau.
- Vermeiden Sie „Bandwurmsätze“: Bilden Sie eher zwei Sätze, statt zu viel in einem Satz ausdrücken zu wollen. Gedankenführung und Satzkonstruktion sollen übereinstimmen.
- Verzichten Sie auf Umgangssprache und möglichst auch auf alltagssprachliche Wendungen oder Phrasen.
- Formulieren Sie nicht steif, gestelzt oder gespreizt.
- Wählen Sie lebendige Verben (Verzicht auf Nominalphrasen) und Adjektive.
- Stellen Sie eindeutige grammatikalische Bezüge her (z. B. Bezug des Pronomens).

4. Tipp: Leserorientierung (Fremdverstehen)
Schreiben Sie adressatengerecht für eine fiktive Leserschaft: Fachlich Interessierte sollen sich in Ihrem Aufsatz zurechtfinden können.
Überprüfen Sie immer wieder und kritisch aus Sicht Ihrer fiktiven Leserschaft, ob Ihre Darstellungen und deren Zusammenhänge sprachlich verständlich und gedanklich nachvollziehbar sind. Versetzen Sie sich in die Situation Ihrer Leserin bzw. Ihres Lesers: Nehmen Sie eine kritische Distanz zu Ihrem Text ein!

5. Tipp: Eindeutige Bezüge
Bezüge und Hinweise müssen für Ihre Leserschaft verständlich und nachvollziehbar sein: Wenn Ihr Aufsatz z. B. mit der Formulierung beginnt: „In diesem Text mit dem Titel …“, können die Leser/-innen zum Demonstrativpronomen „diesem“ keinen Bezug finden.

6. Tipp: Fundstellen richtig angeben
- Basisangaben sind: Verfasser, Titel/Überschrift, evtl. Textsorte (bei der Bestimmung einer Quelle wichtig; z. B. Rede, Tagebuchnotiz, Gesetz etc.), Erscheinungsjahr, Erscheinungsort, Seite.
- Wenn Sie einleitend das Textmaterial bestimmt haben, reicht es aus, dass Sie bei Zitaten oder Hinweisen auf einzelne Passagen nur die Textzeilen angeben.
- Fundstelle immer dem Zitat nachstellen oder als Fußnote notieren.

7. Tipp: Berichtete Rede
Benutzen Sie den Konjunktiv oder entsprechende Ersatzkonstruktionen, wenn sie Auffassungen anderer berichten. Ihre Leserschaft muss immer deutlich unterscheiden können, ob Sie gerade Ihre eigene Auffassung darlegen oder von einer fremden Ansicht berichten. Missverständnisse vermeiden! Weitere Tipps hierzu finden Sie unter *www.w-muenchenhagen.de → Kompendium Schreibkompetenzen → Berichtete Rede.*

8. Tipp: Ich des Verfassers
Verzichten Sie in Ihrem Fachaufsatz auf das „Ich“ des Verfassers: Sie untersuchen keine private, sondern eine fachliche Frage; das Ergebnis soll fachliche Gültigkeit besitzen und nicht wie eine private Meinung wirken.

2 Aufsatzformen

2.1 Die Einleitung in den Fachaufsatz

Ihr Fachaufsatz beginnt mit einer Einleitung. Versetzen Sie sich in eine Person, die für ein bestimmtes Thema bzw. Problem in Büchern, Zeitschriften und im Internet recherchiert: Ihnen liegt eine Fülle von Büchern und Aufsätzen vor, von denen Sie nicht wissen, welche Ihnen tatsächlich weiterhelfen. Hier benötigen Sie die Einleitungen, denn dort sollten Sie alle wesentlichen Hinweise über den Inhalt der Aufsätze und Bücher finden, nämlich:

- die Bestimmung des Untersuchungsgegenstandes (bei Quellen: Verfasser, Titel etc.),
- das Thema bzw. die Problemstellung der Untersuchung: Was wird untersucht? In welche Richtung geht das Erkenntnisinteresse?,
- Definitionen,
- sonstige Vorinformationen (z. B. Hinweis auf den historischen Kontext der Quelle).

Wie verfassen Sie also Ihre eigene Einleitung? Dazu vier Tipps:

1. Verfassen Sie Ihre Einleitungen so, dass eine andere Person solche Informationen über Ihren Aufsatz findet, die Sie selbst in fremden Aufsätzen bei der Recherche in Einleitungen zu finden wünschen.

2. Denken und formulieren Sie nicht auftrags-, sondern problemorientiert. Eine Leserschaft interessiert sich für die Problemstellung und Ergebnisse des Aufsatzes. Uninteressant und störend sind Hinweise darauf, dass Ihnen eine Aufgabe gestellt wurde: Zitieren Sie nicht die Aufgabenstellung, sondern das Problem der Leserschaft kurz, aber anschaulich. Wecken Sie Fragehaltung und Problembewusstsein bei der Leserschaft, motivieren Sie sie zum Weiterlesen.

3. Wenn Sie in Ihrer Einleitung das Problem und damit Ihr Erkenntnisinteresse eindeutig definieren, ist das auch eine erhebliche Hilfe für Sie, weil Sie dadurch in Ihrer Untersuchung eine klare Zielrichtung verfolgen können. Arbeiten Sie Ihren Aufsatz zielgerichtet aus (statt „verpeilt“!).

4. Die Einleitung soll in den Fachaufsatz insgesamt einführen, wodurch er als thematische Einheit zu verstehen ist. Die Teilaufgaben dienen Ihnen als Strukturierungshilfen. Entsprechend sollen die Ein- bzw. Überleitungen und Schlüsse diese thematische Einheit Ihres Fachaufsatzes verdeutlichen.

2.2 Die Beschreibung des Untersuchungsgegenstandes (AFB I)

Die 1. Teilaufgabe in einer Abiturklausur verlangt in der Regel, den Untersuchungsgegenstand (die Quelle, die Karikatur, den Kommentar eines Historikers etc.) zu beschreiben. Zum Beispiel lautete die 1. Teilaufgabe im Fach Geschichte 2014 (grundlegendes Anforderungsniveau): „Fassen Sie die Aussagen des Textes nach einer quellenkritischen Vorstellung zusammen.“ (vgl. GA 2014-9). Der Operator „zusam-

menfassen“ verlangt, Sachverhalte auf wesentliche Aspekte zu reduzieren sowie sprachlich distanziert, strukturiert und unkommentiert wiederzugeben.
Der Hinweis „… nach einer quellenkritischen Vorstellung …“ bedeutet, dass Sie die Quelle bestimmen und kurz, aber auch kritisch z. B. auf die Intention und die historischen Hintergründe der Quelle hinweisen.
Auch die anderen Operatoren des AFB I werden hier üblicherweise verwendet.

Beschreiben Sie das vorgelegte Material so, dass unbekannte Leser Ihre Auskünfte gut verstehen und über das Wesentliche des Materials präzise und eindeutig informiert werden. Überprüfen Sie selbstkritisch, ob Ihre Materialbeschreibung diesem Anspruch genügt.

Vorarbeiten für eine Materialbeschreibung (Inhaltswiedergabe bzw. Bericht)

1. Text mehrmals lesen, Schlüsselstellen markieren.
2. Arbeitshypothese zum Thema bzw. zur Problemstellung und der Aussage notieren (→ erste Vermutung als Ausgangspunkt des Erarbeitungsprozesses).
3. Text in Sinnabschnitte einteilen (evtl. kann die Absatzgliederung der Textvorlage zu Hilfe genommen werden).
4. Sinnabschnitte thesenhaft zusammenfassen. Ggf. Thesen im Sinne der Textvorlage kurz erklären und mit einzelnen Fakten aus der Vorlage beispielhaft belegen.
5. Darlegungen (Gedankenaufbau, inhaltliche Logik der Sachverhalte) nach Grund-Folge-Zusammenhängen gliedern: Reihenfolge der Thesen ggf. neu ordnen.
6. Arbeitshypothese überprüfen: Stimmen Thema (Problem, Kernaussage) und zusammenfassende Thesen überein? Erläutern die Thesen das Thema hinreichend? Wo sind logische Brüche, was fehlt?
7. Thema (Problem, Kernaussage) sachlich stimmig und sprachlich pointiert für die Einleitung formulieren.
8. Zum Abschluss der Vorarbeiten: Stimmigkeit von Thesen und Thema nochmals kritisch überprüfen, Notizen ggf. korrigieren oder ergänzen.
9. Inhaltswiedergabe verfassen.

Wenn Sie Sachverhalte darstellen und entsprechend einen **Bericht** verfassen, gehen Sie wie bei der Inhaltswiedergabe vor.
Achten Sie darauf, dass Sie in Ihren Vorarbeiten zum Bericht die **W-Fragen** beantworten:

Vorarbeiten für einen Bericht, z. B. die Darstellung eines historischen Sachverhaltes (eines Ereignisses oder eines Problems)

1. Stoffsammlung: W-Fragen untereinander auflisten und in Stichworten beantworten:
   - Wer?
   - Was? → Nur Thema des Ereignisses nennen!
   - Wann? Wie lange?
   - Wo?
   - Warum?
   - Wie? → Ereigniskette in chronologischer Folge mithilfe von Spiegelstrichen notieren!
   - Mit welchen Folgen?
2. Kritisch überprüfen, ob alle notwendigen Informationen erfasst worden sind.
3. Informationen in sinnvolle, für die Leserschaft nachvollziehbare Reihenfolge bringen.

Diese Vorgehensweise können Sie auf andere Materialien übertragen; Gemälde und Karikaturen gliedern Sie entsprechend (Bildzentrum, Vordergrund, Hintergrund etc.).

Wenn Sie sorgfältige Vorarbeiten für Ihre Materialbeschreibung anfertigen, haben Sie schon die wichtigsten Grundlagen geschaffen. Allerdings müssen Sie das Anfertigen solcher Vorarbeiten trainiert und Erfahrungen gesammelt haben, damit Sie mit Ihrer Zeiteinteilung zurechtkommen. Faustregel ist: Jeweils die Hälfte der für eine Teilaufgabe zur Verfügung stehenden Zeit für die Vorarbeiten verwenden, die zweite Hälfte für die Reinschrift.

Tipp: Informationsblätter zu Schreibkompetenzen und Schreibtechniken, die in dieses Kapitel „B Wie arbeite ich eine Klausur aus? Schreibkompetenzen und Schreibtechniken" eingearbeitet sind, finden Sie im Internet unter: *www.w-muenchenhagen.de → http://www.w-muenchenhagen.de/ Kompendium-Schreibkompetenzen.*

Dort können Sie sich die hier verwendeten sowie weitere Infoblätter kostenlos herunterladen.

2.3 Die lineare Erörterung (für Aufgaben in den AFB II und III)

Nachdem Sie in der Einleitung das zu untersuchende Problem bestimmt und das mit der Aufgabe gegebene Material beschrieben haben (1. Teilaufgabe → AFB I), folgt darauf zwingend die Untersuchung, die überwiegend Leistungen im AFB II verlangt. Folglich müssen Sie in der Regel nun nach einer kurzen Überleitung eine **lineare Erörterung** verfassen (auch bezeichnet als **steigende** oder **einsträngige Erörterung**).

Was ist eine lineare Erörterung?

Die lineare Erörterung fragt nach Ursachen, Zusammenhängen, Folgen oder Erscheinungsformen eines Problems: Ziel der linearen Erörterung ist es, etwas **nachzuweisen**. Bearbeitungsanweisungen (Operatoren) sind z. B. im **AFB II:** „Weisen Sie nach, dass …", „Analysieren Sie …, „Vergleichen Sie …" oder im **AFB III:** „Entwickeln Sie …", „Interpretieren Sie …".

Jeder einzelne Nachweis (= Teilergebnis) muss jeweils präzise **behauptet** werden, diese Behauptung ist zu **begründen** (bzw. zu erklären) und zu **belegen**, z. B. durch ein Zitat, eine anerkannte Tatsache oder ein konkretes Beispiel.
Zur Übersichtlichkeit für die Leserschaft sollte jedem einzelnen Nachweis (= Teilergebnis = Argument) ein eigener Absatz eingeräumt werden (Nachweis bzw. Teilergebnis = **B**ehauptung + **B**egründung + **B**eleg).
Der letzte Absatz ist dem **Fazit** vorbehalten, in dem Sie Ihre Teilergebnisse zusammenfassen. Bemühen Sie sich um sachlich klare und präzise Formulierungen.

Vorbereitende Arbeitsschritte beim Verfassen einer linearen Erörterung

1. Fragestellung formulieren: Was soll ergründet bzw. nachgewiesen werden? (Meist kann die Fragestellung aus der Aufgabenstellung sinngemäß übernommen werden.)
   Tipp: Machen Sie sich dabei das Untersuchungsziel klar!
2. Ungeordnete Stoffsammlung: Argumentationsansätze in Form von Stichpunkten sammeln. Dafür den Untersuchungsgegenstand bzw. das Problem in eine Reihe von Einzelaspekten zergliedern bzw. aufspalten und zu diesen eigene Gedanken (z. B. Fragen und Antworten) entwerfen.
3. Aus den Stichpunkten Schlussfolgerungen im Sinne der Fragestellung ziehen.
4. Grobgliederung: Steigende Anordnung der Schlussfolgerungen festlegen (= ein Teilergebnis = ein Absatz): „vom weniger Bedeutenden zum Wesentlichen“ (seltene Ausnahmen: „vom Einzelnen zum Ganzen“ oder „vom Besonderen zum Allgemeinen“).
5. Schlussfolgerungen argumentierend absichern: stichwortartig Begründungen und Belege hinzufügen.
6. Vollständigkeit und Gliederung sowie die jeweilige Reihenfolge der Argumente überprüfen (siehe: Schaubild in Abschnitt „Anordnung der Teilergebnisse“).
7. Einleitung und Fazit in Stichworten entwerfen.

Das Vorarbeiten-Formular

Das Formular „Gliederungshilfe für Fachaufsatz-Vorarbeiten“ soll Ihnen helfen, die oben genannten Arbeitsschritte systematisch auszuführen.
Sie können sich diese Gliederungshilfe aus dem Internet kostenlos herunterladen unter der Adresse: *www.w-muenchenhagen.de → http://www.w-muenchenhagen.de/Kompendium-Schreibkompetenzen → Gliederungshilfe für Fachaufsatz-Vorarbeiten.*
Wenn Sie mit diesem Formular einige Male gearbeitet haben, werden Sie darauf verzichten können, weil Sie den Gliederungsaufbau auf jeder unbeschriebenen Seite entwerfen können.
Wichtig ist: Nummerieren Sie Ihre Ergebnisse in der von Ihnen für sinnvoll erachteten Reihenfolge. Beginnen Sie erst mit der Reinschrift, wenn Sie Ihre Vorarbeiten abschließend nochmals kritisch überprüft haben: Liegen alle (Teil-)Ergebnisse im Untersuchungsziel?

Gliederungshilfe für Fachaufsatz-Vorarbeiten

Einleitend den Untersuchungsgegenstand bzw. das Material bestimmen, z. B. Verfasser, Titel, Textsorte etc., Thema / Motiv / Problem!

___. (Teil-)Ergebnis	Behauptung (These)	
	deren Begründung bzw. Erklärung	
	Beleg(e)	
___. (Teil-)Ergebnis	Behauptung (These)	
	deren Begründung bzw. Erklärung	
	Beleg(e)	
___. (Teil-)Ergebnis	Behauptung (These)	
	deren Begründung bzw. Erklärung	
	Beleg(e)	
___. (Teil-)Ergebnis	Behauptung (These)	
	deren Begründung bzw. Erklärung	
	Beleg(e)	
___. (Teil-)Ergebnis	Behauptung (These)	
	deren Begründung bzw. Erklärung	
	Beleg(e)	

Abschließend die Reihenfolge der Absätze festlegen (→ nummerieren).

Aufbau einer linearen Erörterung

A) Einleitung	Bausteine der Einleitung	Funktion bzw. Informationswert der Bausteine für die Leser/-innen
	• Hinführung zum Thema bzw. zur Problemstellung des Aufsatzes	• soll die Leser/-innen gedanklich zum Problem hinführen, ihr Interesse wecken, z. B. durch Hinweise auf die Aktualität oder Bedeutung des Problems, ein (Fall-)Beispiel, ein aktuelles oder historisches Ereignis, einen Konflikt, durch eine Begriffsdefinition etc.
	• Bestimmung des Untersuchungsgegenstandes	• Welches Material wird untersucht? (bei Texten: Autor, Titel, Textart etc.)
	• Problemfrage stellen; ggf. Problem eingrenzen	• Mit welchem Ziel wird das Material untersucht? In welche Richtung geht das Erkenntnisinteresse? In welchem Rahmen wird das Problem untersucht?
	• evtl. Definitionen, historischen Bezug etc. nennen	• für Leser/-innen die Grundlagen oder Bezüge der Untersuchung klären
B) Hauptteil Reihenfolge der Argumente: z. B. in aufsteigender Bedeutung vom weniger Wichtigen zum Wichtigsten	1. Schlussfolgerung (Teilergebnis/Argument) besteht aus: • Behauptung • Begründung • Beleg (Zitat, anerkannte Tatsache, Beispiel)	
	2. Schlussfolgerung (Teilergebnis/Argument) besteht aus: • Behauptung • Begründung • Beleg (Zitat, anerkannte Tatsache, Beispiel)	
	3. Schlussfolgerung (Teilergebnis/Argument) besteht aus: • Behauptung • Begründung • Beleg (Zitat, anerkannte Tatsache, Beispiel)	
	4. …	
	↓ usw.	
C) Schluss	Fazit: Zusammenfassung der Schlussfolgerungen (Teilergebnisse/Argumente) zu einem Gesamtergebnis	

2.4 Die dialektische Erörterung (für Aufgaben im AFB III)

Was ist eine dialektische Erörterung?
Eine dialektische Erörterung erfordert, etwas Ähnliches wie eine **Gerichtsverhandlung** durchzuführen: Zwei **gegensätzliche Positionen** werden einander gegenübergestellt; am Ende ist eine **Entscheidung** zu fällen, die

- sich entweder für eine der beiden Positionen ausspricht
- oder zwischen beiden Positionen liegt
- oder eine andere Lösungsperspektive eröffnet (z. B. weder Krieg noch Unterwerfung, sondern Vertragspartnerschaft).

Operatoren sind z. B.: „Erörtern Sie …" (→ Was ist richtig und was ist falsch? Wie lautet Ihr abschließendes Sachurteil?) oder „Nehmen Sie Stellung …" (Was spricht dafür, was dagegen? Wie lautet Ihr abschließendes Urteil?).
Da eine **dialektische Erörterung** immer eine Entscheidung fordert und somit einer Problemlösung entspricht, ist sie dem **AFB III** zugeordnet.

Vorbereitende Arbeitsschritte beim Verfassen einer dialektischen Erörterung

1. Problemfrage formulieren: Was soll entschieden werden? (Meist kann die Problemfrage aus der Aufgabenstellung übernommen werden.)
   Erste Hypothese bilden: Wie könnte die Entscheidung aussehen?
2. Ungeordnete Stoffsammlung: Argumentationsansätze in Form von Stichpunkten sammeln. Dafür Problem in eine Reihe von Einzelaspekten zergliedern bzw. aufspalten und zu diesen eigene Gedanken (z. B. Fragen und Antworten) entwerfen.
3. Thesenbildung und Grobgliederung:
   - Zwei gegensätzliche Thesen zur Problemfrage formulieren (Position und Gegenposition). *Bei der Erörterung bezeichnet der Begriff „These" nicht eine einzelne Behauptung (wie sonst üblich), sondern eine Position, die durch mehrere Argumente gestützt wird.*
   - Nutzen Sie hierfür zwei Vorarbeiten-Formulare (s. S. XIV): eines für die Antithese, das zweite für die These.
   - Stichpunkte /Argumente der Stoffsammlung den beiden Positionen zuordnen.
4. Entscheidung fällen (→ Argumentationsziel bestimmen): Diejenige der beiden Positionen, die der Entscheidung am nächsten liegt, wird zur These, die andere zur Antithese.
5. Gliederung der Antithese. Reihenfolge der Argumente: „vom Wesentlichen zum weniger Bedeutenden".
6. Gliederung der These: Reihenfolge der Argumente „vom weniger Bedeutenden zum Wesentlichen".
7. Argumente stichwortartig durch Begründungen und Belege ergänzen:
   Argument = Behauptung + Begründung + Beleg. Die einzelnen Argumente später in der Reinschrift durch Absätze gliedern.
8. Vollständigkeit und Gliederung von These bzw. Antithese sowie die jeweilige Reihenfolge der Argumente überprüfen (s. S. XVIII).
9. Stichworte zur Einleitung sowie zur Entscheidung und deren Begründung (Synthese) formulieren.

Aufbau einer dialektischen Erörterung im Überblick

A) Einleitung		*wie lineare Erörterung, vgl. S. XV*
B) Hauptteil	Antithese Reihenfolge der Argumente: absteigende Bedeutung	Überleitung zur Argumentation der Antithese. (Für/Gegen die Auffassung sprechen mehrere Argumente.)
		1. Argument = Behauptung + Begründung + Beleg (→ Zitat, anerkannte Tatsache)
		2. Argument = Behauptung + Begründung + Beleg (→ Zitat, anerkannte Tatsache)
		3. Argument = Behauptung + Begründung + Beleg (→ Zitat, anerkannte Tatsache)
		↓
		Zusammenfassung der Antithese (nur soweit erforderlich).
	These Reihenfolge der Argumente: aufsteigende Bedeutung	Überleitung zur Argumentation der These. (Es sprechen aber auch mehrere Argumente für/gegen die Auffassung …)
		1. Argument = Behauptung + Begründung + Beleg (→ Zitat, anerkannte Tatsache)
		2. Argument = Behauptung + Begründung + Beleg (→ Zitat, anerkannte Tatsache)
		↓
		Zusammenfassung der These (nur soweit erforderlich).
	Synthese (Abwägung)	1. Entscheidung. 2. Begründung des Urteils. 3. Entscheidungskriterien offenlegen. Das Abwägen von These und Antithese soll zu einer differenzierten, schlüssigen und begründeten Entscheidung führen. In der Begründung ist darzulegen, warum jenen Argumenten zuzustimmen ist und andere abzulehnen oder in ihrer Bedeutung als nachrangig einzuschätzen sind.
C) Schluss Ein Schluss darf, muss aber nicht verfasst werden.		z. B. Vergleiche mit ähnlichen Fällen, in die Zukunft gerichtete Perspektiven etc. Verzichten Sie eher auf einen Schluss, als etwas „an den Haaren herbeizuziehen".

Schematische Darstellung von linearer und dialektischer Erörterung

Anordnung der Teilergebnisse (Absatzgliederung): Ordnen Sie die Teilergebnisse sinnvoll an, z. B. nach ihrer Wichtigkeit ansteigend. Jedes Teilergebnis erhält einen eigenen Absatz

Anordnung der Teilergebnisse (Absatzgliederung)

Ordnen Sie die Teilergebnisse sinnvoll an, z. B. nach ihrer Wichtigkeit ansteigend. Jedes Teilergebnis erhält einen eigenen Absatz:

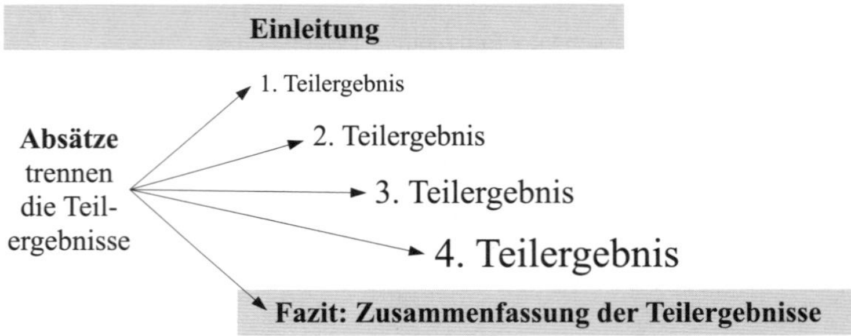

Anordnung der Argumente: Ordnen Sie die Argumente nach ihrer Wichtigkeit in Form einer Sanduhr an

Anordnung der Argumente

Ordnen Sie die Argumente nach ihrer Wichtigkeit in Form einer Sanduhr an:

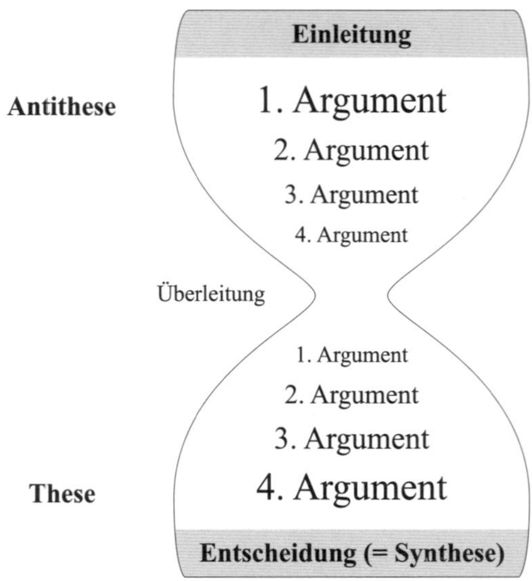

2.5 Der Vergleich

Der **Vergleich** ist ein **Zwischentypus** der beiden Erörterungsformen: Hier müssen Sie wie in einer dialektischen Erörterung die Gemeinsamkeiten den Unterschieden gegenüberstellen; eine Entscheidung fällen Sie jedoch nicht, weshalb der Operator „vergleichen" dem **AFB II** zugeordnet ist, zumal Sie hier kein „Problem lösen".

2.6 Der Leserbrief

Das Kulturministerium hat angekündigt, dass in der schriftlichen Abiturprüfung 2015 erstmals eine **produktionsorientierte Aufgabe** gestellt werden kann. 2015 soll sie sich diese Aufgabenform an der Textsorte **Leserbrief** orientieren. Wenn ein derartiges Aufgabenformat angekündigt wird, ist es durchaus denkbar, dass eine solche Aufgabe auch gestellt wird. Der zu verfassende Leserbrief wird voraussichtliche **an Material gebunden** sein (z. B. eine Quelle und/oder eine Darstellung), auf das Sie sich konsequent beziehen müssen.

Bei der Bearbeitung müssen Sie Folgendes beachten:

- In Ihre Darstellungen und Schlussfolgerungen müssen Sie den **situativen Kontext** des Materials bzw. des zu untersuchenden historischen Zusammenhanges einbeziehen.
- Auch den **Adressaten** des Materials sollten Sie beachten: Er ist in der Einleitung zu nennen, in den weiteren Bearbeitungsschritten ist seine Interessenlage kritisch zu berücksichtigen.
- Sie sollen eine **sachgerechte Argumentation** entwickeln, die am Schluss in ein pointiertes und appellatives Urteil mündet.
- Orientieren Sie sich in Ihren **Vorarbeiten** und **Ausarbeitungen** an den methodischen Hinweisen zur **linearen** oder – das hängt vom thematischen Zusammenhang ab – zur **dialektischen Erörterung** (siehe 2.3 bzw. 2.4).

Beispiel für eine mögliche Aufgabe in diesem Format:
Sie haben als Schweizer Bürgerin bzw. als Schweizer Bürger in Ihrer Züricher Tageszeitung vom 17. 9. 1935 einen Bericht gelesen, der über die tags zuvor im Deutschen Reich veröffentlichten NS-Rassegesetze informiert. Verfassen Sie einen Leserbrief für Ihre Tageszeitung, in dem Sie zu diesem Ereignis Stellung nehmen.

Hilfen zur Auswertung verschiedener Materialien

1 Erschließung von Texten

Texte bilden eine wesentliche Arbeitsgrundlage für Historiker, deshalb erhalten Sie hier wichtige Tipps zur Texterschließung.

- **Nutzen Sie Lesestrategien:** Beim Lesen oder direkt danach können die Reaktionen, Assoziationen und spontanen Gedanken zum Text stichpunktartig notiert werden, z. B. in Form eines Clusters oder einer Mindmap. Markieren Sie sich spontan Textsignale.

- Gehen Sie beim **Erschließen von Texten systematisch** vor.
- Die Gesamtuntersuchung eines Textmaterials ist sehr umfangreich, in einer Klausur können Sie das alles gar nicht leisten. Deshalb ist eine Klausuraufgabe in der Regel in Teilaufgaben gegliedert, die Ihnen gezielte Anweisungen geben, welche Arbeitsschritte Sie im Rahmen der Texterschließung vornehmen sollen. Es hilft Ihnen zielgerichteter zu arbeiten, wenn Ihnen bewusst ist, welchen Anforderungsbereich Sie gerade bearbeiten. Klausuraufgaben fordern grundsätzlich immer, dass Sie das Textmaterial beschreiben (AFB I) und analysieren (AFB II) sowie meist daran anschließend eine Einbettung (AFB II/III) und/oder eine Bewertung (AFB III) vornehmen.

Die Texterschließung im Überblick:

1. **Beschreibung des Materials**

   Versuchen Sie, möglichst viele Informationen aus den Hinweisen, die in der Aufgabe enthalten sind, zu entnehmen.
   - **Bestimmung des Materials**
     - Verfasser, Titel, Textart
     - Ort und Datum der Erstellung/Veröffentlichung
     - Thema
   - **Position des Sprechers** (Ich-Form, Wir-Form, ohne Sprecher: expressiv, darstellend, appellativ)
   - **Adressaten**, **Zielgruppen:** Werden diese direkt angesprochen?
   - Anlass, ggf. Hinweis auf den **historischen Kontext**
   - **Beschreibung**
     - des Inhalts: Berichten Sie über den Inhalt aus kritischer Distanz mit eigenen Worten; Schlüsselbegriffe dürfen zitiert, müssen aber „übersetzt" werden. Ihre Rolle als Berichterstatter/-in muss sprachlich deutlich werden: Fremde Aussagen sind in Form der berichteten Rede wiederzugeben (→ Konjunktiv beachten).
     - der äußeren Form (nur soweit dies sinnvoll ist).
2. **Analyse der Quelle**
   - **Aufbau** des Textes
   - Analyse der **Sprachkomposition** (Textsignale, wesentliche rhetorische Figuren, auffällige Wortfelder, Stil, sachliche oder militant-aggressive Ausdrucksweise)
   - Überprüfung des **inneren Wahrheitsgehaltes** und der **inneren Logik**
   - Aussage und **Absicht/Ziele** des Verfassers deuten
   - **Stimmigkeit** zwischen dem Inhalt, der Ausdrucksweise (z. B. sachlich oder pathetisch, vermittelnd, unterwürfig oder aggressiv) und der Aussage des Materials
3. **Einbettung des Materials in seinen Kontext**
   - Sie müssen das Textmaterials vor seinem historisch-politischen, sozialen, ökonomischen, kulturellen und/oder biografischen Hintergründen **kritisch analysieren**.

- Sie müssen die **Folgen untersuchen**, die sich aus den Aussagen des Materials für den Verfasser, die Adressaten/Zielgruppen bzw. andere Personen oder Gruppen ergeben.

4. **Bewertung des Textmaterials**
   Mögliche Kriterien der Bewertung:
   - Sie bewerten das Material nach eher **objektiven Kriterien**, z. B. Realitätsgehalt, Ideologie (→ Ideologiekritik), Völkerrecht und Menschenrechte, einem historisch nachweisbaren Erfolg oder Misserfolg des Materials bzw. der damit transportierten Gesinnungen.
   - Sie bewerten das Textmaterial nach eher **subjektiven Kriterien**, z. B. nach moralischen, ästhetischen oder emotionalen Orientierungen bzw. Einstellungen.

   Mögliche Leitfragen Ihrer Bewertung könnten sein:
   - Welche Argumente überzeugen mich? Welche erscheinen anfechtbar?
   - Wie schätze ich die Zahl, Eigenart und Wirkung der Beispiele ein?
   - Wo denke ich anders?
   - Wie beurteile ich die Art der Darstellung? Wie die Vorgehensweise?
   - Sind die Wege und Mittel, die der Verfasser einschlagen bzw. nutzen will, um seine Absichten zu erreichen, angemessen und verhältnismäßig?

Tipp: Ergebnisse der Punkte 2–4 (Analyse, Einbettung, Bewertung) sind immer Schlussfolgerungen, die Sie behaupten müssen. Jede Behauptung müssen Sie begründen und die Begründung durch Zitate aus dem Material oder durch allgemein anerkannte historische Tatsachen belegen: Dreischritt „Behaupten – Begründen – Belegen".

2 Analyse von Bildquellen

Um eine Bildquelle systematisch auszuwerten, beachten Sie folgende Arbeitsschritte:

Herkunft und Wahrheitsgehalt der Bildquelle
- Nennen Sie **Entstehungszeit** und **-ort**,
- den Quellen-**Produzenten** oder -**Herausgeber**
- und die **Quellenart**.

Inhalte der Bildquelle und deren historische Bezüge
- Bestimmen Sie das **Thema** der Bildquelle
- und beschreiben Sie die abgebildeten **Inhalte**.
- Erklären Sie die **historischen Bezüge** der wesentlichen Inhalte.

Gestaltungsmittel
- Beschreiben Sie zuerst immer besondere **Gestaltungselemente** der Bildquelle.
- Bestimmen Sie anschließend die Funktion der einzelnen Gestaltungselemente, zum Beispiel
  - die **Darstellungstechnik** bzw. den **künstlerischen Stil**,
  - die Wahl der **Ausschnitte** und **Perspektiven**,
  - die besondere Gruppierung und **Komposition** der Inhalte,

– dabei die **Gewichtung** einzelner Bildaspekte,
– die Entscheidung für bestimmte **Farben**,
– die Verwendung von **Symbolen**, **Allegorien** und anderen Bildern.

Standpunkt der Bildquelle
- Erfassen Sie die mögliche **Aussageabsicht**, die ideologische Position der Quelle.
- Bewerten Sie den situationsinternen Zusammenhang des Bildes.

Am Ende sollten Sie zu einem aus heutiger Sicht formulierten Urteil über die Stellung und **Bedeutung** der Quelle im geschichtlichen Ablauf kommen.

3 Erschließen von Karikaturen

Die Interpretation von Karikaturen erfolgt in der Regel auf **vier Ebenen**, die zum Teil auch ineinander übergehen:
- auf der **Inhaltsebene**, d. h. Beschreibung der dargestellten Details, Personen usw.;
- auf der **Bedeutungsebene**, d. h. Erklärung und Erläuterung des Inhalts sowie dessen Einordnung in Traditionen und Verbindungen;
- auf der **methodisch-künstlerischen Ebene**, d. h. Betrachtung der Stilelemente;
- auf der **Beurteilungs- bzw. Wertungsebene**, d. h. das Fällen eines begründeten Sach- bzw. Werturteils, das über den unmittelbaren Zusammenhang der Karikatur hinausgeht und die persönliche Meinung beinhaltet.

Inhalte und Bedeutung

Was ist das Thema?	Um welche historische Situation handelt es sich? Zu welchem Aspekt bezieht die Karikatur Stellung?
Welche inhaltlichen Details sind erkennbar?	Klärung der konkreten Inhalte: • Personen oder Personengruppen • Gegenstände unterschiedlicher Art
Auf welchen historischen Hintergrund beziehen sich die Details?	Die erkannten Fakten sollten erläutert werden, so z. B. die Rolle der abgebildeten Personen, die in der Karikatur genannten Begriffe etc.
Wie ist der Standpunkt der Karikatur in der historischen Situation?	• Welche Funktion hatte die Quelle innerhalb der Gegebenheiten ihrer Zeit? • Was wird kritisiert?
Welche kulturellen Traditionen sind aktiviert? Gibt es zeitübergreifende Verbindungen?	Hier geht es um alle Motive, Bilder und intertextuellen Verweise der Karikatur, die als durch Traditionen festgelegt bezeichnet werden können. Ihr Anspielungsgehalt sollte geklärt und in die Interpretation eingebunden werden.
Von wem stammt die Karikatur?	• Was wissen wir über den Produzenten? • Wo wurde die Karikatur abgedruckt?

Gestaltungsmittel

Was ist der bildliche Kern der Karikatur?	Diese Frage bezieht sich auf das zentrale Bild der Quelle und ist eng mit der Aussageabsicht verknüpft.
Welche künstlerischen Gestaltungsmittel verwendet der Zeichner?	Interessant sind alle künstlerischen Gestaltungsmittel, die wichtig für die Erschließung der Quelle sind, z. B.: • die Bildkomposition • die besondere Gewichtung von Einzelheiten • der künstlerische Stil der Darstellung
Welche Grundhaltung hat die Karikatur?	Ist die Karikatur beschreibend, kommentierend, analytisch oder agitatorisch?

Bewertung

Welche Bedeutung hat die Karikatur für das grundlegende Verständnis der historischen Situation?	• Treffen die Inhalte eine wesentliche Problematik? • Sind typische Personen abgebildet? • Ist die Gestaltung besonders interessant, typisch oder wichtig für den Kontext der Karikatur?
Welche Bedeutung hat die Karikatur über ihren Situationskontext hinaus?	• Bezeichnet die Quelle eine für ihre Zeit besonders wichtige Situation? • Verweist die Karikatur auf eine zentrale Kontinuität oder einen historischen Prozess?

4 Tabellen und Grafiken

In den Abituraufgaben kann neben Textquellen und Karikaturen auch statistisches Material als Tabelle oder Grafik vorkommen. Damit Sie diese Aufgaben aus dem Bereich der Methodenkompetenz erfolgreich lösen können und nichts Wesentliches außer Acht lassen, empfehlen wir Ihnen ein Vorgehen in **drei Schritten**, das allerdings nicht bei allen Operatoren so ausführlich angewandt werden muss.

Formale Analyse
- Welches sind **Thema/Erhebungsgegenstand** und **Zweck** (Überschrift, Begleittext) der Tabelle/Grafik?
- Was ist der **Erhebungsraum** und **Erhebungszeitraum** (Momentaufnahme, Entwicklung, Prognose)?
- Wie und durch wen wurden die **Werte** ermittelt?
- Auf welchen **Quellen** beruht die Tabelle/Grafik?
- Welche **Darstellungsform** wurde gewählt (Tabelle, Kurven-/Linien-, Säulen- oder Balken-, Kreis-, Flächen-, Block- oder Figuren-Diagramm)?
- Was sind die **Bezugsgrößen:** Zahlenarten (absolute Zahlen, Prozent- oder Indexzahlen), Zahlenwerte (gerundet, geschätzt, vorläufig), Maßeinheiten und Intervalle?
- Welche **Kategorien** werden miteinander in Beziehung gesetzt (z. B. bei Tabellen in Kopfzeile, Spalten und Vorspalten)?
- Wie ist die **grafische Gestaltung:** Symbole, Farben, (Hintergrund-)Bilder?

Inhaltliche Analyse
- Welche **Besonderheiten** weist das Material auf? Bestimmen Sie wesentliche Auffälligkeiten!
- Welche **Hauptaussagen** lassen sich formulieren (Trends, Tendenzen)?
- Welche **Teilaussagen** in Bezug auf Einzelaspekte lassen sich machen? (Minima, Maxima, Zunahme, Abnahme, Stagnation, Zahlensprünge, Anomalien, Gleichmäßigkeiten und regelhafte Verläufe, unterschiedliche Phasen, Wechselbeziehungen zwischen verschiedenen Variablen/Merkmalen, ...)

Aussageabsicht, Interpretation und Kritik
- Welche **Antwort** gibt die Tabelle/Grafik auf die Fragestellung? Zu welchen Teilbereichen lassen sich keine Aussagen treffen?
- Welche **Aussagen**, Empfehlungen oder Handlungen werden durch die Statistik/Grafik nahegelegt?
- Welche **Fragen** werden durch die Informationen der Tabelle/Grafik aufgeworfen?
- Was sind mögliche **Ursachen** für der Tabelle/Grafik entnommene Sachverhalte?
- Beurteilung der **Aussagekraft** der Tabelle/Grafik:
  - Sind die Daten repräsentativ und korrekt?
  - Ist die Darstellungsform angemessen?
  - Gibt es Unklarheiten in Bezug auf die Daten, Bezugsgrößen, Quellen, ...?
  - Fehlen Informationen im Schaubild?
  - Besteht Verdacht auf Interessengebundenheit/Manipulation? (Datenauswahl, Auftraggeber, grafische Darstellung, ...)

5 Karten

Unterscheiden Sie „**historische**“ und „**wissenschaftliche**“ Karten. Achten Sie bei der Auswertung wissenschaftlicher Karten auf die folgenden Aspekte:
- die **geografische Dimension** der Karte: Welcher Raum wird bezeichnet?
- die **chronologische Dimension:** Welcher Zeitraum wird abgedeckt?
- die **politische Dimension:** Welche historischen Entwicklungen oder Strukturen werden sichtbar?
- die eigentliche Auswertung in einem **thematischen Zusammenhang:** Welche Aussagen zur betreffenden Situation sind nach der Karte möglich?

Tipp: Weitere Hilfestellungen finden Sie in dem Buch „Training Methoden – Geschichte“, Stark Verlag 2011 (Best.-Nr. 94789).

Tipp: Suchen Sie sich aus den folgenden Übungsaufgaben eine heraus und entwickeln Sie dazu die Vorarbeiten, wie sie Ihnen hier empfohlen werden. Sie rekonstruieren dabei das gedankliche Gerüst des Fachaufsatzes und üben dabei, einen Fachaufsatz selbstständig, systematisch und professionell vorzubereiten.

Die Ausführungen zu den **einzelnen Arbeitsanweisungen** werden nach dem in der Oberstufe üblichen Notensystem mit **Punkten zwischen 15 und 0 bewertet**. Aus dieser Bewertung der Teilleistungen wird entsprechend der vorgesehenen Gewichtung die Gesamtpunktzahl ermittelt. Die Gewichtung der einzelnen Aufgaben ergibt sich aus dem Umfang der geforderten Leistung, ihrem gedanklichen Anspruch sowie der Zuordnung zu den Anforderungsbereichen und erfolgt in Prozentangaben (z. B. werden die drei Teilaufgaben einer Abiturklausur im Verhältnis 25 %, 40 % und 35 % gewichtet).
Der **Schwerpunkt der Aufgabenstellung** liegt deutlich im **Anforderungsbereich II**, also in der Reorganisation und im Transfer: Sein Anteil an der Gesamtnote umfasst oft etwa 50 % der Aufgabenstellung.
Reproduktive Leistungen (AFB I) sowie Leistungen in den Bereichen Reflexion und Problemlösung (AFB III) haben oft einen Anteil von 20 bis 35 Prozent, wobei in Aufgaben auf erhöhtem Anforderungsniveau (EA-Kurse) der AFB III etwas stärker gewichtet wird als in Aufgaben für das grundlegende Anforderungsniveau.

Ihre Abiturklausur wird nach folgenden Kriterien bewertet:
- fachliche Korrektheit
- Sicherheit im Umfang mit Fachsprache und Methoden des Faches
- Folgerichtigkeit, Logik und Verknüpfung der Ausführungen
- Grad der Problemhaftigkeit, Multiperspektivität bzw. Kontroversität in der Argumentation
- Umfang der Selbstständigkeit
- konzeptionelle Klarheit
- Erfüllung standardsprachlicher Normen und formaler Aspekte; achten Sie darauf, sich sprachlich richtig und präzise zu äußern, sonst kann die Benotung Ihrer Bearbeitung auf zwei Ebenen schlechter ausfallen:
  - schwerwiegende und gehäufte Verstöße gegen die sprachliche Richtigkeit oder gegen die äußere Form führen zu einem Abzug von einem (in der Regel ab durchschnittlich 5 Verstößen pro Seite) bis zwei Punkten (in der Regel ab durchschnittlich 7 Verstößen pro Seite)
  - undifferenzierte und sprachlich ungenaue oder missverständliche Aussagen mindern die inhaltliche Qualität Ihrer Bearbeitung

Nach Abschluss Ihrer Prüfungsklausur wollen Sie die von Ihnen erbrachte Leistung sicherlich einordnen.
- Nach den in Niedersachsen üblichen Notendefinitionen können Sie mit einem **„ausreichend“** (5 Punkte) rechnen, wenn Sie mit Ihren Ausführungen die Kenntnis wesentlicher Sachverhalte nachgewiesen haben, zentrale Aussagen und bestimmende Merkmale des vorgelegten Materials von Ihnen in Grundzügen erfasst sind, die Aussagen auf die Aufgabe bezogen und dabei grundlegende fachspezifische Verfahren sowie Begriffe angewendet wurden, Ihre Darstellung im Wesentlichen verständlich ausgeführt und erkennbar geordnet ist.

- Ein mit „**sehr gut**“ beurteiltes Prüfungsergebnis erreichen Sie nur mit Leistungen im Anforderungsbereich III, also mit einer angemessenen Bearbeitung der abschließenden, ein Urteil oder eine Bewertung fordernden Teilaufgabe. Auch ein mit „**gut**“ beurteiltes Prüfungsergebnis verlangt mindestens ansatzweise Leistungen im Anforderungsbereich III.

Tipp: Ihre Bearbeitung muss in **Textform** erfolgen. Achten Sie dabei auf die **äußere Form** und die **sprachliche Richtigkeit:**
- die Einhaltung **standardsprachlicher Normen**
- die **stilistische** Angemessenheit
- die korrekte Verwendung der **Fachsprache**

Bei gehäuften **Verstößen** gegen die standardsprachliche Norm und gegen die äußere Form droht sonst der **Abzug von bis zu zwei Punkten** in der Gesamtbewertung der Klausur. Unübersichtliche oder nicht lesbare Textstellen werden nicht bewertet.

Wenn Sie mit Ihrer Reinschrift nicht rechtzeitig fertig geworden sind, können Ihre Vorarbeiten (Entwürfe) ergänzend zur Bewertung nur herangezogen werden, wenn sie zusammenhängend konzipiert sind und die Reinschrift etwa ¾ des erkennbar angestrebten Gesamtumfangs umfasst. Dies mag eine letzte Hilfe sein, aber vermeiden Sie diesen Notfall durch bewusstes Zeitmanagement!

Die mündliche Prüfung in Geschichte

Eine mündliche Prüfung[1] im Fach Geschichte ergibt sich für Sie unter folgenden **Voraussetzungen:**
- Sie haben Geschichte als **fünftes Prüfungsfach** gewählt; in diesem Fall ist im Abitur zwingend eine mündliche Prüfung zum Abschluss vorgesehen (AVO-GOFAK § 2.2).
- Geschichte gehört zu Ihrem **ersten bis vierten Prüfungsfach**. Dann kann die Prüfungskommission nach den Ergebnissen der schriftlichen Prüfung beschließen (AVO-GOFAK § 13.1), dass Sie in einem oder mehreren dieser Fächer – also auch in Geschichte – mündlich geprüft werden. (Eine entsprechende Mitteilung erfolgt mit der Bekanntgabe der Ergebnisse, die Sie in den schriftlichen Prüfungsarbeiten erzielt haben; frühestens vier Werktage nach dieser Bekanntgabe kann/darf diese Prüfung stattfinden.)
- Sie haben in Geschichte die **Abiturklausur** geschrieben und kommen nach Bekanntgabe des Prüfungsergebnisses selbst zu der Einsicht, dass eine mündliche Prüfung sinnvoll und/oder notwendig ist. Den Antrag haben Sie bis zu einem von der Schule festgesetzten Termin schriftlich zu stellen.

1 Die wichtigsten Rechtsbestimmungen finden Sie im 1. Abschnitt „Schulrechtliche Vorgaben für die Abiturprüfungen“, die entsprechend auch für die mündliche Abiturprüfung gelten.

1 Allgemeine Grundsätze

Die mündliche Prüfung ist eine **Einzelprüfung**, die **mindestens 20 und höchstens 30 Minuten** dauern soll.
Die für die schriftliche Abiturprüfung beschriebenen **Anforderungsbereiche** (AFB I bis AFB III) und Anforderungsunterschiede (s. o. S. III–V) gelten entsprechend.
Die mündliche Prüfung darf sich **nicht nur** auf die **Sachgebiete eines Halbjahres** beziehen. Die Ihnen gestellte Aufgabe wird also – bei aller sinnvollen und erforderlichen Schwerpunktbildung – auf fachliche Inhalte und Lernbereiche aus mindestens zwei Semestern zurückgreifen.
Wenn Geschichte zu Ihren schriftlichen Prüfungsfächern gehört, darf eine evtl. mündliche Prüfung keine inhaltliche Wiederholung oder Weiterführung des von Ihnen in der Abiturklausur bearbeiteten Themas sein. In diesem Fall werden Sachbereiche eines anderen Semesters im Mittelpunkt der Prüfung stehen.
Ihre Prüfung findet vor dem für Sie gebildeten **Fachprüfungsausschuss** statt. Dieser besteht aus drei stimmberechtigten Mitgliedern (die über die Lehrbefähigung im Fach Geschichte verfügen sollen): der Fachprüfungsleiterin oder dem Fachprüfungsleiter als Vorsitzendem, der Prüferin oder dem Prüfer (in der Regel die Sie unterrichtende Fachlehrkraft, die auch für die Aufgabenstellung verantwortlich ist), sowie der Protokollführerin oder dem Protokollführer. Als nicht stimmberechtigte Mitglieder können bis zu fünf weitere Lehrkräfte hinzukommen. Anwesend kann auch das vorsitzende Mitglied der Prüfungskommission sein, das das Recht hat, in die Prüfung einzugreifen und den Vorsitz zu übernehmen. Der Fachprüfungsausschuss besteht in diesem Fall aus vier stimmberechtigten Mitgliedern.
Auch **Zuhörerinnen und Zuhörer** sind zu einer mündlichen Prüfung zugelassen. Die Teilnahme von bis zu zwei „Personen, deren Anwesenheit im dienstlichen Interesse liegt", müssen Sie dulden. Weiterhin dürfen zuhören, allerdings nur mit Ihrer Zustimmung (die Sie ohne Angabe von Gründen und ohne dass Ihnen daraus ein Nachteil erwächst, verweigern können): ein Mitglied des Schulelternrates, ein Mitglied des Schülerrates, bis zu zwei Schülerinnen und Schüler des 11. Schuljahrganges. Alle Zuhörerinnen und Zuhörer sind zur Verschwiegenheit über den Prüfungsverlauf verpflichtet. Es wird Ihnen für die Dauer der Prüfung die Aufgabenstellung ausgehändigt, Sie dürfen während dieser Zeit aber keine Aufzeichnungen machen. (Bei der anschließenden Beratung des Fachprüfungsausschusses dürfen aus diesem Kreis nur das Mitglied des Schulelternrates und die Personen „mit dienstlichem Interesse" als Zuhörer anwesend sein.)
Zur angemessenen Vorbereitung Ihrer Prüfung erhalten Sie eine **Vorbereitungszeit** von in der Regel **20 Minuten**. Erscheint ein Prüfling aus von ihm zu vertretenden Gründen nicht zum festgesetzten Termin der Vorbereitungszeit, so kann er eine Verschiebung des Beginns der Prüfung nicht beanspruchen. Die Vorbereitung findet unter Aufsicht von Lehrkräften der Schule statt. Während der Vorbereitung dürfen Sie sich Aufzeichnungen als Grundlage für Ihre Ausführungen machen.

2 Aufgabenstellung

Die mündliche Prüfung richtet sich nach den Zielen, Inhalten und Methoden der Rahmenrichtlinien sowie den Einheitlichen Prüfungsanforderungen in der Abiturprüfung (EPA), Geschichte. Als dezentraler Prüfungsteil liegt die **inhaltliche Ausgestaltung** und Schwerpunktbildung **in der Verantwortung der** Sie **prüfenden Fachlehrkraft**, die sich mit der Aufgabenstellung sehr wahrscheinlich auf zentrale Kursaspekte beziehen wird. In erster Linie werden das die Kenntnisse und Fähigkeiten sein, die Ihnen zu den für 2014 genannten thematischen Schwerpunkten vermittelt worden sind. Diese Beschränkung ist allerdings nicht zwingend; Ihre Kursleiterin oder Ihr Kursleiter kann auch zu weiteren bedeutsamen, über die thematischen Schwerpunkte hinausgehenden Fachinhalten eine mündliche Prüfung gestalten.

Als Ausgangspunkt für die mündliche Prüfung dient eine **begrenzte, gegliederte, schriftlich formulierte Aufgabe auf der Grundlage vorgelegter Materialien**, die sich folglich in der Konzeption nicht wesentlich von den Kriterien für die schriftlichen Aufgabenformen unterscheiden wird. Umfang und Abstraktionsgrad des Materials sowie die Aufgabenstellung (2–3 Arbeitsanweisungen) sollten Ihnen eine angemessene Erarbeitung während der Vorbereitungszeit ermöglichen und eine abgerundete Prüfung gestatten.

Die Aufgabenstellung wird so gestaltet sein, dass Sie schon im ersten Teil der Prüfung, also in Ihrem selbstständigen Vortrag, **Leistungen in allen drei Anforderungsbereichen** erbringen können. Das **Schwergewicht** wird dabei – wie bei der schriftlichen Prüfung – im **Anforderungsbereich II** liegen.

Das setzt voraus – und Ihre Prüferin oder Ihr Prüfer werden darauf achten –, dass die Ihnen vorgelegte Prüfungsaufgabe keiner bereits bearbeiteten so nahe steht oder deren Thematik im Unterricht so vorbereitet wurde, dass sich die Anforderungen im Wesentlichen auf die Wiedergabe von Wissen beschränken, zum überwiegenden Teil folglich im AFB I bleiben.

3 Hinweise und Tipps zum Ablauf

Die mündliche Prüfung besteht aus **zwei** vom zeitlichen Umfang her etwa gleichen **Teilen:** dem selbstständigen Prüfungsvortrag und dem Prüfungsgespräch.

- Im **Prüfungsvortrag** stellen Sie Ihr Ergebnis der in der Vorbereitungszeit bearbeiteten Aufgabe dar. Solange Sie aufgabenbezogen, fachlich und sprachlich korrekt vortragen, wird die Prüfungskommission (normalerweise die Sie prüfende Lehrkraft) Sie kaum unterbrechen. Ein Eingriff in diese Phase der Prüfung bleibt die Ausnahme und soll nur dann erfolgen, wenn aus pädagogischen bzw. prüfungspsychologischen Gründen oder zur Klärung des Verständnisses eine Hilfe geboten erscheint. Auf Ihre in der Vorbereitungszeit angefertigten Aufzeichnungen dürfen Sie selbstverständlich zurückgreifen; Sinn und Wesen eines Vortrages werden jedoch verfehlt, wenn Sie sich überwiegend auf das Vorlesen Ihrer Aufzeichnungen beschränken. Benutzen Sie diese als gegliederten Stichwortkatalog und haben Sie den Mut zur freien Darstellung.

- Das **Prüfungsgespräch** mit der Sie prüfenden Lehrkraft geht – an den Vortrag anknüpfend – zunächst auf größere fachliche Zusammenhänge ein, schließlich über die bisher behandelte Thematik hinaus. Es erschließt – soweit möglich unter Wahrung der thematischen Einheit – andere Sachgebiete und Lernbereiche, damit der sog. Kursübergriff gewährleistet ist und sich die Gesamtprüfung nicht nur auf die Inhalte eines Kurshalbjahres beschränkt. Der geforderte Gesprächscharakter verbietet das zusammenhanglose Abfragen von Kenntnissen bzw. den kurzschrittigen Dialog.

Erfahrene Prüferinnen und Prüfer werden – eingedenk der besonderen Situation ihres Prüflings – mit einer geschickten Fragetechnik Hilfestellung geben und sich mit wertenden Äußerungen zurückhalten.
Zur Klärung der Prüfungsleistung kann die Fachprüfungsleiterin/der Fachprüfungsleiter Fragen an den Prüfling stellen. Ebenso kann das vorsitzende Mitglied der Prüfungskommission (sofern es anwesend ist) in die Prüfung eingreifen.

4 Bewertung

Nach Abschluss der Prüfung berät der Fachprüfungsausschuss über das Ergebnis. Der **Beschluss über die Note** erfolgt – nach Vorschlag der Prüferin oder des Prüfers – mit einfacher Mehrheit der stimmberechtigten Mitglieder. Stimmt das vorsitzende Mitglied der Prüfungskommission mit ab, weil es den Vorsitz übernommen hat, gibt seine Stimme bei Stimmengleichheit den Ausschlag.
Für die Bewertung Ihrer Prüfungsleistung gelten **ähnliche Grundsätze wie für die schriftliche Prüfung**. Die eingeschränkte Vorbereitungs- und Prüfungszeit wird dabei angemessen berücksichtigt werden.
In der mündlichen Prüfung wird der Fachprüfungsausschuss insbesondere darauf achten, in welchem Maße Sie über die folgenden **allgemeinen Fähigkeiten** verfügen:

- die Fähigkeit, sich **klar**, **differenziert**, **strukturiert** und **verständlich** unter angemessener Verwendung der Fachsprache und auf der Basis sicherer aufgabenbezogener Kenntnisse auszudrücken,
- die Fähigkeit, eigene **sach-**, **themen-** und **problemgerechte Beiträge** in der mündlichen Prüfung zu formulieren,
- die Fähigkeit zur **begründeten** eigenen mündlichen **Stellungnahme**, **Beurteilung** oder **Wertung**.

In Ihrem selbstständigen **Prüfungsvortrag** sollten Sie um den Nachweis folgender spezifischer Fähigkeiten bemüht sein:

- die Fähigkeit, **anhand von Aufzeichnungen frei**, zusammenhängend und argumentativ überzeugend zu sprechen,
- die Fähigkeit, **in der gegebenen Zeit** (10–15 Minuten) für die gestellte Aufgabe ein Ergebnis zu erarbeiten und, ggf. unter Einbeziehung einer Visualisierung, in einem **Kurzvortrag** darzulegen,
- die Fähigkeit, **in angemessener mündlicher Form** sich eigenständig mit historischen Sachverhalten auseinanderzusetzen.

Spezifische Anforderungen für das **Prüfungsgespräch** sind:

- die Fähigkeit, ein **sach-, themen- und problemorientiertes Gespräch** zu führen,
- die Fähigkeit, in einem solchen Gespräch **sicher, sach-, situationsangemessen und flexibel** auf Fragen, Impulse, Hilfen oder Gegenargumente einzugehen,
- die Fähigkeit zur **begründeten Einordnung oder Bewertung eines historischen Sachverhaltes** auch in diskursiver Gesprächssituation.

Bei normalem Prüfungsverlauf werden für die Feststellung des Prüfungsergebnisses **die beiden Prüfungsteile** (Vortrag/Gespräch) **etwa gleich gewichtet**. Wie bei der Bewertung einer Klausurleistung gilt auch für die mündliche Prüfung, dass nicht ausschließlich mit der Wiedergabe von Kenntnissen (AFB I) eine ausreichende Leistung erbracht werden kann. **Gute und bessere Bewertungen** setzen Leistungen voraus, die deutlich über den AFB II hinausgehen und mit einem wesentlichen Anteil dem **Anforderungsbereich III** zuzuordnen sind.

Niedersachsen – Grundlegendes Anforderungsniveau Geschichte
Übungsaufgabe 1

Rahmenthema 1: Krisen, Umbrüche und Revolutionen
Verbindliches Wahlmodul: Krise(n) der römischen Republik seit dem 2. Jh. v. Chr.

Thema: Rezeption der römischen Geschichte im Nationalsozialismus

Aufgabenstellung

1. Fassen Sie M 1 nach einer quellenkritischen Einführung zusammen.

2. In M 1 in Zeile 16 ff. heißt es zu den Römern: „Zwar ist ihr Staat noch stark genug, […] ein Weltreich zu begründen, aber ihre innere Kraft ist gebrochen […].“ Erläutern Sie diese Aussage im Kontext der Veränderungsprozesse der römischen Republik seit dem 2. Jh. v. Chr.

3. Nehmen Sie Stellung zur Deutung der römischen Geschichte in M 1. Beziehen Sie M 2 in Ihre Überlegungen mit ein.

M 1: In einem deutschen Geschichtsschulbuch für 6. Klassen an Gymnasien aus dem Jahr 1940 heißt es im Kapitel zur römischen Geschichte:

Ganz anders als die Griechen haben die nordischen Einwanderer nach Italien, die Römer, sich in dem fremden Lande zu behaupten versucht. Sie waren ernster und nüchterner. Sie wussten: nicht gefeierte Sportsmänner, Künstler und Gelehrte erhalten ein Volk, sondern Staatsmänner und Krieger. Und nicht der Handel ist die Grundlage des Staates, sondern das Bauerntum.

Sie halten strenge Zucht in der Familie; der Hausvater hat Gewalt über Leben und Tod aller Hausgenossen. Viele Kinder zu haben, ist ihr größter Stolz. Sie lehnen jede Vermischung mit anderen Völkern ab. Ein Rat der Sippenältesten, der Senat, lenkt den Staat. Sein Hoheitszeichen ist das Rutenbündel mit dem Beil – Ungehorsam wird mit Rutenhieben, Verrat und Feigheit mit dem Tode bestraft!

Schritt für Schritt erweitern die Römer ihre Macht. Kaum haben sie die Halbinsel unterworfen und durch Soldatensiedlungen gesichert, da stößt Hannibal, der Feldherr Karthagos, einer afrikanischen Großmacht, in das Land und verheert es anderthalb Jahrzehnte. Zwar wehren die Römer diesen Ansturm Afrikas ab, aber ihr Bauerntum geht dabei zugrunde. Die Römer werden ein Volk von Großgrundbesitzern, Kaufleuten und besitzlosen Großstadtmenschen. Zwar ist ihr Staat noch stark genug, alle Randländer des Mittelmeers zu unterwerfen und ein Weltreich zu begründen, aber ihre innere Kraft ist gebrochen und verzehrt sich in Parteikämpfen. Noch einmal werfen sich zu Beginn unserer Zeitrechnung tatkräftige Männer aus nordischem Blut der drohenden Auflösung des Reiches entgegen. Der Feldherr Caesar schafft sich im

Kampfe gegen die Gallier und Germanen ein schlagkräftiges Heer und beendet mit dessen Hilfe die Bürgerkriege. Sein Nachfolger, der Kaiser Augustus, bemüht sich, die altrömische Zucht und Sittenstrenge wieder zu Ehren zu bringen. Auch er kämpft gegen die Germanen, die gefährlichsten Feinde der Römer.

Aber auch das Wirken dieser beiden großen Männer hat den Zusammenbruch des Reiches nur um Jahrhunderte verzögern, nicht aber abwenden können. Das nordische Blut war in den unaufhörlichen Kriegen verbraucht worden. Es reichte nicht mehr aus, das Weltreich zusammenzuhalten. Die Nachkommen von freigelassenen Sklaven und Kriegsgefangenen aller Rassen überwuchern bald das echte Römertum. Afrikaner und Asiaten besteigen den Thron. Etwa zehn Menschenalter nach Augustus löst sich das Reich in eine westliche und eine östliche Hälfte auf. Der weströmische Kaiser regiert in Rom, der oströmische in Konstantinopel.

(entnommen aus: Warneck, Hans: Geschichtliches Unterrichtswerk für höhere Schulen. Geschichte des Deutschen Volkes und seiner Vorfahren von den Anfängen bis Kaiser Karl, München/Berlin 1940, S. 21 f.)

M 2: Informationstext zur Ausstellung „Graben für Germanien“, Bremer Focke-Museum, 10. März bis 8. September 2013:

Mit dem Begriff „Germanien“ verbinden sich ganz unterschiedliche Vorstellungen und Assoziationen. Dabei gab es kein Volk, das sich selbst Germanen nannte oder seine Heimat als Germanien titulierte. Dieser einst von den Römern erfundene Oberbegriff für die auf der rechten Rheinseite lebende Bevölkerung erlebte über die Zeit hinweg verschiedene ideologische Aufladungen. Während des Nationalsozialismus arbeiteten Archäologen der Politik selbstständig zu und lieferten angebliche Belege für die germanische Hochkultur und ihr großes Siedlungsgebiet. Damit wollte das NS-Regime die eigene Überlegenheit beweisen und Besitzansprüche auf Territorien in den Nachbarländern legitimieren.
Die Ausstellung deckt die enge Verzahnung von Archäologie und Politik im Dritten Reich auf und zeigt, wie Ausgrabungsfunde der medialen Propaganda dienten. Zeitschriften, Bücher, Schulwandbilder, Sammelbilder, Filme und Radiosendungen belegen, wie das ideologisch geprägte Germanienbild während des Nationalsozialismus zum Allgemeinwissen mutierte. Ein Bild, das sich so verfestigte, dass der Spuk auch nach 1945 seine Fortsetzung fand. Die Ausstellung legt dar, wie diese falschen Vorstellungen bis heute in der rechten Szene weiter propagiert werden.

(http://www.focke-museum.de/de/sonderausstellungen/aktuell/germanien (22. 5. 2013))

Erläuterungen und Bearbeitungshinweise

Die Übungsaufgabe bezieht sich in erster Linie auf das erste Rahmenthema des Kerncurriculums „Krisen, Umbrüche und Revolutionen“ und dabei schwerpunktmäßig auf die Darstellung der Krisen der römischen Republik. Aufgabe 3 bezieht das Pflichtmodul des dritten Semesterthemas mit ein und bildet den Semesterübergriff zum dritten Rahmenthema „Wurzeln unserer Identität“ mit dem Pflichtmodul „Nationalsozialismus und deutsches Selbstverständnis“.

Mögliche Gewichtung der Teilaufgaben

Teilaufgabe	überwiegend Anforderungsbereich	Gewichtung in Prozent
1	I	25
2	II	40
3	II	35

Lösungsvorschläge

1. *Die Aufgabe ist klar dem AFB I zugeordnet und bezieht sich auf methodische Kompetenzen: Sie wenden fachspezifische und fachübergreifende Arbeitstechniken (in erster Linie: Umgang mit Quellen und Darstellungen, Durchführung einer präzisen Quellenkritik) an und sind in der Lage, den Text komprimiert, in eigenen Worten und mit sprachlicher Distanz (z. B. Benutzung des Konjunktivs) zusammenzufassen. Eine kurze treffende Einleitung in die Thematik der Klausur wird zwar nicht zwingend vorausgesetzt, kann aber den positiven Gesamteindruck hinsichtlich Kontext- und Kompetenzverständnis unterstützen.*
   Folgende inhaltliche Aspekte sind zu beachten:
   - *quellenkritische Einleitung (Textsorte, historischer Kontext 1940, Adressat, Intention)*
   - *Schulbuchkapitel zur römischen Geschichte: Merkmale der Römer, Ursachen des Untergangs des römischen (Kaiser-)Reichs*
   - *die Zerstörung des Bauerntums und die innere Zerrissenheit werden als wesentliche Faktoren gesehen, die zum Untergang des Weltreichs geführt hätten*
   - *besondere Hervorhebung der Rolle Caesars und Augustus', allerdings sei schon damals der Untergang vorgezeichnet gewesen*
   - *aufgrund der Kriege und des Sittenverfalls nach Augustus sei das Kaiserreich nicht mehr zu retten gewesen*

   Die Klausur setzt sich mit der Rezeption der antiken römischen Geschichte im Nationalsozialismus auseinander und damit allgemein mit unterschiedlichen **Geschichtsdeutungen** in Vergangenheit und Gegenwart.

   Im Zentrum steht die Quelle M 1, ein Schulbuchkapitel zur römischen Geschichte, entnommen aus einem **Schulgeschichtsbuch von 1940** für die 6. Klasse Gymnasium. Wortwahl und Wertungen in dem Kapitel lassen aus heutiger Sicht unschwer die nationalsozialistische Ideologiefärbung erkennen (z. B. „Rassen", Z. 29). Damit ist diese ursprünglich als Darstellung zu bezeichnende Textgattung für heutige Untersuchungen zu einer **Quelle** geworden, die uns auch Auskunft über das nationalsozialistische Geschichtsbild und über NS-Erziehungsziele geben kann. Die Ausführungen befassen sich mit dem **Aufstieg und dem Untergang des römischen Reiches** und sind insgesamt **schülergerecht** gehalten. In dem knappen Kapitel wird ein Zeitraum von rund 1 000 Jahren abgedeckt mit Schwerpunkt auf den Entwicklungen Roms bis zum Aufstieg Caesars und Augustus'.

Die Autoren des Kapitels stellen aus NS-Sicht die **Grundlagen des römischen Staates** (Bauerntum, Kriegergesellschaft) den **innenpolitischen Veränderungen** gegenüber und konzentrieren sich auf die **Ursachen des Untergangs des römischen Reiches**. Trotz Kriegergesellschaft und Aufstieg zur Weltmacht habe die Abwehr der außenpolitischen Gefahren (z. B. Hannibal, Karthago, Germanen) die Grundlagen des Staates zerstört und die Römer in ihrem inneren Zusammenhalt entscheidend geschwächt. Zwar sei durch **Caesar und Augustus** vorübergehend die Ordnung wiederhergestellt worden, ein allgemeiner **Sittenverfall** (in den Augen der NS-Schulbuchautoren sind damit **afrikanische und asiatische Einflüsse** gemeint, vgl. Z. 29 ff.) im Inneren sei aber nicht mehr aufzuhalten gewesen. Dieser habe – zusammen mit der zunehmenden **äußeren Bedrohung durch die Germanen** – schließlich zum Zusammenbruch des römischen Reiches geführt. Das Kapitel endet mit dem Hinweis auf die **Teilung des Römischen Reiches** in ein west- und ein oströmisches Reich.

2. *Die Aufgabenstellung verlangt von Ihnen die Darlegung der in Semester 1 erworbenen Sachkompetenz zu Krise(n) der römischen Republik. Dabei gilt es, ausgehend von dem Zitat aus M 1 die Ursachen der Krise entweder chronologisch oder inhaltlich strukturiert zu erläutern und den scheinbaren Widerspruch zwischen dem Aufstieg Roms zur Weltmacht und der Entstehung innenpolitischer Krisen (z. B. militärisch, wirtschaftlich, politisch, sozial) zu erklären. Der Operator „erläutern“ beinhaltet auch die Möglichkeit, Theorieanteile des Kernmoduls aus dem 1. Semester (z. B. Erklärungsmodelle zu „Krisen“ und Krisenbewältigungsstrategien) in die Ausführungen einzubringen.*
Folgende inhaltliche Aspekte sind besonders zu beachten:
- *außenpolitische Rahmenbedingungen der Krise: Aufstieg zur Weltmacht und Kriege (v. a. Kriege gegen Karthago)*
- *innenpolitische Rückwirkungen der außenpolitischen Rahmenbedingungen: militärisch, politisch, wirtschaftlich, gesellschaftlich: Kriegergesellschaft und Rekrutierungskrisen, persönliche Bereicherungen, Not der Landbevölkerung, massenhafte Sklavengesellschaft, bürgerkriegsähnliche Konflikte zwischen adliger Senatsmehrheit und Volkstribunen*
- *politische Morde nehmen im 1. Jh. v. Chr. zu, nachdem die Reformversuche der Gracchen an der Senatsmehrheit scheiterten; einzelne Persönlichkeiten bekommen sehr viel Macht (z. B. Caesar)*

Besonders hervorgehoben wird in dem Schulbuchtext M 1 der **scheinbare Widerspruch zwischen dem Aufstieg Roms zur Weltmacht und der Verschärfung innerer Krisen** (vgl. das Zitat der Aufgabenstellung). Dieser wird im Folgenden näher erläutert und in die Geschichte der römischen Republik seit dem 2. Jahrhundert v. Chr. eingeordnet.
Rom nannte sich bereits seit dem 5. Jahrhundert v. Chr. „Republik“. Faktisch hat die **Republik** rund 500 Jahre bestanden, wobei die Jahrzehnte **ab dem 2. Jahrhundert v. Chr. als Krisen- und Umbruchzeit** bezeichnet werden, die schließlich

zum **Untergang der Republik** und zur **Durchsetzung des Prinzipats unter Kaiser Augustus** (ab 27 v. Chr.) geführt haben. Die römische Republik war nach außen betrachtet im 2. Jahrhundert v.Chr. ein **Weltreich** und hatte sich durch zahlreiche Kriege (besonders gegen die Karthager in drei „**Punischen Kriegen**" bis 146 v. Chr.) als Ordnungsmacht rund um das Mittelmeer etabliert. Krieg war selbstverständlich und gehörte zum alltäglichen Leben (Kriegergesellschaft).
Die Expansion zur Weltmacht hinterließ allerdings auch ihre Spuren im Inneren der römischen Republik. Einiges davon wird in dem NS-Schulbuchtext angesprochen (z. B. „Bauerntum geht [...] zugrunde", Z. 14 f., „Parteikämpfe", Z. 18), konkrete Ursachen werden allerdings nicht strukturiert erklärt.
Es waren besonders die Kriege in Spanien und jene gegen die Truppen Hannibals im 2. Jahrhundert v. Chr., die große **militärische Ressourcen aufbrauchten** und das weiterhin **agrarisch dominierte Alltagsleben** in der römischen Republik belasteten. Zwar stiegen durch die Kriegserfolge das Privatvermögen und der **Luxus der adligen Oberschicht** beträchtlich an, die Familien der Kleinbauern profitierten jedoch kaum vom römischen Weltmachtstatus. Die Vertreter der ärmeren Bevölkerungsschicht, die **Plebejer**, wurden als Soldaten in den Kriegen eingesetzt, während ihre Abwesenheit in Italien häufig zum Ruin ihres Besitzes führte und eine **Ausweitung des Großbauerntums** in der römischen Republik zur Folge hatte. Gleichwohl hatten sich die Plebejer im Laufe der Zeit durch die **Ständekämpfe** ihre eigenen Interessenvertreter in den zehn **Volkstribunen** erkämpft, die ihr Veto in Kriegs- und Rekrutierungsfragen einlegen und damit auch Einfluss auf die römische Militärpolitik nehmen konnten.
Römische Volkstribune (Vertreter der Gracchen) und Konsuln (z. B. der Feldherr Marius) stehen stellvertretend für **Reformversuche**, um die Krisen in der Landwirtschaft (z. B. weitgehende **Reformen des Tiberius Gracchus:** Ackergesetze, Neuverteilung des ager publicus) oder im Militär („**marianische Heeresreform**", z. B. Einführung eines Berufsheeres) im 2. Jahrhundert v. Chr. zu lösen. Die Landreformen scheiterten jedoch am **Widerstand der adligen Senatsmehrheit**. Die Ermordung Tiberius Gracchus' 133 v. Chr. führte zu einem **Bürgerkrieg**, in dessen Verlauf die adlige Senatsmehrheit für sich das Notstandsrecht in Anspruch nahm. Die **innere Zerrissenheit** im sozialen Bereich wurde durch große **Sklavenaufstände** (z. B. Spartacusaufstand 73–71 v. Chr.) noch verschärft. Der **Aufstieg von Diktatoren** wie **Sulla** (ab 82 v. Chr.) ist im Kontext dieser verschiedenen Krisen und einer **Radikalisierung der Politik** zu sehen, die die römische Republik im 1. Jahrhundert v. Chr. besonders erfassten. Es herrschten Gewalt, Korruption und Reformunwilligkeit, die eine Identifikation mit den Idealen der römischen Republik kaum mehr zuließen. Die Soldaten fühlten sich weit ab vom Zentrum Rom nun eher ihren Feldherren verpflichtet, die wiederum aus den Krisen als Sieger hervorgingen (z. B. **Caesar**). Formal blieben die Institutionen der Republik zwar bestehen, spätestens aber unter Augustus war klar, dass die Republik abgeschafft und das **Prinzipat mit einem Kaiser** die neue Staatsform Roms geworden war.
Es stecken somit komplexe innerrömische Veränderungsprozesse und Krisen im militärischen, wirtschaftlichen, politischen und gesellschaftlichen Bereich hinter dem Zitat aus dem NS-Schulgeschichtsbuch (M 1), die nur in ihren **Wechselwir-**

kungen und Verflechtungen als krisenhafte Rückwirkungen des Aufstiegs zur antiken Weltmacht zu verstehen sind (und damit eben nur scheinbar einen Widerspruch darstellen). Wendet man den **Krisenbegriff** für die Geschichte der römischen Republik an, so wird klar, dass die Phase ab dem 2. Jahrhundert v. Chr. als eine „kritische Phase" zu sehen ist, in der sich entscheiden sollte, ob eine Wendung zum Besseren eintritt (Reformen, Stabilisierung des Systems) oder das bestehende System untergeht. Es handelt sich also um eine **klassische Wende- und Umbruchzeit der Geschichte**, die hier thematisiert wird, und die in den Untergang des Systems und in den Aufstieg des Kaisertums mündet. Das NS-Geschichtsschulbuch liefert nur einen kleinen Ausschnitt der römischen Geschichte, der für die NS-Ideologie nutzbar gemacht wird. Die Darstellung ist dabei verzerrt: So wird etwa der Begriff „Republik" völlig unterschlagen und die beiden Kaiser Caesar und Augustus werden äußerst positiv beurteilt (Aufgabe 3).

3. *Die letzte Aufgabe ist dem AFB III zugeordnet (Kompetenzbereich „Deutung und Reflexion"). Sie nehmen auf der Grundlage von heutigen Wertvorstellungen Stellung zu Geschichtsdeutungen der antiken römischen Geschichte im Nationalsozialismus. Der Semesterübergriff verlangt von Ihnen fundierte Kenntnisse zur NS-Ideologie (d. h. auch AFB II: Sachkompetenz). M 2 bettet M 1 in den größeren Zusammenhang der NS-Geschichtswissenschaft und der Funktion der antiken Geschichte für den Nationalsozialismus ein. M 2 sollte als Anknüpfungspunkt für weitere Beispiele und Überlegungen zum Thema „NS-Geschichtsdeutungen" und für heutige Debatten etc. genutzt werden.*
Mögliche inhaltliche Aspekte:
   - *ideologische Leitgedanken in M 1: Rassismus und Germanenkult, Führerkult, Sozialdarwinismus, Fokus auf Krieg und Expansion*
   - *Funktion der Quelle M 1: z. B. Bedeutung der NS-Ideologie für den damaligen Geschichtsunterricht; Entstehung eines NS-Geschichtsbildes, Umdeutung der Geschichte im Sinne des Nationalsozialismus, Bedeutung der antiken römischen Geschichte für die „aktuelle" Situation 1940*
   - *Bezug zu M 2: antike Vorbilder waren insgesamt bedeutsam für die Durchsetzung der NS-Geschichtsdeutung und für die Legitimation des Eroberungskrieges; Instrumentalisierung der Geschichte und des „Germanenmythos" für eigene ideologische Ziele; große propagandistische Wirkungsmacht*
   - *das Werturteil sollte auf die Funktion von Geschichte und des Geschichtsunterrichts eingehen (Indoktrinierung und Vermittlung von Mythen versus Wertevermittlung, Beispiele aus eigener Lebenswelt), die Kontinuität der „falschen Vorstellungen" der NS-Geschichtsdeutung thematisieren und die Funktion der römischen Geschichte für heutige Wertvorstellungen diskutieren*

Nach der Ernennung Adolf Hitlers zum Reichskanzler am 30. Januar 1933 erfolgte in wenigen Jahren ein Prozess der „Gleichschaltung", der die nationalsozialistische Ideologie bis ins private Leben jedes „Volksgenossen" zu verbreiten gedachte. Die **Erziehung im Sinne des Nationalsozialismus** war ein Schwerpunkt in diesem

totalitären System; sie sollte in nationalsozialistischen Gruppen (HJ, BdM etc.) ebenso wie in Schulen (z. B. NS-Lehrerbund, neues „Lehrmaterial" etc.) durchgesetzt werden und auf **kriegerische und expansionistische Zukunftsaufgaben** vorbereiten. Dem **Geschichtsunterricht** kam dabei eine **wichtige Funktion** zu. Wie in M 1 erkennbar, wurden klassische Themen wie die römische Geschichte **ideologisch umgedeutet** und mit **NS-Vokabular** angereichert, um schon Schüler der 6. Klassen direkt oder indirekt mit dem NS-Geschichtsbild vertraut zu machen. Die Geschichte der Römer bot sich hier besonders gut an, da die in hohem Maße militarisierte römische Gesellschaft (vgl. Aufgabe 2) als **historisches Vorbild für die nationalsozialistische Gesellschaft** dienen konnte, aber durch die inneren Krisen gleichzeitig auch ein abschreckendes Beispiel darstellte, dem die Nationalsozialisten das **Ideal der „Volksgemeinschaft"** und des **Führerprinzips** entgegenstellten. Neben dem **Fokus auf Krieg und Expansion** finden sich in M 1 weitere charakteristische Elemente der NS-Ideologie: Begriffe wie „Vermischung" (Z. 8), „nordisches Blut" (Z. 19) und „Rassen überwuchern" (Z. 29) deuten auf ein **rassistisches Geschichtsbild** hin, welches (basierend auf pseudowissenschaftlichen Theorien des 19. Jahrhunderts) Gesellschaften in höher- und minderwertige Gruppen unterteilte und deren Austausch oder Verbindung als schädlich ansah. Es wird in M 1 deutlich, dass die Nationalsozialisten in der „nordischen (= „arischen") Rasse" (vgl. Z. 26 f.) die höherwertigen, stärkeren Menschen sahen, während „Afrikaner und Asiaten" (Z. 29 f.) zu den „minderwertigen Rassen" zählten. Die Bedeutung des Bauerntums und des Kinderreichtums der Römer wird stattdessen besonders positiv hervorgehoben und als Vorbild für die NS-Gesellschaft eingeordnet („Blut-und-Boden-Ideologie").
Eng mit der Ideologie des Rassismus ist der **Sozialdarwinismus** verbunden, der die Weltgeschichte als ständigen Kampf und Krieg deutet, das „**Recht des Stärkeren**" einfordert und damit pazifistische und demokratische Einstellungen ablehnt. Auch in diesem Punkt konnte die römische Geschichte Vorbild für die NS-Geschichtsdeutung sein. Deutlich wird in dem Schulbuchtext ebenso die starke Hervorhebung „tatkräftige[r] Männer aus nordischem Blut" (Z. 19), die als Retter aus Krisenzeiten hervorgehen und wieder Ordnung schaffen (**Caesar und Augustus als Beispiele historischer Führerpersönlichkeiten**). Dieser **Führerkult** wurde historisch legitimiert, während republikanische und parlamentarische Institutionen abgelehnt wurden. Es wird somit anhand von M 1 die **indoktrinierende und propagandistische Funktion** des Geschichtsunterrichts im Nationalsozialismus deutlich, der die Schülergeneration von 1940 mittels historischer Beispiele auf den kommenden Eroberungskrieg vorbereiten und ihr die ideologischen Werte des **nationalsozialistischen Führerstaats** einbläuen sollte.
Dass die antike Geschichte generell eine entscheidende Rolle für die **Legitimation nationalsozialistischer Eroberungspläne und -kriege** spielte, lässt sich an **M 2** ablesen. Die 2013 in Bremen präsentierte Ausstellung „Graben für Germanien" hat einerseits den hohen Stellenwert der antiken Geschichte im Nationalsozialismus verdeutlicht, andererseits auch die vielfältigen Medien offengelegt, mit denen nationalsozialistische Geschichtsdeutungen verbreitet wurden (Schulbücher sind hier nur ein Beispiel). „**Die Germanen**" wurden im Nationalsozialismus **als eine**

homogene Gruppe konstruiert, auf die sich das nationalsozialistische Deutschland zurückführen lassen wollte und mit deren Geschichte sich die „arischen Deutschen“ identifizieren sollten. Der **Germanen-Mythos** fungierte als Legitimation für die NS-Herrschaft und ihre Inklusions- und Exklusionsmechanismen.

Das nationalsozialistische Geschichtsbild war somit eine auf Mythen und Rassentheorien basierende Darstellung, auf die alle Prozesse der Geschichte übertragen und im Sinne der NS-Ideologie konstruiert wurden. Ein offenes und kritisches Geschichtsverständnis war – wie natürlich in allen Diktaturen der Geschichte – nicht möglich. M 1 und M 2 machen somit nicht nur die Möglichkeit der **Instrumentalisierung von Geschichte** deutlich, sondern zeigen auch, dass Geschichte immer **vor dem Hintergrund der jeweiligen Gegenwart gedeutet** wird. Geschichtsinterpretationen richten sich heute nach den allgemeinen Menschenrechten und dem Grundgesetz. Sie lassen offene und kritische Deutungen zu (Stichwort: Ideologiekritik). Es ist klar, dass die in M 1 deutlich werdende Geschichtsinterpretation der römischen Geschichte auf Grundlage der NS-Ideologie so nicht mehr tragbar ist. Auch wenn einige historische Feststellungen zu den Ursachen der römischen Krise heute noch so gesehen werden, so dürfte die ideologische Färbung des Schulbuchkapitels Kindern in 6. Klassen kaum auffallen. Deshalb ist es wichtig, dass der **Geschichtsunterricht heute** über die Rezeption von Geschichte und über verschiedene Geschichtsdeutungen aufklärt, da sich viele falsche Vorstellungen aus der Zeit des Nationalsozialismus bis heute (nicht nur in der rechten Szene) gehalten haben (vgl. M 2).

Rahmenthema 1: Krisen, Umbrüche und Revolutionen
Verbindliches Wahlmodul: Krise(n) der römischen Republik seit dem 2. Jh. v. Chr.

Thema: Grundbesitzverhältnisse und die Heeresreform des Marius

Aufgabenstellung

1. Fassen Sie die Beschreibung des römischen Historikers Appian über den „Landerwerb durch Reiche" aus seinem Werk „Geschichte der römischen Bürgerkriege" (M 1) zusammen.
2. Erläutern Sie die historischen Zusammenhänge zwischen den Auszügen aus Sallusts „Jugurthinischer Krieg" (M 2) und Plutarchs Biografie „Marius" (M 3), die beide über die Heeresreform des Marius 107 v. Chr. berichten, und den von Appian beschriebenen Grundbesitzverhältnissen in Italien.
3. Beurteilen Sie, inwiefern Marius' Heeresreform zur Verschärfung der innenpolitischen Krise der Republik beitrug.
4. Innenpolitisch hat das Militär sowohl unter Marius ab 107 v. Chr. als auch beim Weg in die NS-Diktatur in den 1930er-Jahren zur Destabilisierung des republikanischen Staatswesens und zur Entstehung diktatorischer Herrschaftsstrukturen beigetragen.
   Überprüfen Sie, ob Sie ähnliche innenpolitische Kräfte feststellen können, die jeweils zur Zerstörung der republikanischen Staatsform beitrugen und vom Militär nach der Heeresreform des Marius und von der Reichswehr beim Weg in die NS-Diktatur ausgingen.

M 1: Appian: Landerwerb durch Reiche

Appian (geb. nach 90 n. Chr., gest. nach 160 n. Chr.) beschreibt in seiner „Geschichte der römischen Bürgerkriege" (Entstehungszeit nicht genauer datiert) die Landverteilung in den unterworfenen italischen Gebieten.

Als die Römer nach und nach Italien im Kriege unterwarfen, nahmen sie jedes Mal einen Teil des eroberten Landes für sich und gründeten Städte darauf oder wählten für die schon vorhandenen Gemeinden aus ihren Reihen Siedler aus. Diese Städte dachten sie sich anstelle von Stützpunkten; von dem jeweils erbeuteten Lande aber verteilten sie den bebauten Teil sogleich an die Siedler oder verkauften oder verpachteten ihn; das Land aber, das infolge des Krieges unbebaut war – und das war bei weitem der überwiegende Teil –, nahm man sich nicht die Zeit, zu verteilen, vielmehr sprachen sie es durch eine Bekanntmachung einstweilen demjenigen zu, der bereit war, es zu bearbeiten gegen eine bestimmte Abgabe vom jährlichen Ertrag, eines Zehntels der Getreideernte, eines Fünftels der Baumfrüchte; auch für die, die das Land nur zur Weide benutzten, war eine Abgabe von größerem und kleinerem Vieh festgesetzt. Und das taten sie, um den italischen Stamm, der ihnen besonders ausdauernd erschien, zu vermehren, um so Bundesgenossen aus dem eigenen Lande zu haben. Doch gerade das Gegenteil davon trat ein. Denn die Reichen rissen den größten Teil dieses nicht verteilten Bodens an sich und kamen mit der Zeit zu der festen Überzeugung, niemand werde ihnen das wieder wegnehmen. Und von dem angrenzenden Land und sonstigem Kleinbesitz der Armen kauften sie das eine auf, indem sie ihnen gut zuredeten, das andere nahmen sie mit Gewalt fort; so bebauten sie bald große Landgebiete anstelle einzelner Plätze, die sie mit gekauften Landarbeitern und Hirten bewirtschafteten, um zu vermeiden, dass freie Bauern von der Landarbeit für den Kriegsdienst abgezogen würden. Dazu brachten ihnen jene auch noch reichen Gewinn ein durch ihren Kinderreichtum, da sie sich dank ihrer Befreiung vom Kriegsdienste stark vermehrten. Infolgedessen wurden die Mächtigen immer noch reicher, und die Klasse der Sklaven nahm auf dem Lande Überhand, während die Italiker an Zahl und Stärke abnahmen, da sie durch Armut, Steuern und Kriegsdienst aufgerieben wurden. Auch wenn sie einmal hiervor Ruhe hatten, waren sie doch zu Müßiggang gezwungen, da das Land im Besitz der Reichen war und diese Sklaven statt freier Landarbeiter beschäftigten.

Das Volk war zwar darüber erbittert, da so Bundesgenossen aus Italien nicht mehr so leicht zu bekommen waren und seine Herrschaft durch eine solche Menge von Sklaven gefährdet wurde; doch sahen sie kein Mittel, dem abzuhelfen, es wäre auch nicht leicht gewesen; dazu erschien es überhaupt ungerecht, so vielen Menschen nach so langer Zeit einen so gewaltigen Landbesitz einschließlich ihrer eigenen Anpflanzungen, Gebäude und der festen Einrichtungen wieder abzunehmen; höchstens, dass einmal auf Antrag der Volkstribunen beschlossen wurde, es solle niemand mehr als 500 Joch [125 ha] dieses Landes [ager publicus] haben und niemand mehr als 100 Stück Großvieh und 500 Stück Kleinvieh darauf halten; entsprechend verpflichteten sie die Inhaber des Landes, eine bestimmte Zahl von Freien zu halten, die alles überwachen und darüber Bericht erstatten sollte. […] Das Gesetz wurde beschworen [angeblich 367 v. Chr.] und Strafen wurden festgesetzt in der Erwartung, das dadurch freiwerdende Land werde sogleich an die Armen in kleinen Teilstücken verkauft werden, doch niemand trug Sorge um Gesetze und Eide; die einen, die so taten, verteilten das Land zum Schein an ihre eigenen Leute, während die Mehrzahl es überhaupt missachtete.

(Aus: Appian, Bürgerkriege I, 7 f., nach verschiedenen Übersetzungen; Text mit der neuen Appian-Ausgabe, Florenz 1958 verglichen. In: Zeiten und Menschen. Geschichtliches Unterrichtswerk, hrg. von R. H. Tenbrock, K, Kluxen, H. E. Stier, Oberstufe, Ausgabe B, Band 1, bearbeitet von W. Grütter, H. E. Stier, R. H. Tenbrock, Schöningh Verlag Paderborn und Schroedel Verlag Hannover 1969, S. 177.) Die Übersetzung wurde der reformierten Rechtschreibung angepasst.

M 2: Sallust, Jugurthinischer Krieg, Abschnitt 86 (Auszug)

Sallust, ein römischer Geschichtsschreiber (86 – 35 oder 34 v. Chr.) verfasste eine Beschreibung des Jugurthinischen Krieges „De bello Iugurthino“. Dabei richtete er sein Interesse nicht nur auf das Kriegsgeschehen selbst und dessen Vorgeschichte, sondern auch auf die politische Situation in Rom; er kritisierte die Arroganz der Nobilität, die Rivalität der mächtigen Senatoren untereinander um Geld und Macht sowie die von ihr ausgehende Korruption: Sallust schreibt den Optimaten die Verantwortung für den Verfall der Republik zu.

[…] Er selbst [Marius] hob inzwischen Soldaten aus, nicht nach dem Brauch der Vorfahren noch nach Klassen, sondern wie ein jeder Lust hatte, die meisten aus der ärmeren Schicht. Dies habe er getan, berichteten die Einen, weil es nicht genug besitzende Bürger gab, die Anderen, weil der Konsul sich beliebt machen wollte, weil er von Leuten dieser Art gefeiert und erhoben worden war, und einem Manne, der Macht sucht, der Bedürftigste auch immer der Genehmste ist, da dem das Seine keine Sorge macht, weil er nichts besitzt, und ihm alles, was Gewinn bringt, auch ehrenhaft zu sein scheint. Also bricht Marius mit einer beträchtlich größeren Zahl [an Soldaten], als beschlossen worden war, nach Afrika auf […].

(Zitiert nach: Geschichte in Quellen, hrg. von Wolfgang Lautemann und Manfred Schlenke, Altertum, bearbeitet von Walter Arend, Bayerischer Schulbuch Verlag, 3. Auflage 1978, S. 482.) Der Text wurde der reformierten Rechtschreibung angepasst.

M 3: Plutarch (ca. 45 – ca. 125 n. Chr.), Marius, Abschnitt 9

Zu den Hauptwerken des griechischen Schriftstellers Plutarch gehören seine Biografien über historische Persönlichkeiten, in denen er seine Leserschaft vor allem mit Fragen des Charakters und der Moral konfrontieren wollte.

Sogleich [nach seiner Wahl zum Konsul] führte er [Marius] auch eine Anwerbung von Soldaten durch, wobei er entgegen dem Gesetz und Herkommen viel mittelloses Volk und Sklaven in die Listen [der angeworbenen Soldaten] eintragen ließ; denn die früheren Feldherren hatten dergleichen Leute nicht angenommen, sondern die Waffen als eine Art Auszeichnung nur solchen Personen in die Hand gegeben, die aufgrund der Schätzung [der entrichteten Steuern] dazu berechtigt waren, weil jeder von ihnen sein Vermögen als Pfand dafür einzusetzen schien.

(Zitiert nach: Geschichte in Quellen, hrg. von Wolfgang Lautemann und Manfred Schlenke, Altertum, bearbeitet von Walter Arend, Bayerischer Schulbuch Verlag, 3. Auflage 1978, S. 483.) Der Text wurde sprachlich leicht redigiert und der reformierten Rechtschreibung angepasst.

Erläuterungen und Bearbeitungshinweise

Die Aufgabenstellung bezieht sich in ihrem Schwerpunkt auf das Rahmenthema 1 des 1. Kurshalbjahres, in dem als Pflichtmodul das Wahlmodul 1 „Krise(n) der römischen Republik seit dem 2. Jahrhundert v. Chr.“ unterrichtet wurde. Die 4. Teilaufgabe be-

zieht sich darüber hinaus auf das Rahmenthema 3 des dritten Schulhalbjahres, dessen Kernmodul „Die Frage nach der deutschen Identität" thematisch durch „Deutschlands Weg in den Nationalsozialismus – ein Sonderweg?" eingegrenzt wurde. Pflichtmodul ist hier das Wahlmodul 6 „Nationalsozialismus und deutsches Selbstverständnis".
Für die Bearbeitung dieser Aufgabe sind folgende inhaltliche Schwerpunkte des Wahlmoduls 1 „Krise(n) der römischen Republik seit dem 2. Jahrhundert v. Chr." relevant: militärische, wirtschaftliche, politische und soziale Veränderungsprozesse in der römischen Gesellschaft seit dem 2. Jh. v. Chr. sowie Krisenbewältigungsstrategien des Marius. Kategorien historischen Lernens sind „Krieg und Frieden", „Kontinuität und Wandel" sowie „Freiheit und Herrschaft"; Dimensionen sind die Sozialgeschichte, die Politikgeschichte und die Wirtschaftsgeschichte in der europäischen Perspektive.
Bei der Bearbeitung der 4. Teilaufgabe muss neben die europäische auch die nationale Perspektive treten. Relevant sind hier vor allem die Kategorien „Freiheit und Herrschaft" und die Dimensionen „Politikgeschichte" und „Sozialgeschichte". Inhaltlich müssen Kompetenzen eingebracht werden, die mit der unterrichtlichen Behandlung der NS-Ideologie und der Anpassung des Militärs an das NS-Regime erworben wurden.

Mögliche Gewichtung der Teilaufgaben

Teilaufgabe	überwiegend Anforderungsbereich	Gewichtung in Prozent
1	I	20
2	II	30
3	III (auch II)	25
4	III (auch II)	25

Lösungsvorschläge

1. *Vor der Zusammenfassung sollten Sie zunächst einleitend die Quelle mit den bekannten Angaben bestimmen: Verfasser, Überschrift, Textsorte bzw. Quellenart, Entstehungszeitraum und Thema der Quelle. Um den Problemhorizont Ihrer fiktiven Leserinnen und Leser zu öffnen, sollten Sie in Ihrer Einleitung auf die weiterführende Analyse kurz hindeuten: Nennen Sie das Untersuchungsziel Ihres Aufsatzes. Diese klare Bearbeitungsperspektive hilft auch Ihnen in Ihrem weiteren Schreibprozess.*
   Der Operator „zusammenfassen" verlangt, Sachverhalte auf das Wesentliche zu reduzieren und sie sprachlich distanziert, strukturiert und unkommentiert wiederzugeben: Sie müssen den Inhalt der Quelle sprachlich und gedanklich eigenständig berichten, die Informationen sollen Sie abstrahierend und strukturiert zusammenfassen. Dabei sollten Sie die Distanz zum berichteten Inhalt durch die Verwendung des Konjunktivs bzw. entsprechender Ersatzformen deutlich wahren (AFB I).

Die sehr **ungleichen Grundbesitzverhältnisse** in Italien sind eine wesentliche Ursache der Krise des römischen Staates seit dem 2. Jh. v. Chr., die mit dem zunehmenden **Verfall seiner republikanischen Ordnung** einherging. Diese Missverhältnisse bilden auch den Hintergrund der **Heeresreform des Marius** 107 v. Chr., die militärisch zwar erfolgreich war, die politische Staatskrise aber verschärfte. Der **römische Historiker Appian** (geb. nach 90 n. Chr., gest. nach 160) beschreibt in seiner „Geschichte der römischen **Bürgerkriege**" – die Entstehungszeit des Werks kann nicht genauer datiert werden –, wie die Landverteilung in den unterworfenen italischen Gebieten die bäuerlichen Familien stark benachteiligte und die **traditionell bäuerlich geprägte Sozialstruktur des römischen Volkes zerstörte**.

In seinem Werk berichtet Appian über die Landverteilung im Zusammenhang mit der Eroberung Italiens durch Rom. In den eroberten Gebieten seien **Städte als Stützpunkte** errichtet und dort Römer aus der Region oder angeworbene **Römer angesiedelt** worden. Das vorgefundene **Ackerland** sei an sie **verteilt** worden. Reste davon und die bisher nicht landwirtschaftlich genutzten Flächen – mehr als die Hälfte der eroberten Gebiete –, habe man als **Staatsland** an italienische Bauern verpachten wollen, damit Rom in seiner italienischen Nachbarschaft einen starken und wachsenden Bauernstand als Bundesgenossen gewänne.

Entgegen dieser Absicht hätten sich aber sehr **wohlhabende Römer diese Ländereien angeeignet** und ihren Großgrundbesitz erweitert, indem sie die Höfe angrenzender Kleinbauern durch geschicktes kaufmännisches Taktieren oder durch Gewalt an sich gebracht hätten. Statt der gewünschten Ausweitung des italischen Bauernstandes hätten diese Menschen ihre Höfe verloren und wohlhabende Römer sich maßlos **bereichert**. Die Großgrundbesitzer ließen ihre Latifundien von Sklaven bewirtschaften, die nicht zum Kriegsdienst eingezogen werden konnten, sodass sich deren Zahl durch viele Geburten stark vermehrte, während die italischen Kleinbauern die Kriegslasten im Heer sowie Steuern und Armut ertragen mussten, wodurch ihre Anzahl sank. Dadurch **veränderte sich die ländliche Bevölkerung** in Italien stark: Einer **wachsenden Zahl von Sklaven** stand eine **sinkende Zahl von Kleinbauern und freien Landarbeitern** gegenüber, die auf den Gütern der Großgrundbesitzer keine Beschäftigung fanden.

Die römische Bevölkerung sei mit dieser Entwicklung äußerst unzufrieden gewesen, weil ihr die daraus resultierenden Schwächen bewusst gewesen seien: der **Mangel an wehrpflichtigen Bundesgenossen** und die starke **Bedrohung durch eine hohe Zahl an Sklaven**. Appian berichtet von halbherzigen Versuchen, durch Gesetze diese Fehlentwicklung zu korrigieren. Aber entweder seien diese Gesetze von den Großgrundbesitzern durch juristische Scheingeschäfte umgangen oder einfach ignoriert worden. Niemandem sei es gelungen, den Großgrundbesitz zugunsten der Kleinbauern zu beschneiden. Appian beklagt, dass sich auch niemand konsequent für eine Neuverteilung des Staatslandes eingesetzt habe.

2. *Überleitend sollten Sie Ihre fiktive Leserschaft zunächst auf die Problemfrage, die durch die Aufgabenstellung gegeben ist, hinweisen und die beiden weiteren Quellen M 2 und M 3 kurz durch die Ihnen bekannten Angaben bestimmen (Verfasser, Überschriften, Themen).*
Der Operator „erläutern" (AFB II) verlangt, Sachverhalte in ihren komplexen Beziehungen an Beispielen und/oder Theorien zu verdeutlichen (auf Grundlage von Kenntnissen bzw. Materialanalyse). Für diesen Aufgabenteil heißt das konkret: Sie sollen zunächst auf die sozialen Probleme und Verwerfungen hinweisen, die in der Sallust- (M 2) und der Plutarch-Quelle (M 3) deutlich werden; im zweiten Schritt führen Sie diese gesellschaftliche Krise auf die ungleichen Grundbesitzverhältnisse und die geringen Erwerbschancen der ehemaligen Bauernfamilien zurück, wie sie Appian dargestellt hat (M 1). Diese Zusammenhänge sollten Sie durch historische Kenntnisse, die Sie im Unterricht erworben haben, ergänzen. Schließen Sie diesen Abschnitt mit einem kritischen Fazit ab.

Die soziale und politische Krise der römischen Republik führt auch zu einer **Schwächung des römischen Militärs**, die bereits in den Kriegen in Spanien sehr deutlich wurde und sich im Krieg gegen König Iugurtha weiter verschärfte. Die von Appian beschriebene **Agrarkrise** mit ihrer sozialen und politischen Dimension ist daher in einem engen Zusammenhang mit der **militärischen Krise** zu sehen. Die Lösung der militärischen Krise gelang dem damaligen Konsul Marius durch eine Heeresreform 107 v. Chr. Darüber berichten vor allem zwei Geschichtsschreiber: Sallust (86 – 35 oder 34 v. Chr.) in seinem Werk „De bello Iugurthino" und Plutarch (ca. 45 n. Chr. – ca. 125) in seiner Biografie über Marius.
Über die **Heeresreform des Marius** 107 v. Chr. berichtet **Sallust** (M 2), dass der Konsul sich mit einer erheblich größeren Streitmacht nach Afrika in den Kampf gegen König Iugurtha habe einschiffen lassen, als ursprünglich geplant gewesen sei: „Also bricht Marius mit einer beträchtlich größeren Zahl [an Soldaten], als beschlossen worden war, nach Afrika auf […]" (M 2, Z. 8 f.). Wie konnte Marius in offensichtlich kurzer Zeit die Personalstärke seiner Truppen derart erhöhen, und woher kamen die neuen Soldaten? Darüber gibt er folgende Auskunft: „Er selbst hob inzwischen Soldaten aus, nicht nach dem Brauch der Vorfahren noch nach Klassen, sondern wie ein jeder Lust hatte, die meisten aus der ärmeren Schicht" (M 2, Z. 1-3). Es gab also eine große Anzahl Römer in wehrfähigem Alter, die arm waren und so wenig Zukunftschancen für sich selbst sahen, dass sie sich einem Feldzug anschlossen, der bisher weitgehend erfolglos und verlustreich gewesen war und der den Soldaten eher geringe Gewinnaussichten bot. Sallust spricht sinngemäß von Besitzlosen bzw. „Bedürftigste[n]" (M 2, Z. 6), die bereit gewesen seien, alles zu tun, was Gewinn bringt (vgl. M 2, Z. 7).
Dieses **Anwerbeverfahren** verstieß gegen die römische Tradition, nach der römische Bauern zum Militärdienst einberufen wurden. Sallust gibt für diesen **Traditionsbruch** zwei Gründe an: den Mangel an wehrfähigen Bauern, „weil es nicht genug besitzende Bürger gab" (M 2, Z. 3 f.), und Marius' Bestreben, seine Popularität bei den Plebejern zu steigern, „weil der Konsul sich beliebt machen wollte" (M 2, Z. 4).

Auch **Plutarch** (M 3) berichtet über das historische Geschehen in ähnlicher Weise: Marius habe Soldaten angeworben, die keine Bauernsoldaten waren: „wobei er entgegen dem Gesetz und Herkommen viel **mittelloses Volk und Sklaven** in die Listen [der angeworbenen Soldaten] eintragen ließ" (vgl. M 3, Z. 2 ff.). Neu ist hier, dass nicht nur besitzlose Plebejer, die keine Steuern zahlten (vgl. M 3, Z. 5 f.), sondern auch Sklaven angeworben worden seien, die Marius mit der militärischen Bewaffnung und Ausrüstung habe ausstatten lassen (vgl. M 3, Z. 4–7).

Damit vollzog Marius einen **Umbruch von der traditionellen römischen Milizarmee**, die sich aus Bauern rekrutierte, hin **zu einer Armee aus Berufssoldaten**. Auch wenn beide Quellen nicht darauf hinweisen, ist historisch belegt: Zusätzlich zum Sold, der auch zuvor gezahlt wurde, und neben der Hoffnung auf Kriegsbeute erhielten die Berufssoldaten von Marius das Versprechen, **nach ihrer Entlassung nach 16 Dienstjahren Ackerland zur Selbstversorgung** zu erhalten. Diese **Landschenkung** war für Besitzlose ein wesentlicher Grund, Soldat zu werden, denn damit verband sich die Hoffnung, dass sie sich nach der Dienstzeit als Kleinbauer niederlassen und sich selbst wie auch eine eigene Familie unterhalten konnten.

Marius' Heeresreform war notwendig geworden, weil **das römische Heer** zu dieser Zeit **seinen Aufgaben nicht mehr gewachsen** war. Denn der Senat setzte auch nach den Punischen Kriegen seine Eroberungskriege fort, weshalb vor allem in Spanien und Nordafrika **immer größere militärische Einheiten benötigt** wurden. Diese Heere ließen sich aus italischen Kleinbauern immer schlechter rekrutieren, weil der **Kleinbauernstand stetig abnahm**. Grund dafür waren die von Appian kritisierten **Grundbesitzverhältnisse**, die sich stetig zugunsten des Adels und auf Kosten der Kleinbauern verschoben. Nach den **gescheiterten Reformversuchen der Gracchen** war absehbar, dass sich die Lage der Kleinbauern weiter verschlechtern würde; Verarmung und rücksichtsloses Bauernlegen durch den Adel ließen die Anzahl der italischen Kleinbauern weiter absinken. Die von Appian beklagte **Schwächung des Bauernstandes zugunsten des Adels** wurde noch durch die militärischen Erfolge der römischen bäuerlichen Milizsoldaten verschärft. Denn durch militärische Siege wurden viele Völker unterworfen und viele Menschen als Sklaven nach Italien gebracht, wo man sie oft auf den Latifundien reicher Römer als billige Arbeitskräfte ausbeutete. In der **Konkurrenz** zu diesen Großbetrieben mit billigen Arbeitskräften konnten die italischen Kleinbauern kaum mithalten: Das beschleunigte das Sterben kleinbäuerlicher Betriebe. Die Adeligen zogen insgesamt aus erfolgreichen Kriegszügen mehrfachen Gewinn: Von der Kriegsbeute erhielten sie den größten Anteil, für den einzelnen Bauernsoldaten blieb hingegen wenig übrig. Die eroberten Gebiete wurden von Mitgliedern des Senats verwaltet, wobei sich sehr viele Adlige schamlos bereicherten. Und weil nach dem Annuitätsprinzip die Statthalter jährlich wechselten, hatten viele die Hoffnung auf diese lukrative Einnahmequelle, was die Senatoren als Interessengemeinschaft miteinander verband. Die Verlierer dieser Kriege waren neben den unterworfenen Völkern die italischen Kleinbauern, die im Kampf ihr Leben und Verstümmelungen riskierten und nach ihrer Rückkehr zum heimatlichen Hof oft feststellen mussten, dass dieser inzwischen von einem Großgrund-

besitzer übernommen worden war, weil sich die Familie zum Beispiel wegen der Abwesenheit des Bauern verschuldet hatte, um zu überleben.
Eine Folge dieses über Generationen andauernden **Sterbens kleinbäuerlicher Höfe** war, dass die mittellos gewordenen ehemaligen Bauern immer zahlreicher nach Rom zogen. Dort **verkauften** diese Menschen einem wohlhabenden Römer als dessen Klienten **ihre Stimme bei Abstimmungen**, ansonsten hatten sie meist keine eigenen Erwerbsquellen, keine festen Arbeitsplätze, kein gesichertes Einkommen und kaum Chancen, aus diesem Elend aufzusteigen und ein selbstbestimmtes Leben zu führen. Dass Marius 107 v. Chr. mit seinen Versprechungen unter diesen verarmten Plebejern Soldaten für seinen Feldzug gegen König Iugurtha rekrutieren konnte, lässt sich leicht nachvollziehen.
Auch wenn die Verfasser der drei Textquellen ihre eigenen Intentionen mit ihren Betrachtungen verfolgt haben können, so geht aus ihren Berichten dennoch deutlich hervor, dass der großgrundbesitzende Adel mit seinen egoistischen Gewinn- und Machtinteressen seiner Verantwortung als „Nobilität" nicht gerecht wurde, sodass der große Teil des italischen Kleinbauernstandes zerstört und die soziale Kluft zu den verarmten Massen stetig anwuchs. Hier ist eine wesentliche Ursache für die Krise der späten römischen Republik zu sehen.

3. *Sie können überleitend darauf hinweisen, dass Marius' Heeresreform einerseits zu großen militärischen Erfolgen führte, andererseits aber die politische Krise der spätrömischen Republik verschärfte (→ das zu untersuchende Problem).*
Der Operator „beurteilen" verlangt allgemein, den Stellenwert von Sachverhalten oder Prozessen in einem Zusammenhang zu überprüfen, um kriterienorientiert zu einem begründeten Sachurteil zu gelangen (AFB III). Bezogen auf diese Teilaufgabe bedeutet das hier: Die „Sachverhalte oder Prozesse" entsprechen den einzelnen Folgen, die sich negativ auf die Stabilität der Republik ausgewirkt haben und die Sie der Reihe nach kritisch untersuchen sollen; der „Zusammenhang" ist hier die Staatsform der Republik; „den Stellenwert … überprüfen" meint hier, dass Sie die negativen Wirkungen der einzelnen Folgen jeweils einzeln bewerten. Kriterium („kriterienorientiert") ist hier die destabilisierende Kraft, die gegen die republikanische Staatsform gerichtet ist. Abschließend sollten Sie die einzelnen zuvor entwickelten Wertungen in einem Fazit zusammenfassen.

Marius' Heeresreform hat die **Stärke des römischen Heeres** zweifellos **deutlich erhöht**, wodurch der Jugurthinische Krieg siegreich beendet werden konnte; noch wichtiger waren Marius' Siege über die in Gallien eingefallenen und nach Italien vorstoßenden germanischen Kimbern und Teutonen 102 und 101 v. Chr. Während sich Marius' Heeresreform auf die militärische Stärke Roms sehr positiv auswirkte, **schwächte sie die römische Republik** und **trug wesentlich zum Untergang dieser Staatsform bei**. Welche Folgen der Heeresreform wirkten sich zerstörend auf die Staatsform der Republik aus und welches Gewicht hatten diese Folgen?

Wegen seiner militärischen Erfolge, die auch auf seiner Heeresreform beruhten, wurde Marius von 104 bis 100 v. Chr. **jedes Jahr als Konsul neu gewählt**, obwohl eine wiederholte Ausübung desselben Amtes in der römischen Republik eigentlich ausgeschlossen war. Ein erfolgreicher Heerführer hatte seinerzeit mehr Gewicht als eine zentrale Grundregel der Staatsform.
Marius' militärische Erfolge führten zu einer **engen Bindung zwischen ihm als Befehlshaber und seinen Soldaten**. Und das nicht nur wegen der Siegeszuversicht, die er verbreitete. Ebenfalls äußerst wichtig für die Soldaten war sein Versprechen, sie nach ihrer 16-jährigen Dienstzeit als Veteranen durch **Landverteilungen** zu versorgen. Für Berufssoldaten, die aus besitzlosen Verhältnissen stammten, war das von enormer Bedeutung, wie Sallust (siehe M 2, Z. 2 f.) und Plutarch (siehe M 3, Z. 2) berichten. Dieses Versprechen, Ackerland bereitzustellen, konnten die Veteranen nicht beim Senat oder bei anderen römischen Gremien einklagen. Es war ein **persönliches Versprechen** des Befehlshabers, nicht des römischen Staates. Den Soldaten war daher sehr bewusst, dass sie als Veteranen diese Altersversorgung nur erhielten, wenn ihr Befehlshaber über die politische Macht verfügte, diese Ländereien auch bereitstellen zu können, um sie an seine Veteranen verschenken zu können. Einem politisch einflusslosen Befehlshaber würde das nicht gelingen. Deshalb hatten die Soldaten ein existenzielles Interesse daran, die politische Macht ihres Befehlshabers zu stärken, und waren mit ihm stärker verbunden als mit staatlichen Institutionen oder der republikanischen Ordnung: Wenn die Legionen aber zuerst ihrem Befehlshaber und erst in zweiter Linie Rom und der Republik dienten, dann geriet die Machtbalance der republikanischen Institutionen zugunsten der militärischen Befehlshaber außer Kontrolle. Befehlshaber wie Sulla oder Caesar konnten mithilfe ihrer militärischen Befehlsgewalt ihre Truppen in Rom einmarschieren lassen und sich als **Militärdiktatoren** über die republikanische Ordnung hinwegsetzten.
Die Versorgung der Veteranen führte immer wieder zu **innenpolitischen Konflikten** und wurde zu einer Streitfrage **zwischen den Optimaten**, die durch die sogenannte Heeresklientel ihre senatorische Machtposition beeinträchtigt sahen, und **den Adligen**, die bestrebt waren, ihre Macht mithilfe der Volkstribune und vor allem der Volksversammlung auszubauen, in der ihre eingeschworenen Klienten erheblichen Einfluss ausüben konnten. Auch hier **verlagerte sich die höchste Macht im Staate vom Senat und von der republikanischen Staatsform auf militärische Befehlshaber**, die ihre Machtposition durch eine konsequente Klientelpolitik als „Militärpatrone“ ausbauten: Marius, Sulla, Pompeius, Caesar und Oktavian, der spätere Augustus, sind Beispiele dafür.
Die Heeresreform des Marius führte zu einer **Berufsarmee**, deren Soldaten auf ihren Befehlshaber eingeschworen waren. Die **bäuerlich geprägte Milizarmee** ließ sich innenpolitisch wenig instrumentalisieren, denn diese Soldaten gingen nach dem Feldzug zurück auf ihre Höfe, die für sie und ihre Familien den Lebensmittelpunkt bildeten. Die Berufssoldaten waren der Kontrolle des Senats und der republikanischen Institutionen entzogen. Am Ende der Republik zeigte sich, dass die **republikanischen Einrichtungen den Militärdiktatoren** Caesar und Oktavian **ausgeliefert** waren.

4. *Zur Leserorientierung sollten Sie überleitend das Problem bzw. die Problemfrage kurz verdeutlichen: Sind zerstörerische innenpolitische Einflüsse erkennbar, die das Militär jeweils beim Zusammenbruch der republikanischen Staatsform im antiken Rom und im Deutschen Reich Anfang der 1930er-Jahre auf dem Weg in die NS-Diktatur ausübte?*
Der Operator „überprüfen" verlangt allgemein, Inhalte, Sachverhalte, Vermutungen oder Hypothesen auf der Grundlage eigener Kenntnisse oder mithilfe zusätzlicher Materialien auf ihre sachliche Richtigkeit bzw. auf ihre innere Logik hin zu untersuchen (AFB III). In der konkreten Umsetzung auf diese Teilaufgabe bedeutete das: Sie sollten auf Basis Ihrer Kenntnisse und mithilfe der Quellen M 2 und M 3 Schlussfolgerungen darüber ziehen, welche innenpolitisch zerstörerisch wirkenden Kräfte, die von den Berufsarmeen im antiken Rom und von der Reichswehr auf dem Weg in die NS-Diktatur beim Zusammenbruch der jeweiligen republikanischen Staatsformen in ähnlicher Weise ausgingen. Sie sollen die Ähnlichkeiten systematisch gegliedert darlegen, wobei Sie immer Schlussfolgerungen über den Grad der Ähnlichkeit ziehen müssen; ein bloßes Darstellen von Fakten reicht daher nicht. Ein Fazit sollte die Überprüfung abrunden.

Bei der Fragestellung, ob das **Militär** beim Zusammenbruch der republikanischen Staatsform im antiken Rom und Anfang der 1930er-Jahre im Deutschen Reich **innenpolitisch** ähnlich **zerstörerische Einflüsse** ausübte, irritiert der große zeitliche Abstand von rund 2000 Jahren, der Schlussfolgerungen zu Analogien erschwert. Denn natürlich gibt es große historische Unterschiede, die durch die Zeit und die sehr unterschiedlichen innen- und außenpolitischen, gesellschaftlichen, ökonomischen, wissenschaftlich-technischen und kulturellen Konstellationen gegeben sind. Trotzdem lassen sich einige Parallelen feststellen.
Die auffälligste Ähnlichkeit zwischen den römischen Legionen am Ende der römischen Republik und der Reichswehr in den 1930er-Jahren ist, dass sich beide aus **Berufssoldaten** rekrutierten. Sallust und Plutarch berichten in ihren Darstellungen (M 2 und M 3) über den Beginn der Heeresreform des Marius, deren erster Schritt der Umbruch von der Miliz- zur Berufsarmee war; die Reichswehr musste nach den Artikeln des Versailler Vertrages ein reines Berufsheer von höchstens 100 000 Soldaten sein, das keine Wehrpflichtigen aufnehmen durfte, damit das Deutsche Reich im Kriegsfall keine Reserven mobilisieren konnte. Bedeutsam für die Krisenentwicklung der antiken römischen und der deutschen Republik war, dass beide Berufsarmeen primär den Befehlen ihrer Befehlshaber folgten und sich im politischen Konflikt nicht dem Staat und dessen Staatsordnung, sondern **ihren militärischen Befehlshabern gegenüber loyal** verhielten. Dies belegen sehr deutlich Sullas und Caesars Einmarsch in Rom, in dessen Folge beide ihre Diktaturen errichteten. In der Weimarer Republik fragte nach dem Beitritt des Deutschen Reiches zum Völkerbund 1926 Reichspräsident Ebert den Reichswehrchef Seeckt, wo die Reichswehr politisch stehe. Seeckt antwortete, dass die Reichswehr hinter seinem Chef Seeckt stehe; und auf Eberts sinngemäße Nachfrage, ob die Reichswehr zuverlässig zu den Institutionen der Republik stehe, antwortete Seeckt wieder, die Reichswehr gehorche Seeckt. Beiden Berufsarmeen **mangelte es somit**

an Loyalität gegenüber dem Staat und den staatlichen Institutionen, wobei sich diese Illoyalität im antiken Rom schädlicher für die Republik auswirkte als im Deutschen Reich.

Das Militär entwickelte sowohl in der Spätphase der römischen Republik wie auch in der Weimarer Republik **eigene politische Interessen**, die jeweils nicht mit der Politik der beiden republikanischen Institutionen übereinstimmten bzw. diesen eindeutig widersprachen. Im antiken Rom wird dies zum Beispiel in der Frage der Landverteilung an Veteranen deutlich – wie oben erläutert; auf dem Weg in die NS-Diktatur hielt die Reichswehr als „**Staat im Staate**" politisch **Distanz zur demokratischen Regierung**, die sich bemühte, die Reichswehr nicht vor den Kopf zu stoßen: So wurde die Reichswehr in der Weltwirtschaftskrise von den sonst harten Etatkürzungen ausgenommen.

In beiden Staaten, im antiken Rom wie im Deutschen Reich, wurde die staatliche Grundordnung der Republik durch Diktaturen ersetzt, und in beiden Fällen standen die **Streitkräfte loyal hinter dem Diktator**, stützten ihn und ließen sich als **willfähriges Machtinstrument** für dessen Zwecke einsetzen. Das galt für die Truppen eines Marius ebenso wie für die Sullas oder Caesars. Die Reichswehr ließ sich unmittelbar nach dem Tod Hindenburgs 1934 auf den „Führer" Adolf Hitler vereidigen, damit verletzte sie bedenkenlos ihren zuvor geleisteten Eid auf die Weimarer Verfassung. Dabei nahm das Militär **offene Rechtsbrüche** meist in Kauf.

Caesars Marsch auf Rom ist dafür ein deutliches Beispiel ebenso wie die Ermordung der SA-Führung 1934 („**Röhm-Putsch**"), die von der Reichswehr mit deutlichem Wohlwollen gebilligt wurde, weil dadurch die SA aufhörte, eine zur Reichswehr in Konkurrenz stehende paramilitärische Organisation zu sein. Die Treueadressen der Reichswehr an Hitler unmittelbar nach der Zerschlagung der SA-Führung belegt dies.

Abschließend lässt sich das Fazit ziehen, dass es den republikanischen Institutionen in der späten römischen Republik wie auch in der Weimarer Republik **nicht gelungen** ist, die **Macht der Streitkräfte hinreichend zu kontrollieren** und das **Militär an die verfassungsgemäße Ordnung des Staates zu binden**. Die innenpolitischen Zerstörungskräfte, die von den Streitkräften ausgingen, waren im antiken Rom allerdings bedeutend verheerender, denn dort entschied im 1. Jh. v. Chr. letztlich militärische Macht über die Herrschaft und den Untergang der Republik. Auf dem Weg in den NS-Staat spielte die Reichswehr zwar eine sehr unrühmliche Rolle, der Untergang der Demokratie wurde aber durch eine Fülle anderer Faktoren ausgelöst, wie zum Beispiel durch die Weltwirtschaftskrise.

**Niedersachsen – Grundlegendes Anforderungsniveau Geschichte
Übungsaufgabe 3**

**Rahmenthema 2: Wechselwirkungen und Anpassungsprozesse in der Geschichte
Verbindliches Wahlmodul: Spanischer Kolonialismus**

Thema: Erscheinungsformen spanischer Herrschaft in Mexiko

Aufgabenstellung

1. Geben Sie – nach einer kurzen Vorstellung des Textes – den Inhalt von M 1 in eigenen Worten wieder.
2. Arbeiten Sie in M 1 nachweisbare Stationen der spanisch-indigenen Kulturbegegnung in Lateinamerika chronologisch gegliedert heraus.
3. Charakterisieren Sie Humboldts Beobachtungen mithilfe eines geeigneten, Ihnen bekannten Deutungsansatzes zu Kulturkontakt und Kulturkonflikt.
4. Beschreiben und interpretieren Sie das Denkmal der mexikanischen Unabhängigkeit (M 2–4), aufbauend auf Ihren bisherigen Ergebnissen sowie ggf. unter Einbeziehung theoretischer Ansätze zur Erinnerungskultur.

M 1: Auszug aus den Reiseberichten Alexander von Humboldts 1799–1804

Humboldt befindet sich hier als Gast des spanischen Vizekönigs in Mexiko-Stadt.

Am 25. Juli [1803] begingen die Indios der Vorstadt Santiago de Tlatelolco den Tag des heiligen Jakob. Um elf Uhr trat ich mit dem Vizekönig hinaus auf einen Balkon, der auf den alten Markt geht, einen der größten Plätze des Universums, der heute fast verödet ist. Die von Mauern eingefasste Anhöhe in seiner Mitte war das mexikanische Theater, auf dem Cortés während der Belagerung seine berühmte Steinschleuder aufgestellt hatte, um die Indianer einzuschüchtern.

Alles in dieser einstigen Indianerstadt sieht nach Verfall aus. Aber das ist nicht Ausdruck etwaiger Vertreibung der Indios aus Mexiko-Stadt, sondern die Folge sanfterer Gewalten, die es ihnen erlauben, nach eigenem Gutdünken zu leben, sogar im Zentrum.

Das Fest ist die denkbar widerwärtigste und lächerlichste Prozession! Fesselnd daran ist nur die Menge niederen Volkes und dessen Zügellosigkeit. Auf kleinen Schaubühnen führen die Indios ihre Heimattänze auf. Ein Mecos[1] auf einem Baum tat so, als ziele er mit seinen Pfeilen auf die Passanten, und dann schoss er unter schrecklichem Freudengeheul in die Luft. Dem Vizekönig und seiner Familie gaben die Indios ein Frühstück. Herr Iturrigaray wunderte sich mächtig, als der indianische Gobernador der Vorstadt nicht an seiner Tafel Platz nahm. Er ließ ihn rufen. Die Indios widersetzten sich. Sie sagten, das ginge doch nicht an, kein Vizekönig vor ihm hätte so gehandelt, und Herr Iturrigaray, der schließlich die Geduld verlor, erklärte einer Dame sehr huldvoll: „Nun gut, Madame, Sie meinen, das geht nicht, ich jedoch glaube, es geht und geschieht alles, was ich befehle. Man hole also den Indio, er soll mit mir speisen.“ Dieser nämliche Vizekönig hat bei günstigen Gelegenheiten bewiesen, wie feinfühlig er für diese unglückliche Klasse sein kann. Er trank auf die Gesundheit des Gobernadors, der den Boshaftigkeiten einiger Tischgäste, die ihn betrunken machen wollten, damit der Vizekönig bereue, ihn an seine Tafel gesetzt zu haben, widerstand und sich nicht besoff.

Das Rathaus der Vorstadt ist mit sehr alten Malereien ausgeschmückt, sie stellen die ersten westindischen Gouverneure in überaus reicher Kleidung dar. Der Gegenstand der meisten Malereien ist übrigens sehr schlecht gewählt. Es scheint, als wolle man das Volk zur Rache herausfordern. Überall von Spaniern in Stücke gehauene Indios, letztere auf den Knien vor ersteren, Moctezuma in Ketten vor Cortés … Was verspricht man sich davon, die Unglücklichen so zu erniedrigen? Ein Staatsanwalt, Herr Zagarsurieta, hat sehr richtig festgestellt, dass man diese Bilder dringend mit humaneren übermalen müsste.

(Aus: Alexander von Humboldt, Die Wiederentdeckung der Neuen Welt. Erstmals zusammengestellt aus dem unvollendeten Reisebericht und den Reisetagebüchern. Hg. und eingeleitet von Paul Kanut Schäfer, Berlin (Ost) 1989, S. 394f.)

Anmerkung

1 Mecos: Indio

M 2: El Angel de la Independencia (Fotografie)

Der Engel der Unabhängigkeit ist das zentrale Denkmal zur Erinnerung an die Erlangung der mexikanischen Unabhängigkeit Jahre 1810.

Seine Errichtung wurde 1902 von Präsident Porfirio Díaz anlässlich des anstehenden 100. Jahrestages der Unabhängigkeit angeordnet.

1925 wurden die sterblichen Überreste wichtiger Akteure des Unabhängigkeitskampfes (z. B. Miguel Hidalgo), in den Sockel überführt.

Seit Langem ist „El Angel“ der zentrale Platz für Feiern und politische Kundgebungen in Mexiko-Stadt.

M 3:
El Angel de la Independencia (Ausschnitt):
Siegesgöttin Victoria

M 4:
El Angel de la Independencia (Ausschnitt):
Darstellung mexikanischer Unabhängigkeitshelden am Fuß der Säule

Erläuterungen und Bearbeitungshinweise

Im Zentrum der Aufgabe steht das zweite Semester (Rahmenthema 2: Wechselwirkungen und Anpassungsprozesse in der Geschichte) mit dem Wahlpflichtmodul „Spanischer Kolonialismus". Der Semesterübergriff erfolgt in Aufgabe 4 zum vierten Semester (Rahmenthema 4: Geschichts- und Erinnerungskultur). Der Bezug auf das Kernmodul des Rahmenthemas 2 (Konzepte und Theorien zu Transformationsprozessen) findet sich in Aufgabe 3; auch in Aufgabe 4 kann ggf. mit Bezug auf im Unterricht behandelte Theorien zur Geschichts- und Erinnerungskultur argumentiert werden. Verzichtet wurde hier aus Zeitgründen (GA, 220 Min.) darauf, im Rahmen der Aufgabenstellung ein weiteres Wahlmodul einzubeziehen. Die Aufgabenstellung deckt die globale und die europäische Perspektive ab; sie behandelt die Kategorien Individuum und Gesellschaft, Wirtschaft und Umwelt, Frieden und Krieg. Als Dimensionen sind die Politik- und die Sozialgeschichte ausgewiesen.

Mögliche Gewichtung der Teilaufgaben

Teilaufgabe	überwiegend Anforderungsbereich	Gewichtung in Prozent
1	I	20
2	II	30
3	II	25
4	III	25

Lösungsvorschläge

1. *Bei dieser Aufgabe handelt es sich um eine klassische Anfangsaufgabe. Sie besteht aus einer Inhaltsangabe mit vorangestellter Quellenkritik. Je nachdem, was Sie in Ihrem Kurs eingeübt und abgesprochen haben, sollten Sie darauf besonderes Augenmerk legen. Denn eine Quellenkritik besteht nicht nur darin, die in den Titelangaben enthaltenen Daten wiederzugeben. Zu einer Kritik wird sie erst, indem Sie anhand dieser Daten, also noch vor der Wiedergabe des Inhalts, Aussagen über die Glaubwürdigkeit bzw. den Erkenntniswert der Quelle machen (sogenannte äußere Quellenkritik). Dabei sollten Sie möglichst differenziert, d. h. abwägend argumentieren. Sofern Sie Hintergrundinformationen über Alexander von Humboldt und seine Forschungsreisen besitzen, können Sie dies als eine Art Einleitung voranstellen (überwiegend AFB I).*

   Die ausgedehnten Reisen **Alexander von Humboldts** in den Jahren 1799–1804 waren ein wichtiger Beitrag zur wissenschaftlichen Erschließung Lateinamerikas. Seine vielfältigen Forschungen trugen aber auch dazu bei, insbesondere den Kreolen ein neues Selbstbewusstsein zu verschaffen, nachdem eine Vorstellung des natürlichen und kulturellen Reichtums die Vorurteile von der Schwäche Amerikas ersetzt hatte. Die folgenden Ausführungen werden zum einen **Aspekte inter-**

kulturellen Austausches zur Zeit Humboldts in den Blick nehmen, zum anderen aber auch die Linie kreolischen Selbstverständnisses bis in das 20. Jahrhundert hinein weiterverfolgen.

Der vorliegende Textauszug (M 1) stammt aus Humboldts umfangreichem Reisewerk. Konkret handelt es sich um **Beobachtungen**, die er anlässlich eines Besuches in **Mexiko-Stadt** aufzeichnete, als er als Gast des dort residierenden spanischen Vizekönigs den Feierlichkeiten zum Tag des Heiligen Jakob (25. 7. 1803) in der Vorstadt Santiago de Tlatelolco beiwohnte. Humboldt hat das, worüber er schreibt, also **selbst erlebt**. Es handelt sich somit, wiewohl als Darstellungstext verfasst, um eine **Quelle**, auch wenn zu erwägen ist, dass die Berichte mutmaßlich mit einem gewissen Abstand in die vorliegende Schriftfassung gebracht wurden, sodass hier eventuell noch **Ergänzungen**, vor allem aber **Wertungen** eingeflossen sein könnten, die ursprünglich nicht vorhanden waren.
Von einem Balkon aus nimmt Humboldt die Stadt in Augenschein, erinnert an die Eroberung durch Hernán Cortés und bemerkt den Verfall der Stadt, den er darauf zurückführt, dass den Indios Freiheiten in der Lebensführung eingeräumt würden (vgl. Z. 1–10). Die anlässlich des Festtages aufgeführte Prozession, die in erster Linie von Indios durch die Aufführung heimischen Brauchtums gestaltet wird, stößt ihn ab (vgl. Z. 11). Er schildert, dass der Vizekönig auf die Indios zugegangen sei, indem er ihren Gobernador, entgegen den bisherigen Gewohnheiten, zu dem Frühstück eingeladen habe, das die Indios für ihn ausgerichtet hätten. Der Gobernador habe daran nur widerwillig teilgenommen, sei jedoch vom Vizekönig freundlich behandelt worden, während andere Gäste bestrebt gewesen seien, ihn betrunken zu machen, um ihn zu diskreditieren (vgl. Z. 15–26). Im Rathaus bemerkt Humboldt die Darstellung von Gräueltaten an Eingeborenen in Gemälden, die anscheinend aus der Frühzeit der spanischen Herrschaft stammen. Er teilt die Einschätzung eines Staatsanwaltes, dass diese durch humanere Motive zu ersetzen seien (vgl. Z. 27–34).

2. *Der hier verwendete Operator „herausarbeiten“ wird oft unterschätzt und von Schülerinnen und Schülern nicht sonderlich geliebt. Keinesfalls geht es hier darum, ähnlich wie in Aufgabe 1 noch einmal Informationen aus dem Quellentext zu reproduzieren. Stattdessen sieht dieser Operator vor, Sachverhalte, die im Text nicht ausdrücklich genannt werden, zu erschließen (AFB II). Der Quellentext dient also gewissermaßen als Stichwortgeber für darüber hinausreichende Ausführungen. In diesem Fall sollen Sie materialbezogen eine kleine Skizze der spanischen Kolonialgeschichte anfertigen, deren verschiedene Etappen sich im Text erkennen lassen. Diese Aufgabe dient also dazu, Ihr gelerntes Faktenwissen anzuwenden. Unterschätzen Sie daher die Tragweite einer solchen Aufgabe nicht!*

Humboldt stellte seine Beobachtungen zu einem Zeitpunkt an, als das **Ende der spanischen Kolonialherrschaft** in Mexiko (1810) zwar bevorstand, aber noch nicht absehbar war. Ausgehend vom Text lassen sich Stationen und Erscheinungsformen der spanisch-indigenen Kulturbegegnung aufzeigen.

Nachdem sich in den Jahren nach der **Entdeckung der neuen Länder** im Westen (Kolumbus 1492) schnell gezeigt hatte, dass die erhofften Handelsbeziehungen aufgrund der **fehlenden Handelsgüter**, aber auch aufgrund des vergleichsweise primitiven Standes der karibischen Zivilisationen ausbleiben würden, hatte die spanische Krone schnell auf dauerhafte Präsenz durch **Siedlungskolonisation** umgeschaltet. Das Herrschaftskonzept der **Encomienda** (1503) sah eine Zuweisung indigener Bevölkerung an einzelne spanische Einwanderer vor. Diese durften sich der Arbeitskraft der Indios bedienen und übernahmen im Gegenzug die Verpflichtung, sie im christlichen Glauben zu unterweisen. Dies führte zunächst zu einer Unterdrückung der karibischen Indios, die vor allem infolge eingeschleppter Krankheiten, in geringerem Maße aber auch infolge des von den Eroberern angestoßenen ökonomischen und sozialen Wandels alsbald nahezu ausgerottet wurden.
Die zweite Phase der spanischen Conquista begann im Jahre 1519 mit der **Eroberung des mexikanischen Festlandes** durch eine spanische Truppe unter Führung von Hernán Cortés (vgl. Z. 5). Die dortige **Hochkultur der Azteken** mit ihrer Hauptstadt Tenochtitlan wurde von einer kleinen Schar spanischer Conquistadoren unter Ausnutzung der Konfliktlinien zwischen den verschiedenen Indio-Völkern erobert (vgl. Z. 4 ff.). Dabei kam es zu **Massakern** unter der aztekischen Bevölkerung (vgl. Z. 30 f.) sowie zur Vernichtung der aztekischen Heiligtümer, die durch christliche ersetzt wurden. Da die Spanier nicht imstande waren, ihre Herrschaft mit eigenen Kräften zu sichern, übernahmen sie das **aztekische Tributsystem** und erklärten Tenochtitlan auch zu ihrer Hauptstadt (vgl. Z. 8). Bereits Anfang des 16. Jahrhunderts hatten die Spanier darüber hinaus begonnen, den neuentdeckten Ländern eine **Verwaltungsstruktur** zu geben, deren Zentrum die **Audiencias**, die obersten Gerichtshöfe, waren. Mehrere Vizekönige (vgl. Z. 15) standen den eingerichteten Vizekönigreichen in der Neuen Welt vor.
Der **demografische Kollaps** der Indio-Bevölkerung und die Tendenz der Indios, den Kontakt mit den Spaniern zu meiden, zwang die spanische Krone Mitte des 16. Jahrhunderts zum Umdenken. Die „**neuen Gesetze**" von 1542 hatten das Ziel, das Leben der Indios zu erleichtern. Die rigiden Bestimmungen der Encomienda wurden zurückgenommen, die Indios galten fortan als freie Untertanen im spanischen Imperium. Die zur Mission eingesetzten **Bettelorden** schufen vielfach ein Gegengewicht gegen die spanischen Eliten und stellten sich auf die Seite der Indios. Das **Christentum** fand auf diese Weise schnell Akzeptanz unter diesen (vgl. Z. 1 f.). Rechtlich waren sie dennoch nicht gleichgestellt, da sie besondere Steuern zahlen mussten und weiterhin tributpflichtig waren. Allerdings trennte man spanische und indigene Bevölkerung und gewährte den Indio-Gemeinden lokale Selbstverwaltung mit eigenen Beamten, die ggf. den Kontakt zur spanischen Obrigkeit herstellten. Hierzu zählt etwa der **Gobernador** von Santiago de Tlatelolco (vgl. Z. 16), eventuell handelt es sich bei der Vorstadt um eine reine Indio-Siedlung (vgl. Z. 1). Der Verfall von Mexiko-Stadt, den Humboldt mit dem Einsatz „sanfterer Gewalten" vonseiten der spanischen Herrschaft erklärt (Z. 8 f.), kann insofern mehrere, andere Ursachen haben: Die Stadt könnte durch die demografische Katastrophe oder durch die Flucht der Indios entvölkert sein. Andererseits könnte die indigene Bevölkerung infolge spanischer Repression oder anderweitiger

Eingriffe in das Wirtschaftsleben auch so verarmt sein, dass sie die Gebäude nicht unterhalten kann.
War mit diesen Maßnahmen der Druck auf die indigene Bevölkerung zumindest offiziell gemindert – auf die faktische Situation vor Ort hatte der spanische Staat mangels Präsenz zumeist wenig Einfluss –, so trug das **aufgeklärte Denken des 18. Jahrhunderts** dazu bei, das Ansehen der Indios unter den Spaniern und Kreolen weiter aufzuwerten. Das „feinfühlig[e]" Verhalten des Vizekönigs (Z. 23) deutet darauf hin, dass ihm daran gelegen ist, ein gutes Verhältnis zur Indio-Bevölkerung herzustellen. Die protokollarische Aufwertung des Gobernadors könnte seinen Grund über die herrschende Verwaltungspraxis hinaus auch in einem **gewandelten Menschenbild** haben, das nicht mehr von einer Ungleichwertigkeit der verschiedenen Bevölkerungsgruppen ausgeht. Zugleich belegt der Text, dass dieser Gedanke dem Entschluss des Vizekönigs entsprang und eine solche Anschauung insofern weder unter den Spaniern noch unter den Indios bisher Raum gegriffen hatte (vgl. Z. 17 f., 24).
Humboldt selbst scheint dem Erlebten zwiespältig gegenüberzustehen. Einerseits zollt er dem Verhalten des Vizekönigs Anerkennung (vgl. Z. 22); andererseits kann er sich von der Abneigung gegenüber den indianischen Gebräuchen anlässlich der Prozession, die er offenbar als primitiv und unangemessen empfindet, nicht freimachen (vgl. Z. 11). Insgesamt vermittelt die Situation, die Humboldt 1803 schildert, den Eindruck einer sich vielfältig durchdringenden Beziehung zweier Kulturen, die dennoch in ihrer Eigenständigkeit noch erkennbar sind (vgl. Z. 11 ff.).

3. *Im Rahmen des zweiten Semesters dürften Sie sich im Wesentlichen mit drei theoretischen Ansätzen zur Beschreibung von Transformationsprozessen beschäftigt haben: der Theorie der Kulturkreise von Samuel P. Huntington, der Migrationstheorie (Bade, Oltmer) sowie der Theorie der Kulturbegegnung von Urs Bitterli. Vor allem die letzte ist für das Thema Spanischer Kolonialismus insgesamt aussagekräftig und tragfähig, sodass die Vermutung nicht fern liegt, dass sie den theoretischen Bezug in der Abiturprüfung bilden könnte. Bitterli wird in den verschiedenen Unterrichtswerken allerdings durchaus unterschiedlich gekürzt präsentiert, sodass auch hier ein gewisser Spielraum in der Anwendung bestehen dürfte. Es wird insofern vor allem darauf ankommen, die von ihm entworfenen, idealtypisch zu verstehenden unterschiedlichen Formen der Kulturbegegnung (Kulturberührung, Kulturkontakt, Kulturzusammenstoß und Kulturverflechtung/Akkulturation) sinnvoll und begründet auf konkrete, im Material gegebene Situationen anzuwenden. Dies ist auch in dieser Aufgabe gefordert. Sinnvoll ist es, die Grundzüge der verwendeten Theorie im Rahmen Ihrer Ausführungen kurz vorzustellen (AFB II).*

Humboldts Beobachtungen fallen in eine Zeit, in der spanischstämmige und indigene Bevölkerung bereits seit Jahrhunderten zusammenlebten. Dennoch wird deutlich, dass dieses **Zusammenleben** in der Neuen Welt verschiedene Erscheinungsformen aufwies, wie im Folgenden zu zeigen sein wird. Als Grundlage für eine nähere Charakterisierung dient die Theorie der Kulturbegegnung von **Urs Bitterli**,

die dieser für die europäische Expansion ab 1500 entworfen hat. Bitterli hat eine Typologie von Kulturkontakt und Kulturkonflikt vorgelegt, die im Wesentlichen vier Formen unterscheidet: Eine erste flüchtige **Kulturberührung** kann sich gegebenenfalls zu einem dauerhaften, auf friedlichem Austausch basierenden **Kulturkontakt** weiterentwickeln. Dieser kann im Falle eines gewaltsamen Ausgreifens einer der beiden Kulturen gegebenenfalls in einen **Kulturzusammenstoß** münden. Als dessen Folge oder als Folge langfristigen friedlichen Miteinanders kann sich aber auch ein kultureller Anpassungsprozess im Sinne einer Verflechtung oder Verschmelzung beider Kulturen entwickeln (**Kulturverflechtung/Akkulturation**).
Humboldts Ausführungen erstrecken sich keineswegs nur auf seine Gegenwart, sondern greifen im Falle der Gemälde im Rathaus auf die **Vergangenheit der Conquista** zurück. Hier wird die **Eroberung des Aztekenreiches**, also ein Kulturzusammenstoß, dargestellt, in dem die Spanier **Gräueltaten an den Indios** verübten. Auch die **Vernichtung aztekischer Heiligtümer** und die **Entvölkerung der Hauptstadt** waren Folgen dieses Kulturzusammenstoßes.
Komplizierter ist die Deutung der Ereignisse beim Frühstück. Immer noch gelten die Indios als nicht gleichwertige, mindere Bevölkerungsgruppe, die vorrangig Dienstfunktionen zu erfüllen hat. Auch die Einladung des Gobernadors kann bestenfalls als Schritt hin zu einem **interkulturellen Miteinander** aufgefasst werden, ohne dass hier bereits ein Durchbruch erzielt würde, auch wenn die Geste des Vizekönigs zweifellos einen **humanitären Fortschritt** darstellt.
Phänomene **interkultureller Wechselwirkung** sind dagegen in der religiösen Praxis der Indios zu erkennen. Diese feiern ein christliches Fest, den Tag des Heiligen Jakob, offenkundig durch rituelle Praktiken ihrer eigenen Volkskultur (vgl. Z. 11–15). Hier sind also offenkundig **indigene und christliche Religion verschmolzen**.
Bereits auf so engem Raum von Humboldts Ausführungen zeigt sich insofern die Vielschichtigkeit der Kulturbegegnung zwischen Spaniern und indigener Bevölkerung, die eine differenzierte Betrachtung verlangt.

4. *Die abschließende Interpretation des zentralen Denkmals für die Unabhängigkeit enthält zugleich den Semesterübergriff zum 4. Kurshalbjahr. Hier geht es um Aspekte der geschichts- bzw. erinnerungskulturellen Rezeption der Unabhängigkeitsbewegung der Jahre 1808–21 in Mexiko. Ausgehend von einer Analyse des Denkmals sollen Sie dessen geschichtspolitische Botschaft erschließen und diese in einem letzten Schritt einer Bewertung zuführen (AFB III). Da Sie für die Abgabe eines Werturteils Kriterien benötigen, empfiehlt es sich, den historischen Kontext der mexikanischen Unabhängigkeit ebenfalls darzulegen, um auf diese Weise die im Denkmal enthaltenen Aussagen kritisch zu überprüfen. Art und Umfang der theoretischen Bezüge hängen von den im Unterricht behandelten Aspekten ab. Die Aufgabe folgt der im Kerncurriculum verbindlich vorgesehenen Kompetenz „Die Schülerinnen und Schüler analysieren Geschichtsdarstellungen auf die darin enthaltenen Deutungen und ihren historischen Erkenntniswert und bewerten die Bedeutung der darin enthaltenen Konstruktionen für ihr Geschichtsverständnis und*

ihre Identität." Die Aufgabenstellung „Beschreiben und interpretieren" – sie wurde im Zentralabitur 2012 so verwendet – enthält eine Dopplung, die jedoch als Hilfe gemeint ist. Eigentlich enthält der komplexe Operator ‚Interpretieren' die Beschreibung bereits. Beschränken Sie sich bei der Beschreibung auf Wesentliches, um sich zeitlich nicht zu verzetteln (AFB III).

Das Anfang des 20. Jahrhunderts von der mexikanischen Regierung in Auftrag gegebene Denkmal „El Angel de la Independencia" in Mexiko-Stadt (M 2) besteht aus einer Säule, auf deren Spitze die vergoldete römische Siegesgöttin Viktoria (M 3) steht, die den Siegerlorbeer vergibt. Ihre **Monumentalität** wird unterstützt von der Anlage des Sockels, der sich auf einem großzügig und erhabenen Plateau befindet, an dessen Rand vier Obelisken stehen. Mit Ausnahme der Siegesgöttin ist die gesamte Anlage aus Stein angefertigt. Auf dem Sockel am Fuße der Säule befinden sich Statuen wichtiger Protagonisten des Unabhängigkeitskampfes gegen die Spanier (M 4). Diese sind durchweg westlich gekleidet und insofern als **Mexikaner in europaspanischer Tradition** erkennbar (M 4). Die sterblichen Überreste der Freiheitskämpfer wurden 1925 in den Sockel umgebettet, sodass das Denkmal zugleich die Funktion eines Mausoleums, also des ehrenden **Totengedenkens** besitzt. Darüber hinaus finden sich am Fuße der Säule weitere allegorische Figuren: Der **Löwe** drückt Kraft und Stärke aus, **Frauengestalten** zu Füßen der dargestellten Personen weisen diese als verehrungswürdige Helden aus. Insgesamt vermittelt das Denkmal somit die Botschaft einer aus Kraft und Stärke resultierenden, siegreichen Heldentat, der dauerhaft gedacht werden soll.

Die Errichtung eines Unabhängigkeitsdenkmals für die Vorgänge der Jahre ab 1808 ist mit der Gedächtnistheorie von **Jan Assmann** hervorragend zu erklären. Nachdem der Unabhängigkeitskampf nach rund drei Generationen aus dem **kommunikativen Gedächtnis** verschwunden ist, bemühen sich die herrschenden Eliten Mexikos um dessen dauerhafte Repräsentation im **kulturellen Gedächtnis.** Dieses ist auf Vergegenständlichungen wie ein solches Denkmal angewiesen, um der mexikanischen Gesellschaft auch weiterhin den **Akt ihrer staatlichen Identitätsstiftung** vor Augen zu führen. Daher wurde es auch an einem zentralen Platz in Mexiko-Stadt errichtet.

Die beschriebenen Elemente zeigen, dass hier durchgängig auf eine **rein europäische**, zum großen Teil auf die Antike zurückgehende **Symbol- und Formensprache** zurückgegriffen wird. Der mexikanische Unabhängigkeitskampf wird insofern zu einem Ereignis in der Tradition europäischer Machtpolitik stilisiert. Der Sieg wird staatsoffiziell glorifiziert, auch wenn explizite Verweise auf Kampfhandlungen zu fehlen scheinen. Ähnlich aufgebaute Denkmäler in Säulenform finden sich beispielsweise in Berlin (Siegessäule) oder in London (Nelson's Column).

Der „Engel der Unabhängigkeit" bekräftigt eine Entwicklung, die mit der Conquista begann und sich auch im Unabhängigkeitskampf fortsetzte. Denn dieser war keineswegs eine gesamtmexikanische Befreiungsbewegung unter Beteiligung aller Bevölkerungsgruppen, sondern eher ein **Kampf der mexikanischen Kreolen** gegen die (geschwächte) spanische Herrschaft. Indios spielten hier nur eine Nebenrolle. Sie wurden bestenfalls dort eingebunden und instrumentalisiert, wo es den kreolischen Eliten angebracht erschien. Auch nachdem die Unabhängigkeit erlangt war, änderte sich an der faktischen Benachteiligung der Indio-Bevölkerung wenig, sodass noch im Jahre 1902 die mexikanische Geschichte offenbar mithilfe einer rein europäischen – man könnte auch sagen: westlichen – Formensprache dargestellt werden konnte (Löwen z. B. hat es in Lateinamerika nie gegeben). Das auf Veranlassung des mexikanischen Präsidenten errichtete Denkmal belegt insofern allem Anschein nach die **Kontinuität kreolischer Dominanz** in Mexiko bis weit in das 20. Jahrhundert hinein und das Zugehörigkeitsgefühl seiner politischen Klasse zum westeuropäischen Kulturkreis. Man könnte insofern folgern, dass es in Mexiko auch einhundert Jahre nach Humboldts Aufenthalt beim spanischen Vizekönig nicht zu einer Akkulturation von europäischer und Indiokultur gekommen war.

Die im Denkmal enthaltene Aussage ist heute in ihrer Einseitigkeit nicht mehr zeitgemäß, weil sie die kulturellen Besonderheiten indigener Kulturen nicht hinreichend zur Kenntnis nimmt. Ihnen wird heute für die Entstehung des mexikanischen Gemeinwesens ein größerer Eigenwert zugemessen. Für das beginnende 20. Jahrhundert dokumentiert das Monument das **Überlegenheitsgefühl** der herrschenden Eliten Mexikos. Heute dürfte sich seine ursprüngliche geschichtspolitische Botschaft allerdings merklich abgeschliffen haben, sodass der Platz nach wie vor Anlaufpunkt größerer Versammlungen ist, ohne dass dies stets im Bewusstsein der im Denkmal enthaltenen Aussage stattfindet.

Rahmenthema 2: Wechselwirkungen und Anpassungsprozesse in der Geschichte
Verbindliches Wahlmodul: Spanischer Kolonialismus

Thema: Ergebnisse von Kulturbegegnungen am Beispiel des spanischen Kolonialismus

Aufgabenstellung

1. Fassen Sie – nach einer quellenkritischen Einleitung zu M 1 – den Gedankengang Toribio de Benaventes in eigenen Worten zusammen.

2. Erläutern Sie ausgehend von M 1 die Grundlagen der spanischen Vorherrschaft in Amerika vom Zeitpunkt, als „die Christen dieses Neue Spanien betraten" (M 1, Z. 1), bis zum Jahr des Briefes M 1.

3. Überprüfen Sie mithilfe der Erklärungsmodelle der Transkulturation oder einer von Ihnen gewählten Theorie zum Kulturkontakt bzw. -austausch, inwiefern die These T. de Benaventes, die Spanier hätten infolge ihres Kontaktes mit indianischen Kulturen „[s]o viele Seelen […] gerettet" und „Gerechtigkeit und Frieden" (M 1, Z. 12–15) gebracht, zutreffend ist.

4. Vergleichen Sie – aufbauend auf Ihren Ergebnissen aus Aufgabe 3 – die angestrebten Ziele der spanischen Kulturpolitik gegenüber der indigenen Bevölkerung (M 1) mit der nationalsozialistischen Politik gegenüber der jüdischen Bevölkerung, wie sie u. a. in M 2 deutlich wird. Gehen Sie dabei auch auf die Folgen für die indigene bzw. die jüdische Bevölkerung ein.

5. Nehmen Sie mit Bezug auf alle Materialien und Ihre bisherigen Arbeitsergebnisse Stellung zur langfristigen Bedeutung von abweichendem Handeln gegenüber dominanten Kultur- und Ideologievorstellungen eines Herrschaftssystems am Beispiel des spanischen Kolonialismus und/oder des Nationalsozialismus.

M 1: Der Franziskanermönch Toribio de Benavente, Anhänger von Hernán Cortés und seit 1524 als einer der ersten Missionare in Neuspanien tätig, in einem Brief an Kaiser Karl V. vom 2. Januar 1555

Als die Christen dieses Neue Spanien betraten, gab es in allen Dörfern und Provinzen viele Menschenopfer. [...] Jeden Tag und jede Stunde bot man den Dämonen menschliches Blut in allen Teilen und Dörfern dieses Erdteils, abgesehen von weiteren zahlreichen Opfern und Diensten, die sie den Dämonen beständig und öffentlich darbrachten, nicht nur in den Tempeln der Dämonen, mit denen fast das ganze Land bebaut war, sondern auch auf allen Wegen und in allen Häusern. Alle Leute standen im Dienste dieser Dämonen und Götzen.

Diese und andere Greueltaten und Sünden, die Gott und dem Nächsten öffentlich zugefügt wurden, zu untersagen und unseren heiligen katholischen Glauben einzupflanzen, überall das Kreuz von Jesus Christus aufzurichten und das Bekenntnis in seinem heiligen Namen zu predigen, um Gott so eine große Bekehrung der Menschen zu zeigen, ist unsere Pflicht. So viele Seelen wurden gerettet und werden es jeden Tag, so viele Kirchen und Klöster wurden gebaut, dass allein unsere Mönche über fünfzig Klöster bewohnen, ohne die Klöster von Guatemala und Yukatan. Dieses ganze Land wird nunmehr von Gerechtigkeit und Frieden erfüllt. Wenn Eure Majestät sähe, wie in diesem Neuen Spanien die Feiertage und Ostern zelebriert werden und auf welche andächtige Weise die Aufgaben der Osterwoche und aller Sonn- und Feiertage angeführt werden, würde sie Gott tausendfach loben und danken.

Las Casas hat unrecht, mit dem, was er sagt, schreibt und drucken lässt. In Zukunft werde ich, da es mir notwendig scheint, über seine Absichten und seine Werke Bericht erstatten, wie weit er geht und wo er stehenbleibt, ob er den Indios half oder ob er sie ausnutzte. [...]

Las Casas sagt, dass alles, was die Spanier hier besitzen, durch Bösartigkeit gewonnen ist, selbst wenn es mittels eines landwirtschaftlichen Betriebes erworben wurde: Hier gibt es viele Arbeiter und Angestellte, die durch ihren Fleiß und Schweiß etwas zu essen haben. Damit besser verständlich wird, wie er dies sagt oder schreibt, wisse Eure Majestät, es mag fünf oder sechs Jahre her sein, dass ich von Eurer Majestät und von Eurem Rat der Indias gesandt wurde, mit dem Auftrag, gewisse Schriften einzusammeln, die Las Casas hier im Neuen Spanien zurückließ. Es handelte sich um Manuskripte, die er unter den Mönchen verteilte. Ich suchte alle, die bei den Minoritenbrüdern waren, zusammen und übergab sie Don Antonio de Mendoza, Eurem Vizekönig. Er verbrannte sie, denn sie enthielten skandalöse Sprüche und Sätze. [...]

Sie haben nicht wenig Aufruhr und Besorgnis im ganzen Land ausgelöst, denn die Eroberer, Kolonialherren und Händler nennt er oft Tyrannen, Gewalttäter, Räuber, Enteigner. Er sagt, dass die Indios täglich und ohne Unterlass von ihnen tyrannisiert werden, außerdem, dass alle Tribute, die sie zahlen, ihnen ungerechter- und tyrannischerweise abgenommen werden. Gegenüber derartigen Anschuldigungen könnte Eure Majestät ein gutes Gewissen haben, besitzt und verwaltet Ihr doch die Hälfte oder mehr aller Provinzen und Dörfer des ganzen Neu-Spaniens, während die Kolonialherren und Eroberer nicht mehr als das haben, was Eure Majestät ihnen zu geben beliebt. Sind doch die Indios, die Ihr habt, nur mäßig mit Abgaben belastet, gut behandelt und angesehen, durch Gottes Güte, und werden schließlich im Sinne der christlichen Lehre und Gerechtigkeit behandelt.

Ich staune darüber, wie Eure Majestät und Eure Räte so lange Zeit diesen lästigen, unruhigen, unbequemen und lärmenden Mann ertragen konnten, so einen Querulanten in religiösem Gewand, so einen beunruhigenden, schlecht erzogenen, beleidigenden, schädlichen und unsteten Menschen. [...] Stets schrieb er über das Leben und die Vorkommnisse fremder Leute, das Böse und die Verbrechen suchend, die die Spanier auf dieser Erde verübt hatten, um ihnen alles Böse und alle Sünden, die hier begangen wurden, anzulasten und aufzurechnen. Damit scheint er die Aufgabe unseres Widersachers übernommen zu haben, obwohl er dachte, er sei eifriger und gerechter als die andern Christen und Ordensleute. Doch erfüllte er auf diese Weise kaum seine religiösen Pflichten. [...] Irgendwelche Briefe, die ihm jemand von hier aus schreibt – die nicht immer die Wahrheit enthalten – , zeigt er Eurer Majestät oder einem Eurer Räte und versucht, aus einem Einzelfall eine Verallgemeinerung abzuleiten; und so zerstört er Regierung und Republik. Darauf richten sich seine Bemühungen. [...]

(Aus: Strosetzki, Christoph (Hg.): Der Griff nach der Neuen Welt. Der Untergang der indianischen Kulturen im Spiegel zeitgenössischer Texte, Frankfurt a. M. 1991, S. 198–203 (Auszüge)).

M 2a: Fallbeispiel 1

Ortsschild aus der Nähe von Fürth

(bpk / Bayerische Staatsbibliothek / Heinrich Hoffmann)

M 2 b: Fallbeispiel 2

Elisa Extra, mit dem Juden Richard Cossen verlobt, wird öffentlich zur Schau gestellt, Fotografie Juli 1935, Stadt Norden (Ostfriesland).
Auf dem Schild ist zu lesen:
„Ich bin ein **Deutsches Mädchen** und habe mich **vom Juden schänden lassen**."
Elisa Extra kam nach diesem Vorfall kurz in das Konzentrationslager Moringen, verlor danach ihren Arbeitsplatz, floh nach Amsterdam und fand dort eine Stelle als Hausmädchen in einer jüdischen Familie. Ihr Verlobter Richard Cossen konnte 1936 nach Amsterdam fliehen und von dort nach Argentinien entkommen.

(Nds. Landesarchiv – Staatsarchiv Aurich Rep. 243 A 898 bzw. Rep. 243 A 2198)

Erläuterungen und Bearbeitungshinweise

Die Übungsaufgabe bezieht sich in erster Linie auf das zweite Rahmenthema des neuen Kerncurriculums „Wechselwirkungen und Anpassungsprozesse in der Geschichte" und dabei schwerpunktmäßig auf den spanischen Kolonialismus. Aufgabe 3 bezieht das Kernmodul des zweiten Semesterthemas mit ein und verlangt Kenntnisse sowie Anwendungsbeispiele hinsichtlich bekannter Theorien zum Kulturkontakt und -austausch. Aufgabe 4 bildet den Semesterübergriff zum dritten Rahmenthema „Wurzeln unserer Identität" mit dem Pflichtmodul „Nationalsozialismus". Die Bewertungsaufgabe zum Schluss der Klausur kann optional weitere semesterübergreifende Aspekte und Vergleichspunkte mit einfließen lassen. Leitprobleme der Übungsaufgabe sind besonders „Individuum und Gesellschaft" sowie „Freiheit und Herrschaft".

Mögliche Gewichtung der Teilaufgaben

Teilaufgabe	überwiegend Anforderungsbereich	Gewichtung in Prozent
1	I	15
2	II	25
3	II/III	20
4	II	20
5	III	20

Lösungsvorschläge

1. *Die zweigegliederte Aufgabenstellung ist klar dem AFB I zugeordnet: Zunächst wird neben den üblichen Angaben zur Quelle (Textsorte, Autor, Adressat, Ort/Zeit) eine fundierte Quellenkritik verlangt, die auf den internen Charakter der Quelle sowie die Hintergründe und Absichten des Autors eingehen sollte. Die darauf aufbauende Zusammenfassung muss von der Grundprämisse des Autors ausgehen und dessen Gedankengang strukturiert und kompakt wiedergeben. Aufgrund der Brisanz des Briefes und der darin ausgedrückten Kritik ist besonders auf den Einsatz sprachlicher Mittel zur Distanzwahrung zu achten (Gebrauch des Konjunktivs, treffende Verwendung von Sprechaktverben zur Verdeutlichung des Gedankenganges und der Argumentation). Eine kurze Einleitung in die Thematik wird zwar nicht vorausgesetzt, unterstützt aber den positiven Gesamteindruck hinsichtlich Kontext- und Kompetenzverständnis.*

Die Klausur beleuchtet die Ziele der spanischen Kolonialherrschaft in Amerika im 16. Jahrhundert und setzt sich kritisch und mithilfe von Theorien zu Kulturkontakten mit den langfristigen kulturellen Ergebnissen dieser Kolonialgeschichte auseinander. Die Ziele der Spanier werden anschließend mit nationalsozialistischen Auffassungen gegenüber der jüdischen Bevölkerung verglichen und die Bedeutung des abweichenden Handelns in diesen zwei Unrechtssystemen wird bewertet.

Im Zentrum der Bearbeitung steht die **Primärquelle M 1**, ein Brief des Franziskanermönches Toribio de Benavente, adressiert an den spanischen König Karl V., vom 2. Januar 1555. De Benavente, als Anhänger des Konquistadoren Hernán Cortés und einer der ersten Missionare in der „Neuen Welt" **selbst unmittelbarer Augenzeuge der spanischen Kolonialbestrebungen in Mexiko** in den 1520er-Jahren, plädiert in seinem privaten Brief an den spanischen König **für die Beibehaltung des Kolonialsystems** im Vizekönigreich Neuspanien und versucht dabei vehement, die **Kritik des Dominikanermönches Bartolomé de Las Casas an den spanischen Herrschaftspraktiken zu entkräften** sowie den König für ein Vorgehen gegen de Las Casas zu bewegen. Das Dokument M 1 beinhaltet somit die **subjektive Sichtweise** eines christlichen Missionars und Befürworters der spanischen Herrschaftspraktiken in der „Neuen Welt" im 16. Jahrhundert.
De Benavente hegt die Grundüberzeugung, dass das Kolonialsystem und die katholische Missionierung durch die Spanier ein Segen für die indigene Bevölkerung sei, und er brandmarkt die bereits veröffentlichte und weithin bekannte Kritik de Las Casas als haltlos und systemgefährdend. Während er die **religiösen Praktiken der Indios**, als Beispiel führt er die zahlreichen **Menschenopfer** zu vielen Anlässen an (vgl. Z. 1–7), als grausam, aber vergangen bezeichnet, lobt er dagegen die christlichen Feiern zu Ostern und an den Feiertagen, die die Spanier den Eingeborenen durch ihre Anwesenheit gebracht hätten (vgl. Z. 8–15). Die **gelungene christliche Bekehrung** und die herrschende **Gerechtigkeit** seien rein spanische Erfolge (Z. 14 f.: „Dieses ganze Land wird nunmehr von Gerechtigkeit und Frieden erfüllt."). De Benavente wendet sich in diesem Zusammenhang klar gegen die geäußerte Kritik des Dominikanermönches de Las Casas, der diese Erfolge nicht an-

erkennen wolle. De Benavente schwärzt den kritischen Dominikanermönch regelrecht an und fordert seinen König offen zu deutlichen Maßnahmen gegen de Las Casas auf (vgl. Z. 19–57).

2. *Die Aufgabenstellung erfordert, den in Aufgabe 1 zusammengefassten Sachverhalt und die Forderungen des Autors aus M 1 in den größeren zeitlichen Zusammenhang der Entwicklung der spanischen Vorherrschaft in Amerika zu stellen. Dabei gilt es, einerseits auf die vorgegebene Eingrenzung des historischen Kontextes (1492–1555) genau zu achten und andererseits Anknüpfungspunkte aus dem Material M 1 in die Erläuterung mit einzubeziehen. Die Ausführungen verlangen darüber hinaus, dass Sie Beispiele zu Akteuren und Ereignissen in diesem Zeitraum mit Bezug zur Aufgabenstellung erläutern und konkrete Ankerdaten nennen. Damit werden in erster Linie Leistungen aus dem AFB II verlangt.*

Im Jahr 1555, zum Zeitpunkt, als de Benavente seinen Brief an den spanischen König verfasste, war **aus einem europäischen Königreich ein spanisches Weltreich** mit amerikanischen Kolonien (Vizekönigreiche Neuspanien und Peru) geworden. Dieser Entwicklungsprozess reicht in das Jahr **1492 zurück**, „[a]ls die Christen dieses Neue Spanien betraten" (Z. 1) und das spanische Königshaus den **Seefahrer Kolumbus** vor dem Hintergrund der politischen und wirtschaftlichen Konkurrenz zu Portugal mit einer Entdeckungsfahrt nach Indien beauftragte. Die Suche nach **Edelmetallen** und die verstärkte **christliche Missionierung im Namen der spanischen Krone** führten von einer ersten **„Entdeckungsphase" in der Karibik** („Westindische Inseln") unter Einsatz überlegener technischer, militärischer und taktischer Mittel (z. B. neue Waffen und Pferde) zu weiteren spanischen **Expeditionen und Eroberungen** auch auf dem amerikanischen Festland (**Hernán Cortés in Mexiko** 1519–22 und **Pizarro in Peru** in den 1530er-Jahren). Im Gefolge der Konquistadoren wurde die spanische Herrschaft in den neu gegründeten **Vizekönigreichen** systematisch und straff ausgebaut und organisiert. Die theoretische Grundlage für die Inbesitznahme von Land und Menschen lieferte der spanische Hofjurist Rubios in einem Gutachten, dem **Requerimiento** (1513), das jede Gewalthandlung gegen die Indios als „gerechten Krieg" rechtfertigte, sobald sie dem Zweck der Missionierung diente. In diesem Zusammenhang spielten die **Franziskanermönche** eine zentrale Rolle (vgl. de Benavente; **Massentaufen**, Zerstörung heidnischer Heiligtümer), während im politischen Bereich der **Indienrat** die direkte Verbindung Spanien-Vizekönigreiche kontrollieren und den spanischen Herrschaftsanspruch sichern sollte. Wirtschaftlich gesehen wurde das **System der Encomienda** als Kontrollsystem ausgebaut und der **Silberabbau** intensiviert. Neben freiwilligen Arbeitskräften wurden Tausende Indios zur Zwangsarbeit in den Minen (z. B. in Potosi ab 1545) verpflichtet. Das Briefdokument M 1 stammt somit aus einer Phase des spanischen Herrschaftssystems in Neuspanien, als die wirtschaftliche Ausbeutung zunahm, gleichzeitig aber auch die **Kritik** an diesem Ausbeutungssystem noch nicht verstummt war. Vor allem Ordensangehörige der **Jesuiten und Dominikaner** (**z. B. Las Casas**, vgl. M 1) kritisierten das Verhalten der Spanier und plädierten für ein Verbot der Zwangsarbeit sowie ein Ende der menschenunwürdigen Umstände. Nach Einführung der **Neuen Gesetze 1542** ruderte Karl V. 1550 nach dem **Disput von Valladolid** allerdings zurück und ließ das Encomienda-System im Wesentlichen unangetastet. Tatsächlich wurde das System auch im weiteren Verlauf des 16. Jahrhunderts fortgesetzt, Spanien war für einige Zeit unter Karls V. Nachfolger Philipp II. ein globales Wirtschaftsreich. Erst im 19. Jahrhundert lehnte sich die Bevölkerung in den Vizekönigreichen gegen Spanien auf.

3. *Die Aufgabenstellung überprüft Ihre Kenntnisse zu Theorien zum Kulturkontakt und -austausch und gleichzeitig Ihre erworbenen Kompetenzen hinsichtlich der konkreten Anwendbarkeit der Theorien auf den historischen Sachverhalt des spanischen Kolonialismus bzw. auf die Aussagen des Autors aus M 1. Dazu ist es erforderlich, dass zunächst das Kulturverständnis des Autors mit Bezug zu dem gegebenen Zitat erläutert wird und dieses anschließend mit Ihnen bekannten Theorien zum Kulturkontakt gegenübergestellt wird. Erläutern Sie zunächst kurz die von Ihnen ausgewählten Theorien und führen Sie in einem zweiten Schritt aussagekräftige Beispiele an, die die Theorien unterstützen (und die Aussagen des Autors aus M 1 widerlegen können). Die Aufgabenstellung verlangt somit nicht nur die Kenntnisse der Theorien und konkreter historischer Beispiele, sie überprüft auch Ihre Transferkompetenzen und Kompetenzen im methodischen Bereich. Deshalb ist hier besonders auf eine klare Struktur zu achten. Es werden Leistungen aus dem AFB II, überwiegend aber aus dem AFB III verlangt.*

Der Franziskanermönch de Benavente versucht in seinem Brief von 1555, dem spanischen König Karl V. die Erfolge der spanischen Kulturpolitik darzulegen, um ihn zum Erhalt des Kolonialsystems zu bewegen. Dabei gibt er vor, dass die Spanier es in kurzer Zeit geschafft hätten, „[s]o viele Seelen […] gerettet" und im ganzen Land „Gerechtigkeit und Frieden" gebracht zu haben (vgl. Z. 12–15). Damit möchte er seinem Adressaten klarmachen, dass ein wesentliches Ziel der spanischen Kolonialpolitik, die Missionierung und Christianisierung der indigenen Bevölkerung, nahezu erfolgreich erreicht und eine **Homogenisierung und Harmonisierung** im spanischen Interesse vollzogen worden sei.

Der **Verlauf des Kulturkontaktes** zwischen Spaniern und indigener Bevölkerung zeigt aber eine andere, im Gegensatz zu Benaventes Auffassung wesentlich differenziertere Entwicklung, wie historische Befunde und Kulturtheorien (z. B. Erklärungsmodelle zur Transkulturation oder das Modell des Kulturhistorikers Urs Bitterli) nahelegen. Dies soll im Folgenden näher erläutert werden.
Zwar gingen die spanischen Kolonialisten davon aus, die indigene Bevölkerung **assimilieren** und mithilfe der **Hispanisierungspolitik** ihre kulturellen Werte (in erster Linie den christlich-katholischen Glauben) flächendeckend durchsetzen zu können (vgl. M 1), in der Praxis wurde der **Missionsauftrag** aber **nur oberflächlich durchgesetzt**, in entlegenen Regionen teilweise gar nicht. Dort blieben die **alten religiösen und magischen Kulte der Eingeborenen oft erhalten**. Auch gab

es zwischen Spaniern und Indios von Beginn an (ähnlich wie später zwischen Spaniern und afrikanischen Sklaven) sexuelle Kontakte und es kam zur Entstehung einer neuen Bevölkerungsgruppe, den **Mestizen**. Neuere Modelle zum Kulturkontakt betonen deshalb die **kulturellen Wechselwirkungen und Austauschprozesse**, die nach einem anfänglichen Kulturkontakt langfristig folgen können. Der Schweizer Kulturhistoriker **Urs Bitterli** beispielsweise geht in seinem Modell zu Kulturbegegnungen von verschiedenen **Stufen des Kulturkontakts** aus. Nach einer ersten **Kulturberührung** kann im Anschluss an einen (möglichen) **Kulturzusammenstoß** ein dauerhaftes Verhältnis der Kulturen mit wechselseitigen Beziehungen entstehen, welches langfristig zu **Kulturverflechtung** oder zur **Akkulturation** und Anpassung von Kulturen führen kann. Auch wenn de Benavente in seinem Brief eine einseitige Anpassung der indigenen an die spanische Kultur postuliert, gibt es allerdings zahlreiche historische Beispiele, die dies widerlegen.
So kam es im religiösen Bereich zu **synkretistischen Wechselwirkungen** (z. B. Verschmelzung des „Tages der Toten“ mit dem christlichen Feiertag am 1. November, Errichtung von Kirchen auf den indigenen religiösen Plätzen (Pyramiden)).
Die neu entstehende, selbstbewusste **kreolische Elite** setzte sich häufig über spanische Werte hinweg. Das **Hispanisierungsprogramm** (spanischer Lebensstil, spanische Kleidung etc.) konnte sich nicht in allen Bereichen durchsetzen, sondern **verschmolz mit indigenen Lebensformen**. In Ergänzung zu Bitterlis Kulturmodell kann man hier vor allem die Erklärungsmodelle der **Transkulturation (Fernando Ortiz)** anführen, die besonders auf die Wechselwirkungen und Austauschprozesse eingehen und langfristig das **Entstehen neuer, lateinamerikanischer Gesellschaften** mit spanischen, indigenen und afrikanischen Einflüssen erklären können.
So kann insgesamt gesagt werden, dass der Franziskanermönch ein **propagandistisch einseitiges Bild** des Kulturkontaktes zwischen Spaniern und Indios entwirft, welches **durch heutige Forschungen widerlegt** werden kann. Seine Feststellungen in Bezug auf den religiösen Bereich (z. B. Feiertage, „Rettung der Seelen“) sind in dieser Pauschalität nicht haltbar, auch wenn sich bis heute der katholische Glaube in Lateinamerika erhalten hat. Neuspanien wurde eben nicht zu einem weiteren spanisch-katholischen Königreich oder gar zu einer „Kopie Kastiliens“ (Charles Darwin).

4. *Mit dieser Teilaufgabe erfolgt der Semesterübergriff zum Pflichtmodul „Nationalsozialismus und deutsche Identität“. Der Operator „vergleichen“ verlangt eine kriterienorientierte und sachlich-strukturierte Vorgehensweise. Die Fallbeispiele aus M 2 sind angemessen zu berücksichtigen, aber mit weiterem Hintergrundwissen zu verknüpfen. Bezüge zu Aufgabe 3 sind besonders im Zusammenhang mit dem Anspruch sowie der Praxis der spanischen Kolonial- und Kulturpolitik herzustellen. Ihre Ausführungen sollten auch auf Schwierigkeiten zur Herstellung eines historischen Vergleichs hinweisen. Insgesamt konzentrieren sich die erforderten Leistungen auf den AFB II.*

Im Folgenden sollen die angestrebten Ziele der spanischen Kulturpolitik gegenüber der indigenen Bevölkerung übergreifend mit der nationalsozialistischen Politik gegenüber der jüdischen Bevölkerung verglichen und die langfristigen Folgen dieser Ansätze beachtet werden.
Folgt man dem Franziskanermönch de Benavente (M 1) als spanischem Kolonialvertreter, so wird deutlich, dass das Ziel der Spanier im Hinblick auf die indigene Bevölkerung in der Durchsetzung einer **kulturellen und religiösen Assimilierung** an spanische Werte bestand. In Verbindung mit dem Encomiendasystem wurde diese Assimilierungspolitik mit wirtschaftlicher **Ausbeutung** und praktischer **Versklavung** verknüpft. Der Verlust von Menschenleben wurde dabei in Kauf genommen, die **Dezimierung der indigenen Bevölkerung** musste dann später mit der Verschleppung von Sklaven aus Afrika „ausgeglichen" werden. Da Politik und Religion aber im 16. Jahrhundert unmittelbar verbunden waren, stand das Ziel der „Rettung der Seelen" und der **Missionierung** der Ungläubigen (vgl. M 1) durchaus an einer herausragenden Stelle des Herrschaftsverständnisses. Ein Zusammenleben zwischen Spaniern und Indios war zwar nicht vorgesehen – ab 1546 wurde vielmehr eine **strikte Trennung** in einen „Staat der Spanier" und einen „Staat der Indianer" vorgenommen –, die **Entstehung einer Mischpopulation** und einer **kreolischen Elite** wurde aber insgesamt nicht aktiv unterbunden.

Die **Nationalsozialisten** in Deutschland gingen mit der jüdischen Bevölkerung **ideologisch totalitär** um. Juden und als „jüdisch" erklärte Personen wurden in ihrer Gesamtheit und ohne Rücksicht darauf, ob sie sich selbst zum jüdischen Glauben bekannten oder nicht, als **„Fremde" und „Unglück"** für das deutsche Volk (vgl. M 2a) gebrandmarkt und aus der „**Volksgemeinschaft**" kategorisch ausgegrenzt; dies zeigt etwa das Fallbeispiel M 2a, ein Ortsschild aus der Nähe von Fürth, das den Ort zur „judenfreien Zone" erklärte. Mithilfe der rassistischen Denkmuster wurden die Juden als „Reichsfeinde" abgestempelt und zum Sündenbock gemacht. Ab 1935 wurde die Trennung zwischen „Deutschen" und „Juden" auch juristisch festgeschrieben **(Nürnberger Rassengesetze)** und Liebesbeziehungen zwischen Deutschen und Juden öffentlich geächtet beziehungsweise oft rigoros verfolgt (vgl. Fallbeispiel aus Norden, M 2b).
Die nationalsozialistische Gesellschaft („Volksgemeinschaft") wurde dementsprechend nicht – wie während des spanischen Kolonialismus – durch Assimilierung geschaffen, sondern sie ging mit der **Segregation** und **Verfolgung** der jüdischen Bevölkerung einher, die ab 1935 stufenweise gesteigert wurde („Arisierungspolitik" nach der Reichspogromnacht 1938, Tragen des „Gelben Sterns" ab 1941, Ghettoisierung, Deportation und Ermordung in Konzentrationslagern). Dieser von den Nationalsozialisten erzwungene „**Kulturzusammenstoß**" (vgl. Bitterli) gewann durch das Zusammengehen von Antisemitismus und Rassismus an Schärfe. Der konstruierte Kulturzusammenstoß führte im Zweiten Weltkrieg zum Völkermord am europäischen Judentum mit knapp sechs Millionen Todesopfern. Während in Südamerika infolge des spanischen Kolonialismus neue lateinamerikanische Gesellschaften mit spanischen, indigenen und afrikanischen Einflüssen entstanden, war das jüdische Leben in Deutschland nahezu ausgelöscht worden.

Aufgrund der **sehr unterschiedlichen historischen Entwicklung** sowie der verschiedenen Ansätze in den Kultur- und Ideologieauffassungen der Spanier während ihrer Kolonisierungsphase und der Deutschen während des Nationalsozialismus, ist ein **Vergleich** in Bezug auf die Folgen allerdings **problematisch**, da hier die Gefahr besteht, dass man die **Leiden der Opfer** (indigene Bevölkerung und afrikanische Sklaven dort, jüdische Bevölkerung hier) **aufrechnen oder relativieren** könnte. Beide Systeme beruhten auf eklatanten **Verstößen gegen die Menschenrechte**, allerdings wirken die Dimensionen der Planung und Durchführung eines **rassistisch motivierten Völkermordes** auf deutschem Boden im 20. Jahrhundert wesentlich verstörender und gewaltiger auf unsere Identität nach.

5. *Abschließend gilt es, eine Stellungnahme zu entwickeln (AFB III), die von den übergreifenden Leitvorstellungen des zweiten Rahmenthemas ausgeht; gleichzeitig soll auch das in den Quellen M 1 und M 2 b zum Vorschein kommende abweichende Handeln vor dem Hintergrund entwickelter dominanter Kultur- und Ideologievorstellungen (M 1, M 2 a) bewertet werden. Der Operator „Stellung nehmen" verlangt, den Stellenwert historischer Sachverhalte zu bestimmen, zu einem begründeten Sachurteil vor dem Hintergrund des jeweiligen historischen Kontextes und zu einem auf den Wertvorstellungen des Grundgesetzes basierenden Werturteil zu gelangen. Hierbei können Sie sich auf den spanischen Kolonialismus oder auf den Nationalsozialismus konzentrieren. Der folgende Lösungsvorschlag greift aus Gründen der Vollständigkeit beide Alternativen auf. Im Kern geht es um das Spannungsfeld zwischen Anpassung und Mut zur Kritik, zwischen Ausgrenzung und Erhaltung der persönlichen und menschlichen Würde. Das Werturteil könnte auf den Vorbildcharakter von Akteuren hinweisen, die gegen dominante Kultur- und Leitvorstellungen das Recht auf Selbstbestimmung sowie Freiheit betonen und damit ihr eigenes Leben riskiert haben.*

Abweichendes Handeln gegenüber den dominanten Kultur- und Ideologievorstellungen hat im Lauf der Geschichte unterschiedliche Ausprägungen, Sanktionen und Folgen gehabt. Die **Forderung nach Einhaltung der Menschenrechte für Minderheiten** oder Gruppen, die den allgemeinen Werten und Normen einer Kultur/Gesellschaft nicht entsprechen, kam in Europa mit den Revolutionen des 18. und 19. Jahrhunderts auf und hat ihren Niederschlag in den **Menschenrechtskatalogen** der Vereinten Nationen, in Deutschland in den Artikeln eins bis 19 des Grundgesetzes (ab 1949) gefunden. Aus diesen Gründen ist die schon im 16. Jahrhundert **von dem Dominikanermönch Las Casas geäußerte Kritik** am spanischen Kolonialsystem und an der Unterdrückung der indigenen Bevölkerung (vgl. M 1) von großer Bedeutung. Die Kirche und ihre Missionstätigkeit waren wichtige Grundpfeiler der spanischen Kolonialherrschaft. Die heftigen Reaktionen des Franziskanermönches de Benavente (M 1) zeigen dann auch, auf welchen Widerstand die Forderungen Las Casas' nach mehr Gleichheit und Nächstenliebe zwischen den Kulturen aufseiten der Mehrheitsmeinung der Kirche gestoßen war. **Las Casas** war in seinem vom Humanismus der Renaissance geprägten Menschenbild, in dem er **alle Menschen als vor Gott gleich** ansah und jeder das **Recht auf Freiheit und Selbstbestimmung** haben sollte, nicht nur den Befürwortern der spanischen Kolonialherrschaft ein Dorn im Auge, er war auch insgesamt **seiner Zeit deutlich voraus**. Auch wenn seine zahlreichen überlieferten Schriften und Predigten das Encomiendasystem langfristig nicht abschaffen und eine mit Gewalt einhergehende wirtschaftliche Ausbeutung der indigenen Bevölkerung nicht verhindern konnten, so sind seine hinterlassenen Dokumente doch bis heute wichtige Quellen, da sie eine mit modernen Menschenrechtsforderungen einhergehende europäische Perspektive des 16. Jahrhunderts darstellen. Las Casas versuchte als bedeutender Dominikanermönch, **Einfluss auf den damaligen spanischen König** auszuüben, sein Vorgehen kann somit als **Vorbild** bis heute aufgefasst werden. Für die Nachwelt sind damit Quellen von Las Casas entscheidender als die Mehrheitsmeinung der Franziskanermönche, wie in M 1 dargestellt. Gewürdigt werden muss aus heutiger Sicht auch das **Handeln des Jesuitenordens**, dessen Vertreter – meist unter enormem Druck – die Zerstörung der indigenen Kultstätten kritisierten und trotz Verbotes indianische Dorfgemeinschaften („Reduktionen“) gründeten, ehe sie aufgrund ihres Handelns 1767 von der spanischen Krone aus Spanischamerika ausgewiesen wurden. Heute gelten die Vertreter der Jesuitenorden und der Dominikaner Las Casas in Lateinamerika als Helden der Menschlichkeit und wichtige Kulturvermittler, während in Spanien lange Zeit die Berichte Las Casas’ als „schwarze Legende“ und Teil einer antispanischen Propaganda (siehe M 1) abgetan wurden.

Las Casas’ Wertvorstellungen wurden auch in anderen Unrechtssystemen missachtet. Zur Zeit des **Nationalsozialismus** waren die Grund- und Menschenrechte außer Kraft gesetzt. Abweichendes Handeln von dieser totalitären und rassistischen Ideologie, wie Liebesbeziehungen zwischen „Ariern“ und „Juden“ (vgl. M 2b), wurde schon 1935 massiv verfolgt, ein selbstbestimmtes privates und intimes Leben war in dieser totalitären Diktatur nicht mehr möglich. Wer sich über die **Regeln der Ideologie** hinwegsetzte, riskierte dabei oft sein Leben. Kritik am menschenverachtenden System vonseiten der **Kirche**, wie wir sie am Beispiel Las Casas’ und des Jesuitenordens während des spanischen Kolonialismus gesehen haben, kam auch während des Nationalsozialismus vor (z. B. der katholische Bischof Graf von Galen, der sich öffentlich gegen das Euthanasieprogramm der Nationalsozialisten aussprach), allerdings wurde der Antisemitismus kaum angeprangert. Erst der Beginn des Krieges 1939 und das Bekanntwerden des Holocaust erzeugten auch innerhalb des NS-Systems ernst zu nehmenden Widerstand (z. B. **militärischer Widerstand** im Umfeld der Heeresgruppe Mitte um Henning von Tresckow).

Abweichendes Verhalten in Kolonialsystemen und Diktaturen mit sehr eng definierten Kulturgrenzen und Abgrenzungen am Beispiel des spanischen Kolonialismus sowie des Nationalsozialismus hatte kurzfristig wenig Bedeutung und erschütterte die Systeme meist nicht, die langfristige Bedeutung bis heute besteht aber in der **Vorbildfunktion** der Handelnden in unserer heutigen, auf gegenseitiger Toleranz und Menschenwürde basierenden Gesellschaft.

Niedersachsen – Erhöhtes Anforderungsniveau Geschichte
Übungsaufgabe 5

Rahmenthema 3: Wurzeln unserer Identität
Verbindliches Wahlmodul: Nationalsozialismus und deutsches Selbstverständnis

Thema: Haben die Stader Sozialdemokraten die nationalsozialistische Gefahr im März 1933 verkannt?

Aufgabenstellung

1. Beschreiben Sie, wie sich der Stader SPD-Ortsvereinsvorstand in seinem *Rundschreiben vom 16. 3. 1933* die weitere Parteiarbeit vorgestellt hat.

2. Arbeiten Sie aus dem *Leitartikel des Stader Tageblattes vom 23. 6. 1933* die Taktik der NS-Propaganda im Umgang mit dem politischen Gegner heraus. Berücksichtigen Sie dabei auch die Sprache des Textes und die beabsichtigte Wirkung des Leitartikels auf Sozialdemokraten und andere Bürger.

3. Ordnen Sie das in dem *Leitartikel des Stader Tageblattes vom 23. 6. 1933* kommentierte Verbot der SPD in die Maßnahmen ein, welche die NSDAP auf Reichsebene im Laufe des Jahres 1933 ergriff, um ihre Gegner auszuschalten und die eigene Herrschaft abzusichern.

4. Das Kabinett Hermann Müller (SPD) regierte vom 28. 6. 1928 bis zum 27. 3. 1930. Weisen Sie nach, dass die Verarmung großer Bevölkerungsteile im Deutschen Reich, die zum Ende dieser Regierungszeit einsetzte, nicht – wie im Leitartikel behauptet wird – der Reichsregierung folgendermaßen angelastet werden kann: Die „[...] Bonzenschaft, die [...] das deutsche Volk [...] aussogen und sich die eigenen Taschen durch Verelendung der breiten Massen füllten“ (Z. 11 ff.).

5. Erörtern Sie, ob bzw. inwiefern im Rundschreiben des Stader SPD-Ortsvereinsvorstandes vom 16. 3. 1933 der Charakter und die Absichten der Nationalsozialisten richtig erkannt wurden.

M 1: Rundschreiben des Stader[1] SPD-Ortsvereinsvorstandes vom 16. 3. 1933

An die Mitglieder des Ortsvereins Stade[1] der SPD

Parteigenossinnen und -genossen!

[…] Die nächsten Tage werden zeigen, wie weit die Regierung die Wahlergebnisse wirksam werden lassen will. Die Tatsache, daß unsere Presse zunächst auf weitere 14 Tage verboten ist, und deren Vertreter sogar von den Tribünen der Parlamente ausgeschlossen sind, eröffnet auch in anderer Beziehung keine rosigen Ausblicke. […]

Indes müssen wir für die Dauer des gegenwärtigen Zustandes uns damit begnügen, die Zeichen der Zeit im Gedächtnis festzuhalten. So u. a. das Verhalten der gegnerischen Presse, deren „Berichterstattung" in keinem Fall unwidersprochen bleiben darf, wo sie zum Schaden der Partei oder anderer Organisationen der Arbeiterschaft, einzelner Mitglieder oder unserer Führer die Wahrheit umzukehren sucht. Das gilt auch für „Stadtgerüchte"!

Jedes Parteimitglied ist verpflichtet, alle derartigen „Parolen" bei den leitenden Stellen der Partei oder unserer anderen Organisationen sofort zu melden: *alles, was Euch bekannt wird im Freundeskreise,* vom Gegner oder auf der Straße, *was sich auf die Partei, ihre Einrichtungen, Führer* und *Mitglieder bezieht!* Alles ist heute wichtig! Unsere Büros müssen durch Euch von allem in Kenntnis gesetzt werden, was sich ereignet oder was geplant ist, auch wenn Ihr es für Gerüchte haltet. *Gleichgültigkeit* in dieser Beziehung kann sich bitter rächen. Kein Parteigenosse oder -freund wird wegen scheinbar unwichtiger oder übertriebener Meldungen zurückgewiesen oder getadelt werden. Die Bewertung aller Nachrichten ist Sache der Führung. *Ebenso aber auch die Anordnung aller Maßnahmen.* Niemand ist ohne Auftrag berechtigt, im Namen der Partei zu handeln. Deshalb: Disziplin!

Wenn wir heute unsere Freunde aufrufen: „Laßt Euch nicht provozieren!", so kann damit nicht gemeint sein, daß wir überall alles hinnehmen sollen. Es gilt, ohne daß wir selbst provozieren, *den Gegner* die ungesetzliche Handlung begehen zu lassen. Auf jeden Schlag aber soll der Gegner einen Schlag zurückerhalten von jedem von uns, der dazu in der Lage ist. Wirksam schlagen dürft ihr dann wohl, aber selbstverständlich muß sein, daß „harte Gegenstände" weder benutzt noch überhaupt mitgeführt werden.

In jedem Falle wörtlicher oder tätlicher Beleidigung, bei jeder Ungesetzlichkeit eines Gegners gegen uns und unsere Einrichtungen ist *sofort Anzeige* bei der Polizei und möglichst auch beim Gericht zu erstatten. Die schriftliche Ausfertigung nehmen unsere Genossen in den Büros vor, an die sich jeder wenden kann, der irgendwie belästigt oder angegriffen ist.

Laßt Euch nicht ausfragen! Über Dinge, die den Gegner nichts angehen, haltet auch gegenüber Freunden und Bekannten den Mund. Vor der Polizei braucht niemand Fragen zu beantworten oder Auskünfte zu geben. Protokolle, deren Inhalt Ihr nicht genau kennt oder mit deren Inhalt Ihr nicht bis ins kleinste Tüpfelchen einverstanden seid, unterschreibt nicht! *Niemand muß aussagen oder unterschreiben!* Ihr könnt mit polizeilichen Angaben Euch selbst und Freunde in die größte Verlegenheit bringen.

Nur der Zeuge vor Gericht ist zur Aussage über das, was er wirklich weiß (!), verpflichtet, der Angeklagte kann auch dort schweigen und abstreiten!

Genossinnen und Genossen! Wenn Ihr über die obigen Richtlinien hinaus Fragen und Zweifel habt bezüglich Eures Verhaltens, *fragt* die *Partei-* und *Gewerkschafts*-Sekretäre und die Funktionäre.

Wir werden zur Schonung der agitatorischen Kräfte und der Kassen der Partei in der nächsten Zeit wenig Veranstaltungen treffen. Nutzt aber die unfreiwillige Ruhe zu regster Werbung von Mund zu Mund. [...]

Stade, den 16. März 1933 *Freiheit!*

Der Vorstand des Ortsvereins Stade der SPD

(Rundschreiben des Vorstandes des Ortsvereins Stade der SPD an die Stader Parteimitglieder vom 16. März 1933. Stadtarchiv Stade, Nachlass Ludwig Jürgens. Hervorhebungen und Rechtschreibung entsprechen dem Original.)

Anmerkung:

1 Zur Orientierung: Stade liegt ca. 35 km westlich von Hamburg und hatte seinerzeit ca. 18 000 Einwohner.

M 2: Leitartikel des Stader Tageblattes[2] vom Freitag, 23. 6. 1933, Nr. 144, 62. Jahrgang, S. 1

Das Ende der Sozialdemokratie
Wegen hoch- und landesverräterischen Verhaltens jede Betätigung verboten!
Das große Aufräumen

[...] Das politische Ende der SPD ist mit dem gestern erlassenen Verbot besiegelt. Die Partei des Landesverrats, des schamlosesten Betruges an ihren Anhängern hat die Quittung für ihre ungeheuren Verbrechen am deutschen Volke erhalten. Eine Parteigeschichte von mehr als 6 Jahrzehnten findet das denkbar unrühmlichste Ende. Von den Heilslehren der jüdischen Verführer, die das Gift des Marxismus zusammenbrauten, um dereinst als Krönung der allgemeinen Zersetzung die Weltherrschaft des jüdischen Finanzkapitals für alle Zeiten zu sichern, hat sich auch die deutsche Arbeiterschaft restlos abgewandt. Außer der zahlreichen Bonzenschaft, die als Revolutionsgewinnler das deutsche Volk in 14 Jahren aussogen und sich die eigenen Taschen durch Verelendung der breiten Massen füllten, steht heute nur noch ausgesprochenes Verbrechergesindel und der kleine bedauernswerte Teil der Arbeiterschaft im marxistischen Lager, der nicht genügend Urteilskraft besitzt, um jetzt schon das verbrecherische Treiben der marxistischen Verführer ganz durchschaut zu haben. Wenn diese spärlichen Überbleibsel der einst so großen SPD in letzter Zeit mancherorts wieder etwas dreister hervortraten, als es nach Lage der Dinge angebracht war, wenn die bisher noch verschont gebliebenen Bonzen etwa wieder neue Hoffnung schöpfen, so haben die Ereignisse der letzten Tage bewiesen, daß die bezeugte Milde bestenfalls als Bewährungsfrist aufzufassen war. Der Gang der nationalsozialistischen Revolution wird durch nichts beeinträchtigt und führt nun in schnellstem Tempo zu dem Ziele der Volksgemeinschaft, zur Einheit auf allen Gebieten.

So werden heute auch bedeutsame Erlasse bekannt über die Zusammenfassung der Jugendverbände unter nationalsozialistischer Führung. Der Aufbau der Deutschen Arbeitsfront schreitet fort. Für Marxisten ist wirklich kein Betätigungsgebiet in Deutschland mehr vorhanden. Aber nicht nur die Marxisten haben von der Bildfläche des öffentlichen Lebens zu verschwinden. Auch die übrigen Systemparteien wie Zentrum, Bayerische Volkspartei usw. werden dem verdienten Schicksal der Ausmerzung nicht entgehen. Der Zeitpunkt scheint nicht mehr ferne zu sein, wo von dem ganzen Wust der Nachkriegsparteien nichts mehr übrig geblieben ist und das ganze deutsche Volk geeint ist in der Bewegung Adolf Hitlers.

(Leitartikel des Stader Tageblattes vom Freitag, 23. Juni 1933, Nr. 144, 62. Jahrgang, Seite 1. Stadtarchiv Stade. Hervorhebungen und Rechtschreibung entsprechen dem Original.)

Anmerkung:

2 Der damaliger Chefredakteur des Stader Tageblattes hatte die Tageszeitung bereits vor 1933 konsequent auf den Kurs der NSDAP hin ausgerichtet.

Erläuterungen und Bearbeitungshinweise

Die Aufgabenstellung bezieht sich in ihrem Schwerpunkt auf das Rahmenthema 3 des 3. Kurshalbjahres, dessen Kernmodul „Die Frage nach der deutschen Identität" thematisch durch „Deutschlands Weg in den Nationalsozialismus – ein Sonderweg?" eingegrenzt wurde.
Die 4. Teilaufgabe bezieht sich darüber hinaus auf das Rahmenthema 1 des ersten Schulhalbjahres mit dem Kernmodul „Krisen, Umbrüche und Revolutionen" und dessen Konkretisierung: Im Hinblick auf das Wahlmodul 6 „Die Weltwirtschaft in der Krise" sollen die wirtschaftlichen Konzepte von Keynes und Schumpeter behandelt werden.
Die Perspektive der Aufgabe ist überwiegend national, wobei allerdings auch in Teilaufgabe 4 globale Aspekte einbezogen werden müssen. Die Kategorien „Individuum und Gesellschaft" sowie „Freiheit und Herrschaft" sind hier vor allem mit der politikgeschichtlichen, in Teilaufgabe 4 auch mit der wirtschafts- und sozialgeschichtlichen Dimension verknüpft.

Mögliche Gewichtung der Teilaufgaben

Teilaufgabe	überwiegend Anforderungsbereich	Gewichtung in Prozent
1	I	15
2	II (auch III)	25
3	II	20
4	II	20
5	III	20

Lösungsvorschläge

1. *Vor der Bearbeitung sollte man sich der Problemstellung der Aufgabe insgesamt bewusst werden: Anhand eines lokalgeschichtlichen Falles soll hier beispielhaft untersucht werden, welchem Druck und welchen Gefahren die Opposition im Frühjahr 1933 ausgesetzt war. Am Stader Beispiel lässt sich exemplarisch die menschliche Dimension der Oppositionsarbeit in einer Kleinstadt konkretisieren und veranschaulichen: Zu verdeutlichen ist neben den drohenden Repressalien vonseiten des NS-Regimes auch, welche Handlungsmöglichkeiten die Sozialdemokraten vor Ort seinerzeit sahen und welche sie tatsächlich aus heutiger Sicht hatten.*
Der Operator „beschreiben" verlangt, das vorgelegte Material strukturiert und fachsprachlich angemessen einer fiktiven Leserschaft vorzustellen: Die Auskünfte sollen gut verständlich sein sowie über die wesentlichen Inhalte der Quelle präzise und eindeutig informieren: Es müssen methodische Kenntnisse und Fähigkeiten der Quellenarbeit nachgewiesen und Sachverhalte wiedergegeben werden.
Zunächst ist die Quelle M 1 zu bestimmen: Verfasser, Textsorte/Quellenart, Thema der Quelle, Herkunft der Quelle (Ort und Datum), Adressat, Anlass und Kontext der Quelle, Intention der Verfasser. Der Inhalt der Quelle ist sprachlich und gedanklich eigenständig wiederzugeben, die Informationen sind abstrahierend in ihren Grund-Folge-Zusammenhängen zusammenzufassen. Dabei muss die Distanz zum berichteten Inhalt durch die Verwendung des Konjunktivs bzw. entsprechender Ersatzformen deutlich gewahrt werden.
Tipp für Anspruchsvolle: Die Einleitung kann so verfasst werden (wie in der vorliegenden Lösung), dass sie nicht nur zur 1. Teilaufgabe hin-, sondern in den Aufsatz insgesamt einführt: Er wird dann als thematische Einheit verstanden, wobei die fünf Teilaufgaben als Strukturierungshilfen dienen. Entsprechend richten die folgenden Überleitungen und Schlüsse immer den Blick auf das Gesamtthema des Aufsatzes. Das hilft den Schreibenden und Lesenden, den Gesamtzusammenhang des Aufgabenproblems immer im Auge zu behalten (AFB I).

Wie schwierig es für die Sozialdemokratische Partei Deutschlands (SPD) Mitte März 1933 war, sich auf die neue NS-Diktatur einzustellen und politische Antworten zu finden, als sich die Unterdrückung mit brutaler Gewalt ausbreitete und begann, alle Bereiche des politischen und gesellschaftlichen Lebens unter die Kontrolle des Regimes zu bringen, lässt sich nicht nur auf Reichsebene verdeutlichen, sondern auch anhand kommunaler Parteigliederungen. Ein Beispiel hierfür ist das **Rundschreiben** des Stader SPD-Ortsvereins vom 16. 3. 1933 „An die Mitglieder des Ortsvereins Stade der SPD", in dem der örtliche Parteivorstand den **Stader Sozialdemokraten Richtlinien** an die Hand gibt, wie sie sich in der nächsten Zeit angesichts der bedrückenden und **gefährlichen Situation verhalten** sollen und wie die **Parteiarbeit fortgeführt** werden solle. Nach der Reichstagswahl vom 3. März 1933, aber noch vor dem Ermächtigungsgesetz, das in diesen Tagen noch nicht absehbar ist, will der örtliche Parteivorstand mit dem Rundschreiben **Perspektiven und Verhaltensweisen für die Mitglieder** aufzeigen und diese angesichts der bedrückenden politischen Lage zur weiteren Mitarbeit ermutigen.

In seinem Rundschreiben weist der Stader Parteivorstand eingangs auf die Reichstagswahl vom 5. 3. 1933 hin: Derzeit sei nicht einzuschätzen, wie die Regierung Hitler das Wahlergebnis nutzen werde. Allerdings lasse das Verbot der SPD-Presseorgane Schlimmes befürchten. Die Parteimitglieder werden aufgefordert, alle Informationen, einschließlich aller Gerüchte, sofort dem örtlichen Vorstand zuzutragen, damit die **Stader Parteizentrale über alles informiert** sei. Die Analyse und politische Gegenmaßnahmen seien einzig Aufgabe der Stader Parteileitung. Jedes Parteimitglied solle wahrheitswidrigen Darstellungen der Nationalsozialisten konsequent widersprechen, darüber hinaus wird ausdrücklich verboten, selbst Gegenmaßnahmen zu ergreifen oder im Namen der SPD zu handeln. Durch **strenge Parteidisziplin** solle verhindert werden, dass sich Stader SPD-Mitglieder zu kriminellen Handlungen provozieren ließen oder dem NS-Regime Anlässe zu ungesetzlichen Übergriffen gegen die SPD lieferten. Die Stader SPD-Mitglieder sollten alle **kriminellen Aktivitäten der Nationalsozialisten konsequent der Polizei und den Gerichten anzeigen**, dabei werde die örtliche Parteizentrale gern den Schriftverkehr übernehmen bzw. bei diesem helfen.
Der Stader SPD-Vorstand weist seine Mitglieder ausdrücklich an, **keine Informationen über die Partei oder andere Parteimitglieder preiszugeben** oder Polizeiprotokolle zu unterschreiben, die sie selbst sowie andere gefährden könnten. Eindringlich wird auf die Rechte hingewiesen, **Aussagen** zu **verweigern** und **Anklagen abzustreiten**.
Das Rundschreiben schließt mit der Ankündigung, dass es der Stader SPD in nächster Zeit kaum möglich sein werde, politische Veranstaltungen zu organisieren, weil dazu die personellen und finanziellen Mittel fehlen würden.

2. *Die zweite schriftliche Quelle ist mit dem Operator „herausarbeiten“ zu erschließen. Allgemein verlangt dieser Operator, Materialien auf bestimmte, nicht unbedingt explizit genannte Sachverhalte hin zu untersuchen und Zusammenhänge zwischen den Sachverhalten herzustellen. Konkret umgesetzt bedeutet das hier – nach der überleitenden Bestimmung der zweiten Quelle –, die gegen die SPD erhobenen Vorwürfe dahingehend zu analysieren, mit welchen taktischen Mitteln die örtliche NS-Propaganda versuchte, die Stader SPD politisch und organisatorisch bzw. deren Mitglieder persönlich in aller Öffentlichkeit zu diskreditieren und ihnen das Rückgrat zu brechen, um die örtliche Parteiorganisation sowie ihre Mitglieder politisch auszuschalten. Dabei soll auch die einschüchternde Wirkung der NS-Propaganda auf andere Stader Bürgerinnen und Bürger verdeutlicht werden.*
Die Einzelergebnisse sind in Absätze gegliedert auszuarbeiten, in denen die Schlussfolgerungen jeweils sowohl erläutert bzw. begründet als auch belegt werden (AFB II, auch III).

Im Leitartikel „Das Ende der Sozialdemokratie“ des Stader Tageblattes vom 23. 6. 1933 werden die SPD und deren Mitglieder **mit äußerster Härte angegriffen und herabgesetzt**. Die Brutalität der Attacken ist abstoßend, und zwar sowohl in Bezug auf die politischen Aussagen als auch hinsichtlich der Wortwahl. Welche

Funktion hatte diese Maßlosigkeit, die auch Stader, die keine Sozialdemokraten waren, zutiefst erschrecken musste?
Schon im Untertitel wird der SPD „landesverräterische[s] Verhalten[...]“ (Z. 2) vorgeworfen, deren Verbot als eine Form der politischen Hygiene bezeichnet: „Das große Aufräumen“ (Z. 3). **Landesverrat** galt als eine der schwersten Straftaten, die **mit der Todesstrafe geahndet** wurde. In diesem Tenor werden weitere Anschuldigungen gegen die SPD erhoben: „schamlose[r] Betrug[...]“ (Z. 5), „ungeheure[ ] Verbrechen am deutschen Volke“ (Z. 6). Dass diese Anschuldigungen substanzlos waren, dürfte auch den demokratischen Konkurrenten der Sozialdemokratie klar gewesen sein. Indem die Mitglieder der SPD als Schwerkriminelle bezichtigt wurden, zielte die NS-Propaganda darauf ab, die Anhänger einzuschüchtern und Angst unter ihnen zu verbreiten, um die Aktivitäten der Menschen zu lähmen und ihnen den **Mut** zu nehmen, sich in der Öffentlichkeit, im Beruf oder privat **über das NS-Regime oppositionell oder kritisch zu äußern**.
Der **Diffamierung** der Sozialdemokraten dienen auch die Bezeichnungen „Gift des Marxismus“ (Z. 8), „Heilslehren der jüdischen Verführer“ (Z. 8) sowie „Weltherrschaft des jüdischen Finanzkapitals“ (Z. 9 f.). Dass hier völlig gegensätzliche Vorwürfe erhoben werden, die sich logisch ausschließen, scheint den Verfasser des Leitartikels nicht zu stören: Die kommunistische Weltherrschaft müsste ideologisch von der Sowjetunion ausgehen, hingegen wäre das jüdische Finanzkapital vor allem in den internationalen Kapitalmärkten von New York, London und Paris anzusiedeln. Wenn die beiden **Verschwörungstheorien** auch völlig unlogisch nebeneinanderstehen und sachlich daher offensichtlich unsinnig sind, dann können diese Vorwürfe nur auf die **Verleumdung und Herabwürdigung der SPD-Anhänger** zielen. Sie sollen dadurch **isoliert, bedroht und eingeschüchtert** werden, um sie politisch mundtot zu machen. Die **Absurdität der Vorwürfe** wird durch die Schärfe, mit der sie erhoben werden, noch gesteigert: Den Lesern wird verdeutlicht, dass hier eine sachliche Debatte, die zu aufklärenden Schlussfolgerungen führen dürfte, radikal unterbunden werden soll: Die **Schärfe der Vorverurteilung** und die **fundamentalistisch radikale Haltung**, mit der die Opposition bekämpft werden sollte, werden zur eigentlichen Aussage.
In diesem Sinne sind auch die folgenden Anschuldigungen zu verstehen, in denen sozialdemokratische Anhänger entweder als „ausgesprochenes Verbrechergesindel“ (Z. 13 f.) **kriminalisiert oder als politisch schwachsinnig diffamiert** werden: Sie seien der „kleine bedauernswerte Teil der Arbeiterschaft [...], der nicht genügend Urteilskraft besitzt, um jetzt schon das verbrecherische Treiben der marxistischen Verführer ganz durchschaut zu haben“ (Z. 14 ff.). Auch diese Verurteilung zielt auf die **Spaltung der SPD-Anhängerschaft**, vor allem soll diese Diffamierung das innere Solidaritätsempfinden der Parteibasis stören bzw. zersetzen und öffentliche Solidaritätsbekundungen aus demokratischen Kreisen von vornherein hintertreiben und letztlich unterbinden.
Da die Zeitungen immer wieder von Verhaftungen politischer Gegner berichteten, vor allem nach dem Reichstagsbrand und der unmittelbar darauf folgenden Notverordnung, welche die Menschen- und Bürgerrechte außer Kraft setzte, war nicht nur den Bürgern in Stade klar, dass hinter diesen Beschuldigungen und Einschüch-

terungen weitergehende Bedrohungen standen, nämlich **Verhaftungen, Folter, Gefängnis, Lagerhaft** (die ersten **Konzentrationslager** wurden von der SA provisorisch errichtet) und **Ermordung**. Dadurch wurden Ängste in der Bevölkerung geschürt, und das war das eigentliche Ziel des Leitartikels: Ängste und politische Verunsicherung sollten verhindern, dass der Machtausbau des NS-Regimes kritisch diskutiert und kommentiert wurde.
Damit geht der Leitartikel in seiner beabsichtigten Wirkung über die Verkündung des Verbots der SPD weit hinaus. Und der Artikel offenbart in seinen Schlusszeilen selbst, in welche Richtung die Entwicklung weiterlaufen werde: „Auch die übrigen Systemparteien wie Zentrum, Bayerische Volkspartei usw. werden dem verdienten Schicksal der Ausmerzung nicht entgehen" (Z. 28 ff.). Die Drohung ist deutlich und musste für alle Stader unmissverständlich gewesen sein! Und das Fernziel, „[…] wo von dem ganzen Wust der Nachkriegsparteien nichts mehr übrig geblieben ist und das ganze deutsche Volk geeint ist in der Bewegung Adolf Hitlers" (Z. 30 ff.), wird auch gleich mit aller Klarheit entworfen: Die zukünftige „Volksgemeinschaft" (Z. 23) werde **keinen Widerspruch gegen das NS-Regime dulden** und **absolute Unterordnung** einfordern.

Fazit: Der Leitartikel verzichtet auf jede erläuternde Beweisführung und arbeitet stattdessen mit Verleumdungen, die in **aggressiv herabsetzendem Tenor** verfasst sind. Seine haltlosen und grob unsachlichen Anschuldigungen sollten die Diffamierung, Diskriminierung, Spaltung und Kriminalisierung der Stader Sozialdemokraten bewirken. Damit war die Absicht verbunden, die Sympathie anderer Bürger für die SPD und deren Mitglieder zu ersticken sowie deren Mitglieder nicht nur politisch, sondern auch gesellschaftlich zu isolieren und für „vogelfrei" zu erklären. Durch die brutale propagandistische Schärfe auf dem Hintergrund der massiv eingesetzten **politischen Verfolgung** wurde ein **Klima der Angst** auch unter anderen Parteien verbreitet, wodurch das politische Leben mit seiner freien Information und seiner offenen Debatte insgesamt unterbunden werden sollte.

3. *Der Operator „einordnen" verlangt, die Quelle begründet in einen Zusammenhang zu stellen. Als Vorarbeiten könnten Sie zunächst wesentliche Maßnahmen, mit denen das nationalsozialistische Regime seine Herrschaft im Jahr 1933 ausbaute und absicherte, tabellarisch notieren und in diese tabellarische Zeitleiste der Leitartikel (die Verkündung des SPD-Verbots) einfügen. Um zum Ergebnis zu kommen, welches die Aufgabe einfordert, muss nun die strategische Bedeutung der einzelnen Maßnahmen in ihrem Zusammenhang erschlossen werden, d. h., dass hier Schlussfolgerungen aus der Auflistung der bekannten historischen Daten gezogen werden müssen. Zu erklären ist, welche Bedeutung die lokalgeschichtliche Quelle in diesen Zusammenhängen hat. Die Schlussfolgerungen sind zu begründen und anhand der historischen Fakten zu belegen (AFB II).*

Sofort nach der Ernennung Hitlers zum Reichskanzler begannen die Nationalsozialisten, schrittweise Staat und Gesellschaft unter ihre **totalitäre Kontrolle** zu bringen. Das Verbot der SPD war nur ein wichtiger Schritt in einer langen Kette von

Unterdrückungsmaßnahmen. Wie sind das SPD-Verbot und dessen brutale, propagandistische Verkündung im Stader Tageblatt einzuordnen?

In einem ersten Schritt **schränkte das NS-Regime die Informationsfreiheit ein**, um in der Öffentlichkeit und der öffentlichen Meinungsbildung jede **Opposition zum Schweigen zu bringen**. Dies war den Nationalsozialisten besonders im Hinblick auf die am 5. März anstehenden Reichstagswahlen wichtig: Um die politischen Gegner im Wahlkampf möglichst stark zu behindern, wurde durch die „Verordnung zum Schutz des deutschen Volkes“ vom 4. 2. 1933, eine von Hindenburg unterzeichnete **Notverordnung**, die **Presse- und Versammlungsfreiheit** stark eingeschränkt.

Um jede Opposition ausschalten und Kritiker verhaften zu können, um die in der Verfassung verankerten Menschen- und Bürgerrechte außer Kraft setzen und dadurch Angst und Schrecken unter politischen Gegnern verbreiten zu können, wurde unmittelbar nach dem Brand des Reichstagsgebäudes Ende Februar die „**Verordnung zum Schutz von Volk und Staat**“ (sogenannte Reichstagsbrandverordnung) erlassen. Diese Notverordnung gab vor allem der SA freie Hand, willkürlich gegen ihre politischen Gegner vorzugehen, sie zu verhaften und in die ersten provisorisch errichteten Konzentrationslager einzusperren. Der **Verhaftungsterror** wurde bewusst inszeniert und in der **gleichgeschalteten Presse**, für die das Stader Tageblatt ein Beispiel ist, mit zynischen Unterstellungen übelster Art publizistisch ausgeschlachtet, um einerseits einzuschüchtern und andererseits durch die Masse der **Propaganda** sowie die häufige Wiederholung immer gleicher Parolen auf nationalsozialistischen Kurs einzuschwören.

Mit dem **Ermächtigungsgesetz** vom 23. 3. 1933 wurde die Gewaltenteilung aufgehoben und das Parlament entmachtet, wodurch Hitler als Regierungschef eine **totalitäre Herrschaftsposition** erhielt. Die „Reichstagsbrandverordnung“ vom 28. 2. und das „Ermächtigungsgesetz“ bildeten zusammen gewissermaßen die Staatsordnung des Dritten Reiches.

In einem weiteren Schritt wurden nun die **Gewerkschaften und die Parteien zerschlagen:** Das erste Parteiverbot wurde bereits eine Woche nach den Reichstagswahlen im März gegen die KPD verhängt. Nach den Feiern zum 1. Mai 1933 traf dasselbe Schicksal die Gewerkschaften. Die SPD wurde am 22. 6. 1933 verboten und die übrigen Parteien lösten sich Ende Juni bis Anfang Juli unter dem für sie unerträglich gewordenen Druck, den das Regime auf sie ausübte, selbst auf.

Wie stark der Druck auf die demokratischen Parteien geworden war, lässt sich aus dem Leitartikel des Stader Tageblattes vom 23. 6. 1933 herauslesen: Die oben bereits erläuterte brutale Verunglimpfung und Kriminalisierung der SPD und ihrer Mitglieder gehörte zum Konzept der Einschüchterung und des Terrors durch öffentliche Demütigungen, Verhaftungen bis hin zur Ermordung der politischen Gegner. Die verbale Radikalität und Menschenverachtung auf psychologischer Ebene entsprach der **gezielten physischen Zerstörung** solcher Menschen, in denen das NS-Regime potenzielle Gegner ihres totalitären Führungsanspruchs sah. Folgerichtig erhielt die **NSDAP** den **Status einer Staatspartei**, während Parteineugründungen verboten wurden.

Nach der Entmachtung des Reichstages waren bereits im April die Länderparlamente ausgeschaltet worden, indem Hitler „**Reichsstatthalter**“ ernannte, die die Länder im Sinne des NS-Regimes regierten. Die politische Gleichschaltung traf dann auch die Kommunen, wodurch die Gleichschaltung der politischen Institutionen weitgehend vollendet war, abgesehen vom Amt des Reichspräsidenten.
Auf kulturellem Gebiet inszenierte das Regime **Bücherverbrennungen** und errichtete die **Reichskulturkammer**, um auch in diesem Teil des öffentlichen Lebens jeden kritischen oder oppositionellen Ansatz im Keim zu ersticken: Nur wer von dieser Reichskulturkammer anerkannt war, durfte seinem künstlerischen Beruf nachgehen.
Insgesamt betrachtet ist der Leitartikel im Stader Tageblatt vom 23. 6. 1933 ein Beispiel dafür, mit welcher strategischen Rücksichtslosigkeit und Menschenverachtung die Nationalsozialisten ihre Machtposition in Staat und Gesellschaft systematisch ausbauten.

4. *Der Operator „nachweisen“ verlangt, Materialien auf Bekanntes hin zu untersuchen und die Ergebnisse zu belegen (Transferleistung). Auf diese Aufgabe angewendet bedeutet dies: Es ist zu belegen und zu begründen, dass das Kabinett Müller nicht für die Verarmung der deutschen Bevölkerung im Zuge der sich ausbreitenden Weltwirtschaftskrise verantwortlich zu machen ist. Das bedeutet, die in der Quelle erhobenen Anschuldigungen müssen als abwegig und unbegründet nachgewiesen werden, dazu muss auf Kenntnisse der Weltwirtschaftskrise zurückgegriffen werden (AFB II).*

Wenn im Leitartikel des Stader Tageblattes vom 23. 6. 1933 (M 2) die sozialdemokratischen Politiker als „Bonzenschaft“ bezeichnet werden, „die […] das deutsche Volk […] aussogen und sich die eigenen Taschen durch Verelendung der breiten Massen füllten“ (Z. 11 ff.), dann ist das Ausdruck einer demagogischen **Hetzkampagne der Nationalsozialisten**. Wie abwegig diese Behauptung ist, lässt sich exemplarisch an der Regierung des letzten sozialdemokratisch geführten Kabinetts nachweisen, dem Kabinett Müller (SPD), das vom 28. 6. 1928 bis zum 27. 3. 1930 im Amt war und in dessen Regierungszeit der Ausbruch der **Weltwirtschaftskrise** fiel, die große Teile der deutschen Bevölkerung in katastrophale Notlagen brachte.

Die Koalitionsregierung unter Reichskanzler Hermann Müller hatte mit Beginn des **Krisenjahres 1929** vor allem mit fünf großen Problemen zu kämpfen:
- der **inneren Zerrissenheit der Koalition** mit den beiden Flügeln SPD, die sich den Interessen der Arbeiterschaft verpflichtet fühlte, und DVP, welche sich vor allem den Unternehmerverbänden verpflichtet sah,
- der **Staatsverschuldung** mit den akuten Zahlungsschwierigkeiten der Regierung,
- der Entscheidung über den **Young-Plan** 1929/30,
- dem bereits früh im Jahr 1929 einsetzenden **wirtschaftlichen Abschwung**, der Ende Oktober in den Ausbruch der Weltwirtschaftskrise mündete
- und der **Unterfinanzierung der Arbeitslosenversicherung**.

Die Kräfteverhältnisse im Reichstag ließen 1928 kaum eine andere Möglichkeit zu, als die bisherige Weimarer Koalition aus SPD, Zentrum und DDP um die BVP und die DVP zu erweitern. Auch wenn manche Entscheidungen der Regierung Müller im historischen Rückblick umstritten sind, so waren diese durchweg politischen Sachzwängen und der Notwendigkeit geschuldet, Kompromisse zu schließen, welche die breiten Interessen der Koalitionsparteien von der SPD über die bürgerliche Mitte bis hin zur wirtschaftsnahen DVP widerspiegelten. Die **schwierige Zusammenarbeit in einer solch breiten Koalitionsregierung** hat die Qualität der Entscheidungen sicherlich nicht gefördert; es gibt aber keinen einzigen Anlass, hier von „Betrug" zu sprechen. Auch den oben zitierten Korruptionsvorwurf gegen SPD-Regierungsmitglieder zu erheben, lässt sich durch keine Tatsachen stützen.

Die **Staatsverschuldung** und die daraus resultierenden **Zahlungsschwierigkeiten** waren ein **strukturelles Problem**, dem entweder durch Ausgabenkürzungen im sozialen Bereich begegnet werden konnte oder durch Erhöhung der Steuereinnahmen: Die Erhöhung der Verbrauchssteuern lehnte die SPD ebenso wie harte soziale Einschnitte ab, die Erhöhung der Steuern auf Vermögen und Einkommen lehnte hingegen die unternehmernahe DVP strikt ab. Hier offenbart sich eine Schwäche innerhalb der Koalition, aber auch in diesem Bereich gibt es keinen Anlass, Betrugs- und Korruptionsvorwürfe gegen die SPD zu erheben.

Die Entscheidung, den **Young-Plan** zu akzeptieren, wurde von allen Parteien der Koalition mitgetragen – wenn auch mit zum Teil erheblichen Bedenken – und von Stresemann (DVP) ausgehandelt. Seine Vorteile für das Deutsche Reich lagen insbesondere in der endgültigen Festlegung der Höhe der insgesamt zu zahlenden Reparationen und des mit dem Vertrag verbundenen vorzeitigen Rückzugs der französischen Besatzungstruppen aus dem Rheinland. Nachteilig waren vor allem die lange Dauer der Reparationszahlungen (59 Jahre bis 1988!) und die Verpflichtung, diese Zahlungen in Devisen zu leisten, was angesichts der bis dahin schon negativen deutschen Zahlungsbilanz langfristig zu einer untragbaren **Auslandsverschuldung** des Reiches führen musste. Die Beurteilung, ob der Young-Plan eher positiv oder negativ für das Deutsche Reich war, bleibt umstritten. Festzustellen ist aber, dass alle Regierungsparteien es sich mit der Zustimmung nicht leicht machten, da diese Vorzüge und Nachteile offen debattiert und abgewogen wurden. Hier einen Betrugs- oder Korruptionsverdacht zu äußern, wie im Leitartikel des Stader Tageblattes geschehen, war ein taktisches Mittel der rechtsradikalen Parteien und Verbände, um sich nationalistisch zu profilieren. Insbesondere **Hitler benutzte die politische Kampagne** gegen den Young-Plan, um unter den Unzufriedenen Stimmen zu fangen und die demokratische Regierung zu diskreditieren.

Auch wenn das Deutsche Reich von der **Weltwirtschaftskrise** besonders hart getroffen wurde, weil seine Volkswirtschaft stark **auf Exporte angewiesen** war, deren Volumen drastisch einbrach, so war diese Krise eher in den USA verursacht worden und von der Reichsregierung in diesen katastrophalen Ausmaßen weder vorhersehbar noch zu verhindern: In den USA hatten riskante, durch Kredite finanzierte Börsenspekulationen die Aktienkurse in völlig unrealistische Höhen getrieben. Als die Spekulationsblasen platzten, konnten die Kredite nicht zurückbezahlt werden, sodass überall Kapital fehlte. Zusammen mit der industriellen Überproduktion führte das zu einem wirtschaftlichen Kollaps, in dessen Folge das US-Kapital aus dem Deutschen Reich abgezogen wurde, wodurch auch hier der Kapitalmarkt zusammenbrach und die Banken in größte Zahlungsschwierigkeiten gerieten. Daraus entstand eine **Abwärtsspirale aus Firmenzusammenbrüchen, Entlassungen**, fehlender Nachfrage infolge von **Kaufkraftverlusten, Absatzkrisen** der Unternehmen, was wiederum zu Firmenzusammenbrüchen führte und diesen Kreislauf weiter anheizte. Die daraus resultierende **große Not erheblicher Bevölkerungsteile** muss vor allem den wirtschaftlich Verantwortlichen, insbesondere in den USA, angelastet werden, nicht aber den Regierungsvertretern der SPD. Im Übrigen hat die Regierung Hitler von Beginn an die Verschuldung des Deutschen Reiches in astronomische Höhen getrieben und durch ihre Aufrüstungspolitik die deutschen Staatsfinanzen systematisch zerrüttet.

Die Koalition zerbrach an der Unterfinanzierung der Arbeitslosenversicherung. Während die SPD-Regierungsvertreter die Arbeitslosen, deren Zahl rasch anwuchs, weiterhin in bisherigem Umfang unterstützen wollten, verlangten die Vertreter der DVP die Absenkung der Sozialleistungen und der Arbeitgeberbeiträge zur Arbeitslosenversicherung. In diesem Konflikt waren die Fronten verhärtet, was schließlich zum **Bruch der Koalition** führte. Dieses Versagen ist vor allem den unterschiedlichen Gruppen und deren gegensätzlichen Interessen geschuldet, die hinter den beiden Parteien standen. Aber auch hier sind die im Leitartikel des Stader Tageblattes gegen die SPD erhobenen Vorwürfe des Betruges (vgl. M 2, Z. 5) am deutschen Volk sowie der Korruptionsverdacht völlig unbegründet und daher haltlos. Es ist nicht bekannt, dass sozialdemokratische Politiker ökonomischen Profit aus der schweren Wirtschaftsdepression gezogen haben.

Fazit: In keinem der untersuchten Problemfelder, die das Kabinett Müller zu bearbeiten hatte, lassen sich die im Stader Tageblatt erhobenen Vorwürfe stützen. Damit erweisen sich sie Vorwürfe selbst als **kriminelle Verleumdungen**. Der Leitartikel macht deutlich, dass das Stader Tageblatt bereits vollständig zu einem **NSDAP-Propagandaorgan** degeneriert war.

5. *Der Operator „erörtern" verlangt allgemein, zu einer vorgegebenen Problemstellung eine reflektierte, abwägende Auseinandersetzung zu führen und zu einem begründeten Sach- und/oder Werturteil zu kommen. Auf diese Aufgabe konkretisiert heißt das: Nach einer kurzen Überleitung, in der die Problemstellung skizziert wird, muss eine dialektische Erörterung verfasst werden. Nach der Antithese und der These, in denen die Argumente jeweils dargelegt, begründet und belegt werden, muss als Synthese ein abschließendes Urteil gefällt werden, das zu begründen ist. Schwierig bzw. anspruchsvoll ist: Das Urteil hat vornehmlich eine Sachebene (Hat die Stader SPD-Leitung die totalitäre Machtexpansion des NS-Regimes richtig eingeschätzt?), berührt aber auch eine Werteebene (Hat die Stader SPD-Parteileitung ihren Mitgliedern angesichts der extrem großen Gefahren die politische*

Lage und die angemessenen Verhaltensorientierungen in verantwortlicher Weise dargelegt?). Vor allem das letztgenannte Werturteil kann nicht abschließend gefällt werden, daher ist auch der hier vorgelegte Entwurf ein Beispiel für eine Lösung, aber auch andere Werturteile sind möglich. Gerade wegen der Offenheit der Lösung ist es wichtig, die Maßstäbe für die eigene Lösung offenzulegen und die eigene Werteauffassung klar zu begründen (AFB III).

In seinem Rundschreiben vom 16. März 1933 setzt sich der Stader SPD-Ortsvorstand kritisch mit dem NS-Regime, dessen Politik der Unterdrückung politischer Gegner und der Lage der Stader SPD auseinander. Hat der Vorstand hier den Charakter und die Absichten der Nationalsozialisten in vollem Umfang richtig erkannt?

Eine Reihe von Formulierungen des Rundschreibens weisen darauf hin, dass dies der Fall war.
So forderte der Vorstand die Stader Parteimitglieder auf, allen **falschen Vorwürfen und Gerüchten**, die sich gegen die SPD und deren Mitglieder richteten, energisch **entgegenzutreten** (vgl. Z. 9–12). Den Vorstandsmitgliedern war bewusst, dass die Nationalsozialisten die Sozialdemokratie mit verleumderischer **Propaganda** bekämpfen und dabei mit gezielt falschen **Anschuldigungen** arbeiten würden. Diese Einschätzung hat sich als vollkommen richtig erwiesen, wie der Leitartikel des Stader Tageblattes vom 23. 6. 1933 deutlich belegt.
Angesichts der Bedrohung der Partei und deren Mitglieder war es für den Vorstand tatsächlich sehr wichtig, über alle Entwicklungen schnell und genau informiert zu werden (vgl. Z. 14–19). Dass der Stader SPD-Vorstand der eindringlichen Aufforderung, ihn über alles unverzüglich zu informieren, in seinem Rundschreiben derart viel Raum gibt, lässt darauf schließen, dass er die **Bedrohungssituation** deutlich erkannt hat.
Auch die Aufrufe an die Mitglieder, „Disziplin!“ (Z. 24) und „Laßt Euch nicht provozieren!“ (Z. 25), machen deutlich, dass der Stader SPD-Vorstand vor Ort eine Eskalation der Gewalt gegen Parteimitglieder verhindern wollte. Er war sich sehr bewusst, dass er faktisch **keine demokratischen Möglichkeiten mehr** hatte, die Mitglieder und sich selbst vor der totalitären Allmacht des Regimes zu schützen.
Wenn der Stader SPD-Vorstand dazu aufrief, jedes Unrecht, das der Partei oder deren Mitgliedern zugefügt werde, der Polizei und den Gerichten anzuzeigen (vgl. Z. 32 ff.), so versuchte er, **dem Terror der Nationalsozialisten mit rechtsstaatlichen Mitteln zu begegnen** und dadurch die schlimmsten Gefahren abzuwenden.
Auch diese Forderung an die Parteimitglieder macht deutlich, dass der SPD-Vorstand die Bedrohung vonseiten des neuen Regimes erkannt hat und verhindern wollte, dass sich Sozialdemokraten ungewollt gegenseitig belasteten.
Die Appelle „Laßt Euch nicht ausfragen!“ (Z. 37) und „der Angeklagte kann auch dort schweigen und abstreiten!“ (Z. 44) weisen in dieselbe Richtung. Auch hier ist der Ortsvorstand um Schadensbegrenzung bemüht und versucht, die Parteimitglieder vor der Bedrohung des Regimes zu schützen: ein deutliches Indiz dafür, dass er sich der Bedrohungssituation vollkommen bewusst ist.

Es gibt aber auch andere Indizien, die darauf hinweisen, dass der Stader SPD-Ortsvorstand Mitte März 1933 den Umfang und die Tragweite des nationalsozialistischen Machtausbaus in seiner Dimension noch nicht erkannt hatte.
Der das Rundschreiben einleitende Hinweis, nicht einzuschätzen sei, wie die Regierung Hitler „die Wahlergebnisse wirksam werden lassen will“ (Z. 3 f.), lässt auf **starke Unsicherheit** des Stader SPD-Vorstandes schließen, das strategische und taktische Verhalten einzuschätzen. Der Hinweis, es gebe „keine rosigen Ausblicke“ (Z. 6), zeigt die **tiefe Skepsis**, mit der der SPD-Vorstand die neue Regierung betrachtete, allerdings beschönigt bzw. verharmlost diese Formulierung die Gefahr, die bereits vom NS-Regime ausging.
Wenn der Stader SPD-Vorstand die Parteimitglieder aufforderte, sich damit zu „begnügen“ (Z. 8), der NS-Propaganda individuell in privaten und beruflichen Lebensbereichen zu widersprechen (vgl. Z. 9), so blieb er selbst weitgehend **passiv** und wartete die weitere Entwicklung ab: Dies verdient zwar Respekt, angesichts des akuten Bedrohungspotenzials war diese Reaktion allerdings völlig unzureichend und fast **naiv**, was darauf hindeutet, dass den Stader SPD-Verantwortlichen die Dimension der gerade beginnenden NS-Herrschaft nicht klar war, denn sonst hätten sie vor allem ihre Mitglieder eindringlicher warnen müssen.
Der Appell, den Gegner nicht herauszufordern (vgl. Z. 25), verdeutlicht, wie klein die Handlungsspielräume für SPD-Funktionäre bereits Mitte März 1933 waren. Weil der Stader SPD-Vorstand diese **tatsächliche Ohnmacht** nicht ausdrücklich mitteilte, vermittelte er den Parteimitgliedern ein **geschöntes Bild der politischen Lage**, insbesondere der hochgefährlichen Bedrohungssituation.
Die Aufforderung, Strafanzeigen gegen Nationalsozialisten zu erstatten, die sich gegenüber Sozialdemokraten schuldig gemacht hatten (vgl. Z. 32 ff.), macht deutlich, dass der SPD-Vorstand Mitte März 1933 zumindest teilweise noch an einen **Rechtsstaat und rechtsstaatliche Verfahren** glaubte. Er unterschätzte die Schnelligkeit und radikale Konsequenz, mit der sich das NS-Regime auch Polizei und Justizwesen untertan machte, wobei schon zuvor bereits erhebliche Teile dieser Strafverfolgungsorgane mit dem Nationalsozialismus zumindest sympathisiert hatten: Gegenüber diesen Behörden war der Stader Parteivorstand eindeutig **zu unkritisch**.
Unkritisch sind auch die Aufforderungen, sich nicht ausspionieren zu lassen und in Verhören die Aussage verweigern zu können (Z. 37 ff.), denn bereits seit Februar wurden SA-Männer als „Hilfspolizisten“ eingesetzt, und seit über einem Monat wurden von der SA erste provisorische Konzentrationslager aufgebaut. Mit **willkürlichen Verhaftungen, Verhören unter Anwendung der Folter und Ermordungen** zerbrachen die Schergen des NS-Regimes bereits Mitte März 1933 den Widerstand ihrer politischen Gegner.
Auch die Hinweise auf die „unfreiwillige Ruhe“ (Z. 49), zu der sich der Parteivorstand genötigt sah, sowie auf die „Schonung der agitatorischen Kräfte und der Kassen der Partei in der nächsten Zeit“ (Z. 48 f.) weisen zwar deutlich auf die kritische Situation hin, in der sich die Partei und deren Funktionäre wie Mitglieder befanden, **verharmlosen** aber deutlich die damalige tatsächliche Bedrohung durch

das NS-Regime und die spätere Entwicklung, die der Leitartikel des Stader Tageblattes vom 23. 6. 1933 exemplarisch verdeutlicht.

Aus der Abwägung der Stärken und Schwächen in der Lagebeurteilung des Stader SPD-Vorstandes lässt sich folgendes **Fazit** schlussfolgern: Bereits Mitte März 1933 sah sich die örtliche Parteileitung zur organisierten, offensiven Agitation gegen die Nationalsozialisten nicht mehr in der Lage. Vor diesem Hintergrund ist zu berücksichtigen, dass sie in der Ansprache an ihre Mitglieder einen **Mittelweg** finden musste: Einerseits musste die Parteileitung ihre Mitglieder zur weiteren politischen Arbeit ermutigen und Wege aufzeigen, wie dies geschehen konnte, um dem NS-Regime nicht kampflos das politische Feld und die öffentliche Meinungsbildung zu überlassen. Andererseits aber durfte der Ortsvorstand seine Mitglieder auch nicht zu offenen Aktionen gegen das Regime aufrufen, weil dies absehbar zu Verhaftungen, Folter, KZ-Haft und sogar zu Ermordungen führen musste. Hier befand sich der Vorstand **in einem fast aussichtslosen Dilemma**. Und die abschließenden Worte des Rundschreibens, sich in absehbarer Zeit auf wenige Veranstaltungen zu beschränken (vgl. Z. 49), lässt vermuten, dass sich der Vorstand dieses Dilemmas sehr bewusst war: dem **Zwiespalt zwischen der Verantwortung für die Sicherheit der Mitglieder** sowie der eigenen Person **und der Notwendigkeit zum Widerstand** gegen das totalitäre Regime.
Bei der Beurteilung der Frage, inwiefern der Stader SPD-Vorstand den Charakter und die Absichten des NS-Regimes Mitte März 1933 richtig erkannt hat, ist anzuerkennen, dass er das Ziel der NSDAP, eine totalitäre Herrschaft im Deutschen Reich zu errichten, durchaus gesehen und auch mit staatlicher Willkür gerechnet hat. Dennoch unterschätzte die örtliche SPD den **totalitären Charakter der NS-Herrschaft**, indem sie z. B. von Polizei und Justiz noch eine gewisse Kontrollfunktion erwartete. So hat der Stader SPD-Vorstand versucht, die Partei vor Ort eher defensiv und fast ausschließlich auf den **Erhalt der Parteiorganisation** hin auszurichten. Diese Haltung war aus damaliger Sicht angesichts der Risikoabwägung verständlich, allerdings war sie **historisch zum katastrophalen Scheitern verurteilt**. Am **Beispiel** der Entwicklung in der Kreisstadt Stade lässt sich ablesen, wie im Frühjahr 1933 viele Demokraten und Gegner der Nationalsozialisten in ihren Städten und in den ländlichen Regionen dem Weg in die NS-Diktatur weitgehend hilflos zuschauten, weil sie vor Ort den Absturz in die Gewaltherrschaft nicht umkehren konnten. Als historische Schlussfolgerung bleibt der Lehrsatz Ciceros: Wehret den Anfängen!

Niedersachsen – Erhöhtes Anforderungsniveau Geschichte
Übungsaufgabe 6

Rahmenthema 4: Geschichts- und Erinnerungskultur
Verbindliches Wahlmodul: Mythen

Thema: Mythos Kolumbus

Aufgabenstellung

1. Fassen Sie nach einer quellenkritischen Einleitung den Inhalt des Textes M 1 zusammen.
2. Erläutern Sie den historischen Zusammenhang von M 1.
3. Analysieren Sie die Aussageabsicht des Gemäldes von José Garnelo y Alda in M 2.
4. Erörtern Sie ausgehend von M 1 und M 2, inwiefern Kolumbus 1892 schon zu einem Mythos geworden war.

M 1: Christoph Kolumbus: Bericht über die vor kurzem entdeckten Inseln (1493)

Christoph Kolumbus verfasste am 15. Februar 1493 einen kurzen Bericht in Briefform über seine erste Reise, in dem er über die von ihm „neu entdeckten" Inseln berichtete. Der Brief war an den spanischen Rechnungsrat und königlichen Schatzmeister Luis de Santangel adressiert und wurde bereits im April desselben Jahres in Barcelona in spanischer Sprache gedruckt. Die europäische Öffentlichkeit erfuhr von den „Entdeckungen" des Genuesen durch die zahlreichen lateinischen Übersetzungen des Schreibens, die zwischen 1493 und 1495 in Antwerpen, Rom, Paris und Basel erschienen. 1497 wurde der Brief ins Deutsche übersetzt. Das heute berühmte Bordtagebuch war vor der Veröffentlichung durch Bartolomé de Las Casas im 16. Jahrhundert noch unbekannt.

1. Am 33. Tage nach meiner Abfahrt von Gades [Cádiz] kam ich ins „Indische Meer", wo ich sehr viele und von unzähligen Menschen bewohnte Inseln fand. In feierlicher Verkündigung und mit entrollten Fahnen habe ich sie alle für unseren allergnädigsten König in Besitz genommen, ohne daß jemand widersprochen hätte. Der allerersten von diesen Inseln habe ich den Namen des göttlichen Erlösers beigelegt [San Salvador]: denn im Vertrauen auf seine Hilfe ist es uns gelungen, zu ihr wie all den übrigen zu kommen. [...]

2. Die Bewohner beiderlei Geschlechts sowohl dieser Insel wie aller anderen, die ich gesehen habe und von denen ich Kenntnis erhielt, laufen immer nackt herum, so wie sie ins Dasein gekommen sind. [...] Allein sie ermangeln jeglicher Art von Eisen. Sie haben auch keine Waffen, sie sind ihnen völlig unbekannt. [...] Sie sind von Natur aus schüchtern und furchtsam.

3. Wiederum, wenn sie alle Furcht hinter sich lassen, weil sie sich einfach sicher fühlen, dann sind sie treuherzig und gutgläubig und mit allem, was sie haben, sehr freigebig: niemand wird dem, der um etwas bittet, dass er's besitzen möchte, dieses oder jenes verweigern; ja sie laden uns vielmehr ein, dieses oder jenes zu verlangen. Allen gegenüber legen sie die größte Zuvorkommenheit an den Tag, sie geben große Dinge für kleine, mit jeder noch so geringen Gegengabe oder auch mit nichts sind sie zufrieden. [...]

4. Sie treiben keine Abgötterei. Im Gegenteil, sie glauben fest, daß alle Kraft, alle Macht, überhaupt alles Gute im Himmel sei. [...] Sie sind auch nicht lässig und roh, im Gegenteil, sie besitzen einen sehr scharfsinnigen Verstand. [...] Sofort, nachdem ich zu jenem Meer gekommen war, packte ich auf der ersten Insel einige Indios mit Gewalt: Sie möchten unsere Sprache erlernen, um uns dann dieses oder jenes zur Kenntnis zu bringen, was sie von jenen Gegenden wissen. Aus diesem Wunsch ergab sich, daß sie uns und wir sie in kurzer Zeit verständigten, einmal durch Gebärden und Zeichen, das andere Mal durch Worte. Das ist uns von großem Nutzen gewesen. [...]

5. Auf allen diesen Inseln ist kein Unterschied in der Gestalt der Bevölkerung noch in den Sitten noch in der Art zu sprechen. Sie verstehen sich vielmehr alle untereinander, welcher Umstand sehr nützlich ist für die Bekehrung zu dem heiligen Glauben an Christus, zu dem sie willig und geneigt sind [...].

6. Um schließlich den Ertrag unserer Unternehmung, die schnell durchgeführt wurde, in aller Kürze festzuhalten, verspreche ich dieses: Unseren unbesiegbaren Königen werde ich mit deren nur kleiner Hilfe so viel Geld schaffen, wie viel sie nur nötig haben. Und tatsächlich so viel Gewürz und Baumwolle und Mastix[1] [...] und so viel Aloe[2] und Sklaven [...] als Eure Majestät nur zu verlangen wünscht. [...]

7. Wahrhaft viel und Bewundernswertes wurde erreicht. Aber es ist nicht unserem Verdienst zuzuschreiben, sondern dem heiligen christlichen Glauben und der großen Frömmigkeit unserer Könige. Denn was menschlicher Verstand nicht durch Mühe und Anstrengung erreichen konnte, das vergönnt dem Menschen die göttliche Vernunft. Gott pflegt nämlich seine Kinder gemäß seinen Lehren auch über Unmöglichem zu erhöhen, wie es uns in der Gegenwart widerfährt. Wir sind ihnen gefolgt und haben erreicht, was Sterblichen bis heute versagt war. Denn wenn auch verschiedene Schriftsteller über diese Inseln dies und das jenes geschrieben haben oder Angaben über ihre Lage machten, so doch in rätselhaften Andeutungen und Mutmaßungen. Niemand behauptet, sie je gesehen zu haben; deswegen erschien (meine Entdeckung) beinahe als Märchen.

8. [...] Es möge Christus auf Erden triumphieren, wie er im Himmel triumphiert. In seiner Vorhersehung hat er das Heil bereit für die Seelen, die vorher schon verloren waren. Auch wir empfinden Freude darüber, daß unser Glaube sich so herrlich erwiesen hat. Dann aber auch wegen des Zuwachses an irdischen Gütern, an denen nicht nur Spanien, sondern die ganze Christenheit künftig teilhat.

Aus: Richard Lösch: Zwischen Glaube und Gold – Christoph Columbus – Ein Mann an der Schwelle zur Neuzeit. Frankfurt/M.: Evangelischer Presseverband für Hessen und Nassau 1975, S. 67–91. Übersetzer: Richard Lösch.

Anmerkungen:

1 Mastix: begehrtes Harz der Mastix-Pistazienbäume; das Harz wird. z. B. für die Ölmalerei benutzt

2 Aloe: begehrte Heilpflanze

M 2: Gemälde des spanischen Malers José Garnelo y Alda (1866–1944): „Die ersten Ehrungen der neuen Welt für Kolumbus“ aus dem Jahr 1892

Das Gemälde gewann 1892 den ersten Preis der Internationalen Ausstellung der schönen Künste in Chicago, die zu Ehren des vierhundertjährigen Gedenkens an die Entdeckung Amerikas ausgerichtet wurde.

picture alliance

Erläuterungen und Bearbeitungshinweise

Die Aufgabe bezieht sich auf das Rahmenthema 4 (Mythen) in Verbindung mit dem Rahmenthema 2, Pflichtmodul 5: „Spanischer Kolonialismus“ des Kerncurriculums Oberstufe. Die ersten beiden Aufgaben beziehen sich explizit auf das Pflichtmodul 5 (Spanischer Kolonialismus), die anderen zwei Aufgaben greifen das Wissen aus diesem Pflichtmodul auf und stellen die Verbindung zum Rahmenthema 4 (Mythen) her.

Mögliche Gewichtung der Teilaufgaben

Teilaufgabe	überwiegend Anforderungsbereich	Gewichtung in Prozent
1	I	25
2	II	20
3	II	25
4	III	30

Lösungsvorschläge

1. *Nach einer quellenkritischen Einleitung, in der Sie mit einer historischen Einordnung, Autor, Adressaten, Quellengattung, Schreib- bzw. Veröffentlichungsdatum, Veröffentlichungsort, Hauptaussage und Intention des Autors sowie die Glaubwürdigkeit der Aussage bestimmen, fassen Sie die wesentlichen Aspekte des Textes sprachlich eigenständig, strukturiert und unkommentiert zusammen. Die Aufgabe hat reproduktiven Charakter (AFB I).*

Bei dem vorliegenden Text handelt es sich um einen Auszug aus einem **Brief** des genuesischen Seefahrers **Christoph Kolumbus** (M 1), den er am 15. Februar 1493 für den spanischen königlichen Schatzmeister Luis de Santangel verfasste. Der Brief wurde im April 1493 in Barcelona, dann in ganz Europa in lateinischer und 1497 sogar in deutscher Sprache veröffentlicht. Kolumbus hatte sich 1492 auf die Reise begeben, um im Auftrag der spanischen Krone eine **Westroute nach Indien** zu suchen. Am 33. Tag nach seiner Abfahrt stieß er auf eine bewohnte Insel.
Kolumbus wollte mit diesem Brief den Schatzmeister und indirekt auch das spanische Königspaar über die erste Begegnung mit den Indigenen, über die Bedingungen für eine weitere Expansion und über seine Erfolge informieren, um sie zu einer **weiteren Unterstützung seines Vorhabens** zu bewegen. Seine Darstellung ist daher klar **interessengeleitet**. Die **europäische Öffentlichkeit** erfuhr durch den Brief zum ersten Mal von der „**Entdeckung**" des Kolumbus, wodurch der Name des Kolumbus bei Gelehrten europaweit Bekanntheit erlangte.
Kolumbus berichtet dem königlichen Schatzmeister von seiner **feierlichen Inbesitznahme der ersten Insel**, auf die er im „**Indische[n] Meer**" (Z. 1 f.) gestoßen sei. Die Bevölkerung dieser und auch der anderen „entdeckten" Inseln beschreibt er als nackt, ohne Kenntnis von Eisen oder Waffen, als zurückhaltend, aber auch als zugänglich, freundlich und großzügig, wenn die Menschen Vertrauen zu den Europäern gefasst hätten (vgl. Z. 8–19). Sie seien nicht areligiös, sondern verfügten über einen **natürlichen Glauben** an eine **übergeordnete Gottheit**, sprächen ferner eine **gemeinsame Sprache**, sodass sie auch **leicht zum Christentum zu bekehren** seien (vgl. Z. 20 f., 28–31). Ferner seien sie vernunftbegabt und könnten leicht die spanische Sprache erlernen, was Kolumbus schon bei seinem kurzen Aufenthalt nützlich gewesen sei (vgl. Z. 21–27). Materiell stellt Kolumbus dem Schatzmeister in Aussicht, großen **finanziellen Nutzen** aus den Gebieten ziehen zu können, da es u. a. Geld, Gewürze, begehrte Pflanzen und auch Sklaven gebe

(vgl. Z. 32–36). Den **Erfolg** seiner Unternehmung weist er dem **christlichen Glauben** allgemein und v. a. der Frömmigkeit des **Königspaars** zu, das dieses Unternehmen im Vertrauen auf die göttliche Vorsehung unterstützt habe. Die göttliche Vernunft habe über den begrenzten menschlichen Verstand den Sieg davongetragen, weil sich durch die „Entdeckung" der bisher in Sagen beschriebenen neuen Gebiete die göttliche Gegenwart auf Erden gezeigt habe (vgl. Z. 37–43).

2. *Die Erläuterung setzt umfassende Kenntnisse aus dem Zeitraum des Beginns des spanischen Kolonialismus voraus. Dabei sollen wichtige Aspekte des Textes herausgegriffen, sinnvoll strukturiert und dann vor dem historischen Hintergrund erklärt werden, sodass der Leser durch zusätzliche Informationen den historischen Kontext des ersten Kulturkontakts von Spaniern und Indigenen schlüssig vor Augen geführt bekommt. Diese textbezogene Anwendung und Verknüpfung von Wissen fällt in den AFB II.*

Kolumbus nennt am Anfang seines Briefs die Bedingung und Voraussetzung seiner Seefahrt: die **Suche der Westpassage nach Indien** (vgl. Z. 1 f.), um u. a. kostbare **Gewürze** aus Indien nach Europa zu bringen (vgl. Z. 35). Der **Landweg** war nach der **Eroberung Konstantinopels** 1453 durch die Osmanen **schwieriger und kostspieliger** geworden; ferner hatten sich die nautischen Kenntnisse im 15. Jahrhundert maßgeblich verbessert. Die **spanische Krone** befand sich zu dieser Zeit **mit Portugal im Wettlauf** um die Entdeckung des **Seewegs nach Indien**. Während es Spanien über die Westroute versuchte, fand Portugal durch die Umsegelung Afrikas einen alternativen Seeweg nach Indien. Kolumbus glaubte bis zu seinem Tod 1506, Indien, und nicht Amerika, erreicht zu haben.
Kolumbus hatte das zunächst zögerliche spanische Königsehepaar von seinem Vorhaben der Westroute überzeugt; im **Vertrag von Santa Fé** vom April 1492 sicherte er sich wesentliche herrschaftliche Privilegien (Admiral des Ozeans und Vizekönig über die von ihm entdeckten Gebiete) und eine zehnprozentige Gewinnbeteiligung, die im Text durch seine interessengeleitete Darstellung deutlich wird (vgl. Z. 2–4, Z. 14–16, Z. 32–36).
Beim ersten Kontakt mit den Indigenen zeigte sich schon im Ansatz die Heterogenität der dortigen Kulturen. Bei den zunächst vorgefundenen Indigenen handelte es sich um **altsteinzeitliche Jäger und Sammler** (vgl. Z. 8–12) sowie um **jungsteinzeitliche Ackerbauern**, erst im späteren Verlauf der Expansion stießen die Spanier auf **Hochkulturen** (z. B. Azteken).
Das Ziel der Expansion war die **Mission und Bekehrung der Indigenen** (vgl. Z. 29–31, Z. 48–50). Dieses christliche Vorhaben trieb die Spanier sowohl nach Beendigung der Reconquista 1492, als Spanien die muslimischen Mauren vom europäischen Kontinent vertrieben hatte, als auch jetzt zu Beginn der Conquista an. Kolumbus selbst war auch sehr religiös (vgl. Z. 6 f., Z. 37 ff.). Er verfolgte besonders seit 1498 das Ziel, eine Rückeroberung Jerusalems zur Vorbereitung der künftigen Heilszeit (vgl. Z. 48–50) in die Wege zu leiten; die „neu entdeckten" Gebiete, die er zum asiatischen Kontinent zählte, waren für ihn das strategisch bedeutende Hinterland.

Schließlich wird die **gewaltsame Kolonisation und Ausbeutung Hispaniolas**, die besonders seit 1493 systematisch betrieben wurden, im Text schon angedeutet: die gewaltsame Versklavung (vgl. Z. 36) und die wirtschaftliche Ausbeutung (vgl. Z. 32–36) auf Kosten der angeblich naiven Indigenen (vgl. Z. 13–19).

3. *Die Analyse des Gemäldes sollte mit einem kurzen Einleitungssatz beginnen. Es folgt eine detaillierte und präzise Beschreibung des Bildes, die dann zu einer Deutung der Bildsymbole vor dem Hintergrund des darin abgebildeten historischen Kontexts führt. Abschließend müssen Sie die Interpretation der Aussageabsicht des Malers vornehmen. Die Aufgabe fällt in den AFB II.*

Das Gemälde des spanischen Malers José Garnelo y Alda (1866–1944) „Die ersten Ehrungen der neuen Welt für Kolumbus" aus dem Jahr 1892 zeigt die **Ankunft von Christoph Kolumbus auf einer karibischen Insel**.
Der in der Mitte mit feiner Kleidung positionierte Mann hält in der rechten Hand ein ca. drei Meter hohes Kreuz, in der linken einen Degen. Er steht in stolzer und aufrechter Haltung da. Hinter ihm scharen sich etliche Uniformierte, die Fahnen tragen, im Hintergrund ist ein Schiff zu sehen. Auf der rechten Bildhälfte sind mehrere Männer abgebildet, nur mit einem Lendenschurz und Federschmuck bekleidet. Einer hat sich zu Füßen des Mannes mit dem Kreuz niedergekniet, einer verbeugt sich gerade vor ihm und bietet ihm ein Geschenk an. Andere haben sich unter die Uniformierten in der linken Bildhälfte gemischt und lassen sich die Waffen und andere Dinge zeigen.
Der Mann in der Bildmitte ist offensichtlich **Christoph Kolumbus** bei seiner Ankunft auf San Salvador oder einer anderen Insel auf seiner ersten Reise. Die Uniformierten sind die **spanischen Begleiter** des Kolumbus, die nur mit Lendenschurz bekleideten Männer sind die **Indigenen**, die Kolumbus auf der Karibikinsel vorgefunden hat. Das **Kreuz** symbolisiert den **christlichen Glauben**, der **Degen** die **Macht**, die er gewillt ist, in den neu „entdeckten" Gebieten anzuwenden. Bei den Fahnen handelt es sich um die **spanischen Fahnen**, die immer bei Inbesitznahme einer neuen Insel von Kolumbus entrollt wurden. Die **Haltung der Indigenen** wird ambivalent **zwischen Zutrauen und Furcht** dargestellt, wie sie zum Teil auch in seinem Bordtagebuch oder auch in M 1 beschrieben ist.
Die Szene zeichnet ein sehr **idealisiertes Bild der Ankunft** von Kolumbus. Zwar finden sich einige Stereotype wieder, die Kolumbus selbst von seiner Ankunft in der „Neuen Welt" verbreitet hat (naive Indigene, Ausrollen der Fahnen und Inbesitznahme der Inseln, Mission als Ziel), seine Haltung ist allerdings in Heldenpose zentral überhöht und das christliche Symbol so übermächtig, wie es selbst in seinem Brief vom Februar 1493 (M 1) nicht zum Ausdruck kommt, in dem er seine Sicht der Dinge schon interessengeleitet vorgetragen hatte. Der Maler wollte offensichtlich aus **Anlass des vierhundertjährigen Jahrestags der „Entdeckung" Amerikas** die Tat des Kolumbus idealisieren und so die Folgen der Hispanisierung (kulturelle Durchdringung durch das Christentum und die westliche Zivilisation) hervorheben.

4. *Eine Erörterung verlangt von Ihnen eine reflektierte, abwägende Auseinandersetzung, die zu einem begründeten Sach- und/oder Werturteil führt. Dabei soll am Anfang benannt werden, was zu erörtern ist (hier: Definition des Mythos). Dann soll mittels eines sachanalytisch gestützten Sachurteils kriterienorientiert abgewogen werden, ob 1892 schon ein Kolumbusmythos vorlag. Abschließend kann dies zu einem eigenen Werturteil führen, das die Ergebnisse bündelt und zu einer persönlichen Stellungnahme führt. Die Aufgabe fällt in den AFB III.*

Der **Mythos** ist als eine intellektuelle, emotionale und komplexitätsreduzierte Erzählung über eine historische Person, einen politischen Sachverhalt oder ein politisches Ereignis definiert. Er besitzt ein kollektives sowie **sinn- und identitätsstiftendes Wirkungspotenzial**. Der **Kolumbus-Mythos** entstand im 18. Jahrhundert. In Erinnerung an diesen begingen die Menschen 1892 zum 400. Jahrestag v. a. in **Spanien** einen **festlichen Tag**, der für die Spanier identitätsstiftend wirken sollte. Für die Mythenbildung spricht, dass das idealisierte Gemälde (M 2) von einem Spanier stammt. Dieses Jahrestags wurde aber auch weltweit gedacht – wie die internationale Ausstellung zu Ehren des Ereignisses zeigt. Dass das Gemälde Garnelo y Aldas den ersten Preis gewann, zeugt davon, dass auch international die **Verherrlichung des Kolumbus immer mehr Akzeptanz** fand. So wurde zu Beginn des 20. Jahrhunderts der **12. Oktober** in Spanien, in vielen lateinamerikanischen Ländern und in den USA zum **Feiertag** erklärt. Zusätzlich entstanden in Spanien, aber auch in anderen Ländern, **Kolumbus-Denkmale**, die an sein Wirken erinnern sollten. 1892 deutete sich diese Entwicklung zwar erst an, allerdings war man schon auf dem Weg der **Verherrlichung**.
Kolumbus hatte für diese Sichtweise bereits 1493 gute Vorlagen geliefert. Er stilisiert sich in M 1 als guter Seefahrer (vgl. Z. 1), großer Entdecker (vgl. Z. 2), der dem spanischen Königshaus gegenüber sehr loyal eingestellt sei (vgl. Z. 3 f.), und als Mensch, der sich vieles (natürlich im Glauben an Gott) zugetraut habe (vgl. Z. 37–47). Zudem habe er das Christentum und die spanische Sprache verbreitet (vgl. Z. 22–31).
Kritiker einer vorbehaltlosen Kolumbusverehrung fanden in diesem Brief einige Anhaltspunkte, die von denjenigen, die ihn 1892 verherrlichten, völlig außer Acht gelassen wurden: das auf **Ausbeutung der Indigenen** ausgerichtete Verhalten des Kolumbus (vgl. Z. 13–19), sein **gewaltsames Vorgehen** gegen Indigene (vgl. Z. 22–24) und sein **respektloses Verhalten** gegenüber der indigenen Kultur und deren **Zerstörung** (vgl. Z. 20–36). Gerade diese kritische Sichtweise auf Kolumbus wurde 1892 und vielfach auch in den folgenden Jahrzehnten komplexitätsreduzierend außer Acht gelassen, sodass Kolumbus schon zu dieser Zeit zu einem Mythos geworden war, der allerdings in den folgenden Jahren noch weiter überhöht wurde. Einen **tiefen Riss erhielt dieser Mythos erst im Umfeld der 500-Jahr-Feiern 1992**, als die Kritiker des Kolumbus vor allem in Lateinamerika ihre Lesart der gewaltsamen Kolonisation immer kompromissloser vortrugen.
Abschließend kann man sagen, dass **Kolumbus** bereits 1892 zu einem **Mythos** geworden war (Identitätsstiftung, Komplexitätsreduzierung), dieser aber auch in den folgenden Jahren noch weiter Bestand hatte.

Abiturprüfung Niedersachsen 2013 – Geschichte
Grundlegendes Anforderungsniveau – Aufgabe I

Thema: Auseinandersetzung mit der NS-Vergangenheit

Aufgabenstellung

1. Fassen Sie nach einer quellenkritischen Einführung Kästners Ausführungen zusammen.

2. Erläutern Sie Kästners Position zum Umgang mit historischer Erinnerung unter Heranziehung Ihnen bekannter Theorien zur Geschichtskultur.

3. Nehmen Sie Stellung zu Kästners Aussage in Zeile 49 f.: „Drohende Diktaturen lassen sich nur bekämpfen, ehe sie die Macht übernommen haben."

M: Rede Erich Kästners[1] am 10. Mai 1958 im P.E.N.-Club[2] in Hamburg [Auszug]

Meine Damen und Herren, eine Gedenkstunde soll eine Gedächtnis-Übung sein, und noch etwas mehr. Was hülfe es, wenn sie nur der Erinnerung an arge Zeiten diente, nicht aber der Erinnerung an unser eignes Verhalten? Das heißt, hier und jetzt, für mich nicht mehr und nicht weniger: an mein Verhalten? Ich bin nur ein Beispiel neben anderen Beispielen. Doch da ich mich etwas besser als andere kenne, muss in meiner Rede nun ein wenig von mir die Rede sein.

Ich habe mich, damals schon und seitdem manches Mal gefragt: „Warum hast du, am 10. Mai 1933 auf dem Opernplatz in Berlin[3], nicht widersprochen? Hättest du, als der abgefeimte Kerl eure und auch deinen Namen in die Mikrophone brüllte, nicht zurückschreien sollen?" Dass ich dann heute nicht hier stünde, darum geht es jetzt nicht. Nicht einmal, dass es zwecklos gewesen wäre, steht zur Debatte. Helden und Märtyrer stellen solche Fragen nicht. Als wir Carl von Ossietzky[4] baten, bei Nacht und Nebel über die Grenze zu gehen – es war alles vorbereitet –, sagte er nach kurzem Nachdenken: „Es ist für sie unbequemer, wenn ich bleibe", und er blieb. Als man den Schauspieler Hans Otto, meinen Klassenkameraden, in der Prinz Albrecht-Straße schon halbtotgeschlagen hatte, sagte er, bevor ihn die Mörder aus dem Fenster in den Hof warfen, blutüberströmten Gesichts: „Das ist meine schönste Rolle." Er war, nicht nur auf der Bühne am Gendarmenmarkt, der jugendliche Held. Gedenken wir dieser beiden Männer in Ehrfurcht! Und fragen wir uns, ob wir es ihnen gleichgetan hätten!

Als ich in jener Zeit, anlässlich der Amateurboxmeisterschaften, im Berliner Sportpalast saß und als zu meiner Überraschung bei jeder Sieger-Ehrung die Besucher aufstanden, den Arm hoben und die beiden Lieder[5] sangen, blieb ich als einziger sitzen und schwieg. Hunderte schauten mich drohend und lauernd an. Nach jedem Boxkampf wurde das Interesse an mir größer. Trotzdem lief dieses Nebengefecht des Abends, zwischen dem Sportpalast und mir, glimpflich ab. Es endete unentschieden.

Was ich getan, genauer, was ich nicht getan hatte, war beileibe keine Heldentat gewesen. Ich hatte mich nur geekelt. Ich war nur passiv geblieben. Auch damals und sogar damals, als unsere Bücher brannten. Ich hatte angesichts des Scheiterhaufens nicht aufgeschrien. Ich hatte nicht mit der Faust gedroht. Ich hatte sie nur in der Tasche geballt. Warum erzähle ich das? Warum mische ich mich unter die Bekenner? Weil, immer wenn von der Vergangenheit gesprochen wird, auch von der Zukunft die Rede ist. Weil keiner unter uns und überhaupt niemand die Mutfrage beantworten kann, bevor die Zumutung an ihn herantritt. Keiner weiß, ob er aus dem Stoffe gemacht ist, aus dem der entscheidende Augenblick Helden formt. Kein Volk und keine Elite darf die Hände in den Schoß legen und darauf hoffen, dass im Ernstfall, im ernstesten Falle, genügend Helden zur Stelle sein werden.

Und auch wenn sie sich zu Worte und zur Tat meldeten, die Einzelhelden zu Tausenden – sie kämen zu spät. Im modernen undemokratischen Staat wird der Held zum Anachronismus. Der Held ohne Mikrophone und ohne Zeitungsecho wird zum tragischen Hanswurst. Seine menschliche Größe, so unbezweifelbar sie sein mag, hat keine politischen Folgen. Er wird zum Märtyrer. Er stirbt offiziell an Lungenentzündung. Er wird zur namenlosen Todesanzeige. Die Ereignisse von 1933 bis 1945 hätten spätestens 1928 bekämpft werden müssen. Später war es zu spät. Man darf nicht warten, bis der Freiheitskampf Landesverrat genannt wird. Man darf nicht warten, bis aus dem Schneeball eine Lawine geworden ist. Man muss den rollenden Schneeball zertreten. Die Lawine hält keiner mehr auf. Sie ruht erst, wenn sie alles unter sich begraben hat.

Das ist die Lehre, das ist das Fazit dessen, was uns 1933 widerfuhr. Das ist der Schluss, den wir aus unseren Erfahrungen ziehen müssen, und es ist der Schluss meiner Rede. Drohende Diktaturen lassen sich nur bekämpfen, ehe sie die Macht übernommen haben. Es ist eine Angelegenheit des Terminkalenders, nicht des Heroismus. Als Ovid sein „Principiis obsta!" niederschrieb, als er ausrief: „Bekämpfe den Beginn!", dachte er an freundlichere Gegenstände. Und auch als er fortfuhr: „Sero medicina paratur!", also etwa „Später helfen keine Salben!", dachte er nicht an Politik und Diktatur. Trotzdem gilt seine Mahnung in jedem und auch in unserem Falle. Trotzdem gilt sie auch hier und heute. Trotzdem gilt sie immer und überall.

Meine Damen und Herren, ich danke Ihnen für Ihre Aufmerksamkeit.

Erich Kästner: Über das Verbrennen von Büchern, Atrium Verlag Zürich 2012.

Anmerkungen:

1 Deutscher Schriftsteller (1899–1974)
2 Internationaler Schriftstellerverband
3 Am 10. Mai 1933 wurden dort und an anderen Plätzen in Deutschland Schriften „undeutscher" Schriftsteller öffentlich verbrannt.
4 Jüdischer, systemkritischer Publizist und Friedensnobelpreisträger 1935, der 1938 an den Folgen seiner Misshandlungen im KZ starb.
5 Nationalhymne und das Horst-Wessel-Lied als Parteilied der NSDAP, die beide nach der „Machtergreifung" in dieser Verbindung unter verpflichtender Bezeigung des „Hitler-Grußes" angestimmt wurden.

Hilfsmittel:

Keine

Erläuterungen und Bearbeitungshinweise

Die Aufgabe bezieht sich auf das Rahmenthema 4 „Geschichts- und Erinnerungskultur" und greift vor allem das Wahlpflichtmodul 2 „Nationale Gedenk- und Feiertage in verschiedenen Ländern" auf. Semesterübergreifend werden die Wahlpflichtmodule „Die Weltwirtschaft in der Krise" (Rahmenthema 1) und „Nationalsozialismus und deutsches Selbstverständnis" (Rahmenthema 3) berücksichtigt.
Leitkategorien der Aufgaben sind „Individuum und Gesellschaft" und „Freiheit und Herrschaft". Im Vordergrund stehen in nationaler Perspektive kultur-, ideen-, politik- und sozialgeschichtliche Dimensionen historischer Forschung.

Verbindliche Gewichtung der Teilaufgaben

Teilaufgabe	überwiegend Anforderungsbereich	Gewichtung in Prozent
1	I	30
2	II	40
3	II–III	30

Lösungsvorschläge

1. *Die Aufgabenstellung zielt darauf ab, die Ausführungen Erich Kästners strukturiert und sprachlich distanziert darzulegen, um damit Textverständnis zu demonstrieren (AFB I). Zunächst sollten Sie die Quelle kurz vorstellen. Neben den Basisdaten (Autor, Textsorte, Ort, Datum, Anlass) müssen Sie das Thema in Bezug auf die Adressaten und die Intention des Verfassers in den Blick nehmen.*
Die eigenständige Zusammenfassung der Kernaussagen könnte von Kästners Fazit ausgehen, drohende diktatorische Tendenzen ließen sich nur frühzeitig bekämpfen. Zitiert werden nur „Schlüsselwörter, -wendungen", bei denen es sich um ausgewiesene Fachbegriffe oder Formulierungen handelt, die mit eigenen Worten nur verfälschend dargelegt würden.

Der **Schriftsteller Erich Kästner** reflektiert in dem vorliegenden Auszug aus einer **Rede**, die er als **Zeitzeuge** am **10. Mai 1958** im **P.E.N.-Club** in **Hamburg** anlässlich des **Gedenkens an den „Tag der Bücherverbrennung" im Jahre 1933** hält, die **Möglichkeit, in etablierten Diktaturen Widerstand** zu leisten. Der Schriftsteller verdeutlicht anhand eigener Erfahrungen mit dem NS-Regime, dass individueller Widerstand zwangsläufig zum Scheitern verurteilt sei und daher drohende diktatorische Tendenzen frühzeitig bekämpft werden müssten.
Sein **Publikum** besteht vor allem aus **Berufskolleginnen und -kollegen**, denen über den Einfluss des Wortes in diesem Zusammenhang eine **besondere Verantwortung** zukommen kann.
Als Konsequenz aus den eigenen Erfahrungen während der NS-Zeit zieht Kästner die **Lehre für die Zukunft**, dass **Diktaturen sich nur vor ihrer Etablierung bekämpfen ließen**. Wenn sie die Macht erst einmal übernommen hätten, sei es

fraglich, ob genügend Menschen den **Mut zum aktiven Widerstand** fänden. Kästner verdeutlicht darüber hinaus an den Beispielen des Publizisten Carl von Ossietzky und des Schauspielers Hans Otto, die ihr heldenhaftes Eintreten für ihre Überzeugung mit dem Leben bezahlt haben, das aus seiner Sicht **zwangsläufige Scheitern individuellen Widerstands** in einem Terror-Regime. So komme der **historischen Erinnerung** an die NS-Zeit als Lehre für die Zukunft die Aufgabe zu, **Mahnung** zu sein, drohende diktatorische Tendenzen frühzeitig zu bekämpfen, um aus einem rollenden Schneeball keine Lawine werden zu lassen (vgl. Z. 44 f.).

2. *Der vorliegende Operator verlangt nun, Kästners Verständnis des Umgangs mit historischer Erinnerung unter Berücksichtigung von Theorien zur Geschichtskultur zu verdeutlichen (AFB II).*
Da in der Rede der historischen Erinnerung eine zukunftsgestaltende Funktion zugewiesen wird, gilt es, wissenschaftliche Theorien heranzuziehen, die das Erinnern als zentrale Kategorie beinhalten. Es bietet sich an, die im Kerncurriculum verbindlich vorgegebene Theorie zum kulturellen Gedächtnis von Jan Assmann sowie eine weitere im Unterricht behandelte aufzugreifen.

Erich Kästner bezeichnet seine Rede im Rahmen der Gedenkstunde als **„Gedächtnis-Übung“** (Z. 1). Die Bedeutung des Begriffs „Übung“ ist vielfältig: Übung kann Training, die Vorbereitung auf einen Ernstfall oder auch innere Versenkung bedeuten. Für ihn beinhaltet diese „Übung“, sich nicht nur an „arge Zeiten“ (Z. 2), sondern auch an eigenes Verhalten zu erinnern. Welche Funktion dieser „Übung“ aus seiner Sicht zukommt, formuliert er abschließend in seiner Rede: Es gelte, aus der historischen Erinnerung, **aus Erfahrungen, Lehren für die Zukunft zu ziehen** (vgl. Z. 47–50).
Dass die Rede ihren Platz in einer Gedenkstunde zur Erinnerung an die öffentliche „Bücherverbrennung“ der Nationalsozialisten am 10. Mai 1933 hat, weist auf die **symbolische Bedeutung dieses Ereignisses** hin, das als fester **Anknüpfungspunkt in der kollektiven Erinnerung** mit in die Zukunft genommen werden soll. Zugleich stellt diese organisierte Form der Erinnerung eine Ausprägung von **Geschichtskultur** dar. In diesem Sinne agiert der Gedenkredner Kästner als möglicher Mitgestalter des „**kulturellen Gedächtnisses**“, das in der Theorie der Kulturwissenschaftler/innen **Jan und Aleida Assmann** einen Modus neben dem „**kommunikativen Gedächtnis**“ im „**kollektiven Gedächtnis**“ **einer Kultur** darstellt. Nach Jan Assmann umfasst das kulturelle Gedächtnis dabei den Bestand an hochgradig geformten Texten, Bildern und Riten, auf die sich eine Gesellschaft in einer Epoche selbstvergewissernd bezieht. Fixpunkte seien weit zurückliegende Ereignisse, die über spezielle Personengruppen, u. a. auch Schriftsteller, tradiert würden. Dagegen bilde die jüngste Vergangenheit das kommunikative Gedächtnis einer Gesellschaft, das sich aus den Erinnerungen der Zeitzeugen forme. Wird damit der Eindruck suggeriert, weniger weit zurückliegende Ereignisse könnten nur dem kommunikativen Gedächtnis zugeordnet werden, vertreten Kritiker die Theo-

rie, dass es eher entscheidend sei, welcher Modus der Erinnerung herangezogen wird: Insofern können **einschneidende historische Einschnitte** und „Zivilisationsbrüche“ (un)bewusst sowohl **als Gegenstand des kommunikativen als auch des kulturellen Gedächtnisses einer Gesellschaft** verhandelt werden, indem sie als „fundierendes“ Geschehen wahrgenommen werden. Für Kästner sind die Erfahrungen mit dem Nationalsozialismus für die Zukunft „fundierend“, wenn er mit Bezugnahme auf immer währende Mahnungen Ovids auf den Geltungsanspruch der zu ziehenden Lehre verweist (vgl. Z. 51–55).
Dafür spricht auch, dass die Merkmale, die Assmann dem kulturellen Gedächtnis zuschreibt, bezogen auf das von Kästner erinnerte NS-Regime zutreffen: Um wichtiges Geschehen als Fixpunkt für die Nachwelt erhalten zu können, muss die Vergangenheit im aktuellen Zeitkontext immer wieder **rekonstruiert** werden, bedarf es darüber hinaus einer **medialen Formung** sowie **Organisiertheit** über Institutionen, muss die Auseinandersetzung mit dem Geschehen eine **Gruppenidentität** und verbindliche **Wertperspektive** ermöglichen und **Diskussions- und Reflexionsgegenstand** bleiben.
So wie für Kästner seine eigene Biografie als empirisches Deutungsmuster fungiert, um eine **Richtungsbestimmung des Handelns** zu erhalten, funktioniert für den Historiker und Kulturwissenschaftler **Jörn Rüsen** die historische Erinnerung auch als Identitätsgröße einer Gesellschaft. Er definiert Geschichtskultur als **„praktisch wirksame Artikulation von Geschichtsbewusstsein im Leben einer Gesellschaft“**. Für ihn hat dieser Ausdruck von Geschichtsbewusstsein **kognitive, politische und ästhetische Dimensionen**. In den ästhetischen Bereich fällt Kästners Schilderung persönlicher Erfahrungen, die aufgrund der **spezifischen Wahrnehmungsqualität** des Vergangenen vor allem emotional auf die Rezipienten einwirken und ihre Abgrenzung zu solch einem menschenverachtenden System stützen. Politisch wirkt Kästner insofern, als seine Rede in einem öffentlichkeitswirksamen Raum und anlässlich einer offiziellen Gedenkstunde platziert ist. Die dadurch geleistete Sinnbildungsarbeit stabilisiert und **legitimiert die Herrschaftsansprüche eines demokratisch verfassten Systems**. Die kognitive Dimension scheint in Kästners Bezugnahme auf konkrete historische Ereignisse auf, die wissenschaftlich belegt sind, wie z. B. die „Bücherverbrennung“ oder die Verfolgung und Ermordung Andersdenkender.
Kästners Position zum Umgang mit historischer Erinnerung trifft sich mit wissenschaftlichen Theorien zur Geschichtskultur vor allem in dem Verständnis, dass das Erinnern untrennbar mit der **Selbstvergewisserung einer Gesellschaft** in der Gegenwart verbunden ist.

3. *Die Aufgabenstellung verlangt eine Stellungnahme mit einem begründeten Sach- und Werturteil. Zunächst sollten Sie die These Kästners, zu der Stellung genommen werden soll, im inhaltlichen Zusammenhang präzisieren, um dann im Anschluss unter Einbeziehung des historischen Zusammenhangs ein Sachurteil zu formulieren. Das abschließende Werturteil berücksichtigt dann die ethische Dimension der Äußerung Kästners.*

Kästner hält seine Rede im Jahre 1958, also 13 Jahre nach dem Untergang des „Dritten Reiches". Die Sichtweise Kästners stellt insofern einen prononcierten **reflektierenden Rückblick und eine Warnung für die Zukunft** zugleich dar. Die Äußerung Kästners sollte vor diesem Hintergrund nicht missverstanden werden als Absage an jegliche Form des Widerstandes gegen eine bereits etablierte Diktatur.

Im Hinblick auf die **Verhinderung der nationalsozialistischen Diktatur** bezieht sich Kästner auf die Endphase der Weimarer Republik und vor allem auf das Jahr **1928** (vgl. Z. 42 f.). Dieses wird in der Forschung allgemein als der Beginn des **Aufstiegs der NSDAP** zur Massenpartei gesehen. Auch vielen zeitgenössischen Beobachtern erschien der Weg der NSDAP bis zur „Machtergreifung", aber auch in der Phase der Herrschaftsetablierung und -sicherung nach 1933, als ein „**unaufhaltsamer Aufstieg**". Die vermeintlich mühelos errungenen außenpolitischen sowie die militärischen Anfangserfolge nach 1939 verstärkten den Mythos von der Unbesiegbarkeit des Nationalsozialismus. Auch nach der militärischen Wende auf dem Kriegsschauplatz in der Sowjetunion Anfang 1943 und nach den zunehmenden Misserfolgen an den verschiedenen Fronten konnten Widerstandsbestrebungen das System nicht vorzeitig stürzen. Weder der **Widerstand der Arbeiterbewegung oder einzelner couragierter Personen**, der schon unmittelbar nach der „Machtergreifung" begann, noch der **Widerstand gesellschaftlich-politischer, religiöser oder militärischer Gruppen** (z. B. „Rote Kapelle", „Bekennende Kirche", „Canaris"-Gruppe innerhalb der Wehrmacht) konnte, obwohl er gut organisiert war und auch mit dem Ausland kooperierte, die notwendige Durchschlagskraft entwickeln oder Impulse zu einem allgemeinen Volksaufstand liefern. Beispielhaft sei hier der **Attentatsversuch vom 20. Juli 1944** erwähnt, der letztlich im Desaster und dem Tod zahlreicher Widerstandskämpfer endete.

Die skizzierte Entwicklung scheint Kästner Recht zu geben mit der Behauptung, dass eine etablierte moderne Diktatur nicht mehr zu bekämpfen sei. Allerdings ist zu fragen, ob die Frage des Widerstandes gegen ein terroristisches Unrechtssystem sich nur am Erfolg oder Misserfolg ausrichten kann. Dies hieße, die **ethische Dimension** im historischen Prozess zu vernachlässigen. Denn unter einer ethischen Perspektive kann es kaum eine Legitimation dafür geben, die eigene Sicherheit und das eigene Recht auf Leben höher zu bewerten als die Rechte verfolgter Mitmenschen. Auch das **christliche Gebot der Nächstenliebe** kann in diesem Sinne verstanden werden. Die **Duldung einer Diktatur** bedeutet auch für den Einzelnen letztlich eine **individuelle Verstrickung und eine Teilhabe an ihrem Unrecht**. Sicher kann daraus kein kollektiver Vorwurf an alle Deutschen der damaligen Zeit abgeleitet werden, die den persönlichen Mut zum Widerstand unter Einsatz ihres Lebens nicht aufgebracht haben. Andererseits sollte die historische Erinnerung gerade solche Beispiele individueller Aufopferung wachhalten, um zu verdeutlichen, dass es Widerstand auch unter den Bedingungen der nationalsozialistischen Terrorherrschaft geben konnte. Ein wesentlicher Aspekt ist in diesem Zusammenhang sicher auch die Frage der **Verantwortung für die Nachwelt**, d. h. für das Ansehen des deutschen Volkes in der Zukunft. Wenn z. B. die SPD 1933 gegen das sogenannte Ermächtigungsgesetz stimmte und **Otto Wels**

dies in seiner berühmten Rede begründete, so bestand damals sicherlich keine Aussicht, dass diese Haltung die Etablierung der NS-Diktatur verhindern konnte, zumal die Abgeordneten der KPD bereits verhaftet, ermordet oder geflohen waren. Rückblickend ist aber zu konstatieren, dass dieses Verhalten in gewisser Weise zu einer Art **„Ehrenrettung" der damaligen politischen Klasse und des deutschen Volkes** beigetragen hat.
Als weiteres Beispiel für einen solchen Widerstand, der heute fester Bestandteil unserer Erinnerungskultur ist, ließen sich die Flugblattaktionen der **„Weißen Rose"** um die **Geschwister Scholl** anführen. Auch ihre Aktionen hatten keinen unmittelbaren Erfolg. Sie rüttelten die Deutschen nicht auf und provozierten keine Massenerhebungen. Gleichwohl ist ihr Handeln im Gedächtnis unserer nationalen Kultur bewahrt und **dient in unserer Demokratie als positives Leitbild** aus der Vergangenheit.
Die rückblickende Perspektive Kästners beinhaltet zudem die Kenntnis um die vergeblichen Bemühungen des deutschen Widerstandes, Hitler zu töten und das System zu stürzen. Aus der zeitgenössischen Perspektive war dieses Wissen naturgemäß nicht vorhanden, sodass Entscheidungen aus der damaligen Situation heraus zu treffen waren. Viele Attentatsversuche auf Hitler – am bekanntesten wohl dasjenige **Stauffenbergs** – scheiterten aber an Zufälligkeiten. Inwieweit diese Versuche im umfassenden Sinne hätten erfolgreich sein können, wenn die Tötung Hitlers gelungen wäre, ist spekulativ.
Wenn Erich Kästner die Schlussfolgerung zieht, dass der Widerstand gegen den NS vor der eigentlichen Machtübernahme hätte beginnen müssen, so ist das grundsätzlich richtig. Es ist aber zu konstatieren, dass die Macht- und Interessenkonstellationen und insbesondere das Handeln politischer und wirtschaftlicher Eliten den Erfolg eines solchen Widerstandes in gleicher Weise infrage stellen. Die erbitterten **Auseinandersetzungen zwischen der KPD und der NSDAP**, die sich in der Spätzeit der Weimarer Republik zunehmend am Parlament vorbei auf der Straße vollzogen, führten historisch gesehen nicht zum Erfolg, sondern zur **Destabilisierung des Parlamentarismus**. Dies lag sicher auch daran, dass der **terroristische Charakter sowie die Dynamik des Nationalsozialismus** lange weder von den politischen Eliten noch von weiten Teilen der Bevölkerung erfasst wurden.
Bilanzierend lässt sich festhalten, dass die These Kästners ihre Berechtigung gerade in der noch jungen Demokratie der Bundesrepublik in dem Sinne hat, dass **eine erhöhte Wachsamkeit der Bürger gegenüber Tendenzen der Freiheitsberaubung** und der Einschränkung der gesellschaftlichen Partizipation seitens des Staates erforderlich ist, **um die Demokratie zu schützen**. Dazu gehören auch die Bereitschaft und die Pflicht, gegen solche Tendenzen Widerstand zu leisten. Die historische Lehre aus der NS-Diktatur sollte daher keinesfalls **als Absage jeglichen Widerstandes** in einer etablierten Diktatur interpretiert werden. Eine solche Haltung, wie sie Teile der deutschen Intellektuellen im Rahmen der „inneren Emigration" einnahmen, zu denen Kästner auch selbst zählte, mag subjektiv nachvollziehbar sein, kann aber nicht zur allgemeinen Handlungsanleitung erhoben werden.

Thema: Spanischer Kolonialismus in Lateinamerika

Aufgabenstellung

1. Fassen Sie nach einer Vorstellung des Textes die Ausführungen Hermann M. Görgens zusammen.
2. Erläutern Sie die im Text genannte „Unzufriedenheit und Hoffnungslosigkeit der Indios unter dem Encomiendasystem“ (Z. 7 f.).
3. Erörtern Sie ausgehend vom Text die Problematik der Zuweisung von Schuld und Verantwortung am Beispiel der Conquista und des Holocaust.

M: Hermann M. Görgen[1]: 500 Jahre Lateinamerika. Licht und Schatten (1992) [Auszug]

Sind schon die allgemeinen Zahlenangaben über die Indios zur Zeit der Entdeckung unzuverlässig, so gibt es keine Unterlagen für eine differenzierende Feststellung der Todesursache der Indios. In den Quellen sind angeführt: Überbeanspruchung der physischen Kräfte im Bergbau und der Plantagenarbeit, Hungersnöte, körperliche Züchtigung, Krankheiten durch Viren und Bakterien, Blattern[2], Lungen- und Darmkrankheiten, Lepra, Gelbfieber, Wundstarrkrampf, Zahnfäulnis, Masern, Pocken, Diphterie, Keuchhusten, Tuberkulose. Hinzu kam die Unzufriedenheit und Hoffnungslosigkeit der Indios unter dem Encomiendasystem, in dem es allerdings auch Encomendores gab, die die Indios, den königlichen Anweisungen entsprechend, milde und human behandelt haben. Mangelnde medizinische Betreuung, kriegerische Aktionen, Ausrottung durch Überfälle und kollektive Strafaktionen kamen hinzu.

Für diese Ursachen des Indio-Sterbens gibt es jeweils einzelne Schätzungen, jedoch keine präzisen Berechnungen. Immerhin gibt es in den Quellen Hinweise auf das große Indianersterben. […]

Der brasilianische Ethnologe Darcy Ribeiro sagt, mehr als die Hälfte der eingeborenen Bevölkerung Amerikas, Australiens und der Ozeanischen Inseln seien aufgrund von Ansteckungen nach dem Kontakt mit den Weißen zugrunde gegangen. Die Indios wurden von Krankheiten der Europäer schutzlos überfallen, Krankheiten, gegen die die Konquistadoren entweder schon immun waren oder gegen die sie selbst kein Heilmittel besaßen. […]

Aus Darcy Ribeiros oben erwähnter Feststellung können wir schließen, dass die eingeschleppten Krankheiten keine typische Erscheinung der Conquista Amerikas, sondern ein Weltereignis waren: die Ausbreitung von Seuchen und Epidemien in allen Erdteilen. Wer trägt die Schuld an Krebs, Aids, Alzheimerscher Krankheit, Malaria, Cholera, Grippeepidemie, Zuckerkrankheit? Kann man solche „Schuld“ Nationen,

Völkern zuweisen? In der Zeit der Conquista kannte man auch in Europa noch keine Immunmedizin, gab es noch keine Erkenntnisse über die Übertragungsmechanismen von Krankheiten. […]

Nicht die Waffen, sondern die Viren und Bakterien rotteten die Indios aus. […] Noch vor der Landung Kolumbus' in Santo Domingo suchte der „Schwarze Tod" Europa heim. Die Pest hat damals ganze Generationen vernichtet, Städte, Dörfer und große Landstriche entvölkert. Immer wieder hat sie vom 15. bis zum 18. Jahrhundert Europa und die Welt mit Katastrophen überzogen. Im 15. Jahrhundert entstanden Pestblätter, Bilder, Gebete zu Pestpatronen, Pestaltäre, Pestsäulen, Pestprozessionen, Pestheilige, Pestgelöbnisse. […]

Niemand kam bisher auf die Idee, den „Schwarzen Tod" oder „die Pest" als Völkermord zu bezeichnen, den man Nationen oder der Kirche zuschreiben könne. […]

Angesichts dieses Standes der Forschung mit ihren voneinander sehr abweichenden Berechnungen muss die Behauptung des größten „Völkermordes der Geschichte", für den keine einheitlichen Grunddaten bewiesen werden können, bezweifelt werden. Wenn die „demografische Katastrophe" für die Indianervölker zutrifft – wie man, obwohl auf unsicheren Zahlen aufbauend, oft annimmt –, entsteht die Frage, welches ihre Ursache war.

Sind die Eingeborenen von den Konquistadoren zu Millionen ausgerottet, systematisch umgebracht worden? Sind die Europäer die grausamen Unterdrücker der Eingeborenen in der „Neuen Welt" gewesen? Lässt sich der Bevölkerungsschwund – wenn er in der geschätzten Größenordnung stattgefunden haben sollte – mit den kriegerischen Aktionen der Konquistadoren erklären? Hat die Kirche eine umfassende Verantwortung für die behaupteten oder tatsächlichen Ausrottungen und Grausamkeiten zu tragen? Ist der mit schrecklichsten Geschehnissen der neuesten Weltgeschichte belastete Begriff des Völkermordes überhaupt auf die Zeit der Conquista übertragbar?

Hermann M. Görgen: 500 Jahre Lateinamerika. Licht und Schatten, LIT Verlag 1992.

Anmerkungen:
1 Hermann M. Görgen (1908–1994): langjähriger Leiter der Deutsch-Brasilianischen Gesellschaft und des Lateinamerika-Zentrums in Bonn
2 Blattern: durch Pockenviren übertragene Infektionskrankheit

Hilfsmittel:

Keine

Erläuterungen und Bearbeitungshinweise

Die Prüfungsaufgabe bezieht sich auf das Rahmenthema 2 (Wahlmodul 5: Spanischer Kolonialismus) mit Übergriff auf das Rahmenthema 3 (Wahlmodul 6: Nationalsozialismus und deutsches Selbstverständnis) und mit Bezügen zum Rahmenthema 4 (Gedenk- und Erinnerungskultur).
Zunächst soll anhand einer Sekundärquelle/Darstellung eine Position zur „demografischen Katastrophe" in Mittel- und Südamerika im 16. Jahrhundert erarbeitet werden. Diese Position soll dann anhand bekannter historischer Fakten erläutert und anschließend im Zusammenhang mit dem Vorwurf des Völkermordes in Bezug zum Holo-

caust gesetzt werden, was auch den Semesterübergriff darstellt. Da bei der letzten Aufgabe die Erinnerungskultur ein wichtiger Indikator für die Einstufung des jeweiligen Ereignisses ist, gibt es auch Bezüge zum 4. Semester.
Unter den Kategorien „Individuum und Gesellschaft" und „Wirtschaft und Umwelt" stehen als historische Dimensionen die „Kultur- und Ideengeschichte", „Wirtschaftsgeschichte", „Umweltgeschichte" und „Politikgeschichte" im Mittelpunkt. Die Perspektiven sind global und national.

Verbindliche Gewichtung der Teilaufgaben

Teilaufgabe	überwiegend Anforderungsbereich	Gewichtung in Prozent
1	I	25
2	II	40
3	III	35

Lösungsvorschläge

1. *In Aufgabe 1 geht es darum, nach einer kurzen quellenkritischen Einführung in eigenen Worten und unter Wahrung der sprachlichen Distanz (Konjunktiv!) die wesentlichen Aussagen des Textes zusammenzufassen (AFB I). Dabei sollte der Gedankengang durch aufeinander bezogene Einleitungs- und Schlusssätze besonders deutlich gemacht werden. Den Anlass des Textes kann man aus dem Veröffentlichungsjahr 1992 schließen. Daher sollte eine Einordnung in die Diskussion um den 500. Jahrestag der Fahrt des Kolumbus vorgenommen werden.*

   Die vorliegende Quelle ist ein **Auszug** aus dem von **Hermann M. Görgens** verfassten Werk **„500 Jahre Lateinamerika. Licht und Schatten"**, erschienen **1992**. Der Autor ist ein **Lateinamerikaexperte** und richtet sich außer an Fachkollegen auch allgemein an die geschichtlich interessierte Öffentlichkeit. Der Text gehört in den Zusammenhang der **Diskussion anlässlich der 500. Wiederkehr der Entdeckung Amerikas durch Kolumbus**.
   Der Autor beschäftigt sich im vorliegenden Text mit der „demografische[n] Katastrophe" (Z. 41) in Lateinamerika im 16. Jahrhundert, also dem **Aussterben großer Teile der indigenen Bevölkerung im Zusammenhang mit der spanischen Kolonialherrschaft**, und mit der Frage, ob sie als „Völkermord" (z. B. Z. 36 f., Z. 39) zu bezeichnen sei.
   Zunächst gibt er die **Ursachen für das Massensterben** wieder, die **aus den zeitgenössischen Quellen** bekannt sind: Krankheiten, Erschöpfung durch schwere körperliche Arbeit in Bergwerken und auf Plantagen, Folgen von körperlichen Strafen, außerdem Hungersnöte, Hoffnungslosigkeit und kriegerische Handlungen (vgl. Z. 3–11). Es gebe allerdings keine präzisen Berechnungen (vgl. Z. 1 ff., 12 ff.).

Die **Ausbreitung von vorher unbekannten Krankheiten** sei für indigene Bevölkerungen auf allen Erdteilen ein Problem gewesen, z. B. auch in Australien, sie sei aber **kein absichtlich herbeigeführtes Geschehen**, da auch die Europäer selbst gegen Krankheiten wie z. B. die Pest machtlos gewesen seien (vgl. Z. 15–29). Daher könne man das Sterben infolge der Krankheiten **nicht als Völkermord bezeichnen** (vgl. Z. 36 f.).
Darauf aufbauend führt der Autor aus, dass man allgemein die „demografische Katastrophe“ nicht als absichtlich herbeigeführt ansehen könne, da es dafür keine nachweisbaren Grunddaten gebe (Z. 38–43).
Er schließt seine Ausführungen mit vielen unbeantworteten Fragen zu Ursachen und Absichten und den möglichen Schuldigen am Massensterben der indigenen Bevölkerung (Konquistadoren, Kirche), wobei er besonders den Begriff des „Völkermordes“ in diesem Zusammenhang stark infrage stellt (Z. 50 ff.).

2. *In dieser Aufgabe geht es darum, das Encomienda-System schlüssig und differenziert darzustellen und daraus die psychologische Verfassung der davon erfassten indigenen Bevölkerung abzuleiten (AFB II). Dabei sollte der Text bzw. das Zitat deutlich erkennbar als Ausgangspunkt dienen.*

„**Encomienda**“ bedeutet wörtlich „Anvertrauen“. Hier wurde die **indigene Bevölkerung eines Gebietes oder eines Dorfes einem Konquistador (dem Encomendero) „anvertraut“**. Die Indigenen mussten für ihn **arbeiten**, gleichzeitig sollten sie für den christlichen Glauben gewonnen, also **missioniert** werden. So beabsichtigte es zumindest die spanische **Königin Isabella** mit ihrer **Verfügung von 1503**. Diese war bereits eine Reaktion auf Ansätze von Konquistadoren, die Indigenen wie Sklaven auszubeuten. Die königliche Verfügung betonte dagegen, die **Indigenen** seien **freie Menschen** und hätten daher auch einen angemessenen Lohn für ihre Arbeit zu erhalten. Sie sollten durch diese Verfügung **geschützt** werden.
Das Problem war, dass die Überwachung der Einhaltung dieser Bestimmungen von Spanien aus so gut wie unmöglich war. So sah die **Wirklichkeit ganz anders** aus: die **Konquistadoren**, oft arme spanische Adlige, waren v. a. auf **Gewinn** aus und wollten – mit wenigen Ausnahmen (vgl. Z. 8 f.) – besonders viel aus ihrem neuen Besitz herauspressen, auch auf Kosten der indigenen Bevölkerung. Sie orientierten sich am Vorgehen gegen die maurische Bevölkerung in Spanien während und nach der **Reconquista**, die in ähnlicher Weise ausgenutzt und zwangschristianisiert wurde.
So wurden **die Indigenen durch ihre eigenen Dorfvorsteher (Kaziken) zur Arbeit eingeteilt**, die ihrerseits dazu Vorgaben vom Encomendero erhielten. Von Lohn war keine Rede. Oft bedeutete der Arbeitseinsatz die mehr oder weniger dauerhafte **Trennung von der Familie**, z. B. beim Einsatz in **Bergwerken**, wobei häufig Frauen und Kinder in den Dörfern zurückblieben und die Männer für Monate zur Minenarbeit wegzogen. Die Familien in den Dörfern hatten große Probleme, sich zu versorgen, außerdem **sank die Geburtenrate**. Die Männer, die

nicht in Bergwerken unter **katastrophalen Arbeitsbedingungen** umkamen, blieben oft dauerhaft im Umkreis der Minen und gingen dort neue Beziehungen ein (vgl. Silberbergwerke von Potosì). Aber auch der Einsatz in der **Landarbeit** nahm keine Rücksicht auf Klima und Leistungsfähigkeit der Indigenen, sodass die **Todesrate auch hier hoch** war. Die **Krankheiten, die die Europäer** einschleppten und denen die Indigenen nichts entgegenzusetzen hatten, verstärkten die psychologischen Folgen des **Encomienda-Systems**, die Görgens in Z. 7 beschreibt: Es herrschten Verzweiflung und **Hoffnungslosigkeit**. So sank die Geburtenrate der indigenen Bevölkerung bei einem gleichzeitigen starken Anstieg der Sterberate. Die „**demografische Katastrophe**" (Z. 41) war die Folge.
Allerdings war diese Katastrophe **lokal sehr verschieden** ausgeprägt: Während in der Karibik fast die gesamte indigene Bevölkerung ausgerottet wurde bzw. mit der afrikanischen Sklavenbevölkerung verschmolz, blieb sie in Mexiko, Peru und Bolivien erhalten, obwohl es auch dort erhebliche Verluste gab.
Die **Kirche** reagierte als Erste auf diese Vorgänge: besonders **de las Casas**, ursprünglich selbst ein Encomendero, **kritisierte ab 1514 diese Verhältnisse** und forderte ein Umdenken und eine Rücksichtnahme auf die Indigenen. Sie sollten nicht ausgebeutet und vernichtet, sondern missioniert werden. Er empfahl, afrikanische Sklaven als Arbeitskräfte zu importieren, was dann auch geschah – mit fatalen Folgen für viele Bewohner Afrikas.

3. *Bei der Bearbeitung dieser Aufgabe kommt es auf eine klare Textstruktur an, in der ausgehend vom Material und unter Berücksichtigung der verschiedenen Perspektiven (z. B. Opfer/Täter) die beiden historischen Kontexte sinnvoll untersucht werden (AFB III). Als Beurteilungskriterien müssen unsere heutigen Werte, also v. a. die Menschenrechte, dienen. Da die Einschätzung von Schuld und Verantwortung eng mit der Aufarbeitung der beiden historischen Epochen in den jeweiligen Gesellschaften zusammenhängt, ist es hier sinnvoll, auf das im 4. Semester erarbeitete Wissen zur Erinnerungskultur und speziell zu den Gedenktagen zurückzugreifen. Am Ende muss klar ein eigenes Urteil stehen, das aus dem vorhergehenden Text begründet wird. Wichtig ist bei dieser Aufgabe, dass Sie sich nicht in Einzelheiten verlieren und immer den Gesamtzusammenhang im Auge behalten. Deshalb sollten Sie sich auf alle Fälle vorher Notizen zur Argumentationsstruktur machen, die Sie dann systematisch abarbeiten.*

Eingangs muss man feststellen, dass es schon allein aufgrund ihrer unterschiedlichen Dauer sehr **schwierig** ist, **die beiden Epochen zu vergleichen**. Trotzdem kann man auf der **Basis unseres heutigen Wertesystems**, v. a. mit Bezug auf die Menschenrechte, eindeutig Schuld und Verantwortung erkennen, die freilich rückblickend leichter zu definieren sind, als sie für die Zeitgenossen, die direkt in das Geschehen verstrickt waren, erkennbar waren. Als ein Kriterium kann man durchaus die in Görgens Text formulierte **Kategorie der „Absicht"** des Handelns der zeitgenössischen Täter verwenden (vgl. Z. 24–28, 36 f.). Über allem Verständnis für die Zeitgenossen und die damaligen Lebensumstände darf man dabei

individuelle wie kollektive Grausamkeiten nicht verharmlosen. Bis heute besteht das **Problem, solche Taten einzugestehen**, was sich in der Erinnerungskultur zu beiden geschichtlichen Phasen widerspiegelt.
Die Probleme bei der Zuweisung von Schuld und Verantwortung werden bei der **Conquista** besonders im Zusammenhang mit der von Görgens beschriebenen „demografische[n] Katastrophe" (Z. 41) deutlich. Während man die **Krankheiten der Europäer**, denen die indigene Bevölkerung schutzlos ausgesetzt war, in der Tat **keinem als beabsichtigte Tötung** vorwerfen, sondern sie als „Weltereignis" (Z. 23) sehen kann, ist die Tatsache, dass man sich **andere Erdteile und Völker unterwirft,** aus heutiger Sicht **moralisch äußerst fragwürdig**. Allerdings diente der Kontakt zwischen den Erdteilen auch dem Handel und Austausch von Nutzpflanzen und Nutztieren. Die **Bevölkerungsverluste**, die aus den **unmenschlichen Arbeitsbedingungen** im Encomienda-System resultierten, haben aber natürlich etwas mit Schuld und Verantwortung zu tun. Diese lag einerseits **bei der spanischen Krone**, die Kolumbus aus Gewinnstreben nach „Indien" geschickt hatte und die zunächst von den Silberimporten und dem aufblühenden Handel profitierte. Andererseits war auch **jeder Konquistador auf seinen Gewinn bedacht**, wie die zahlreichen Verträge der spanischen Krone mit Konquistadoren aus dem frühen 16. Jahrhundert zeigen. Hier gab es Handlungsspielräume und **Möglichkeiten der Rücksichtnahme,** die aber mit wenigen Ausnahmen **nicht genutzt** wurden. Zur Entschuldigung dieses Verhaltens wurde in der Diskussion seit 1992 das Argument verwendet, die Konquistadoren seien **„Kinder ihrer Zeit"** gewesen und hätten sich nicht schlimmer verhalten als andere Adlige in Europa. Das trifft sicher teilweise zu, nicht zuletzt auf die Behandlung der maurischen Bevölkerung in Spanien im Zuge der Reconquista, kann aber nicht der Exkulpation, weder von **individueller** noch von **kollektiver Schuld**, dienen.

Wenn man den Konquistadoren auch **keinen dem Nationalsozialismus vergleichbaren Rassismus** gegenüber den Indigenen unterstellen kann – so kam es in der Anfangsphase der Conquista zu vielen Verbindungen zwischen Europäern und Indigenen – so wird doch schon in Kolumbus' Bordbucheintragung über sein erstes Zusammentreffen mit **Indigenen** deutlich, dass man sie wie Kinder und **nicht auf derselben Ebene wie Europäer stehend** ansah.
Dass das Aussterben der Indigenen schon aus wirtschaftlichen Gründen nicht beabsichtigt war, liegt auf der Hand, denn ihre Arbeitskraft wurde gebraucht. Die von dem Dominikaner de las Casas geforderte **Einfuhr afrikanischer Sklaven** führte zu vorsätzlichen Grausamkeiten an Teilen der west- und zentralafrikanischen Bevölkerung.
Die **Rolle der Kirche** war **ambivalent:** Zwar wollte sie die Missionierung der Indigenen, aber zu diesem Zweck war sie auf ihren Schutz bedacht, damit ihr die Gläubigen auch erhalten blieben. So diente die Kirche als Mittel der spanischen Herrschaft, aber auch als Schutzmacht der indigenen Bevölkerung. Daher erfolgte hier auch die erste Kritik an der Realität der spanischen Herrschaft. Die Krone reagierte durchaus darauf, konnte aber ihre Ziele unter den damaligen Kommunikationsbedingungen nicht überwachen und wollte es auch nicht, so lange sie von

den überseeischen Kolonien profitierte. So kam es zu einer eigenen, durchaus unterschiedlichen Entwicklung vor Ort.
Entsprechend **gespalten** ist daher **im heutigen Süd- und Mittelamerika die Erinnerungskultur** im Zusammenhang mit der spanischen Kolonialherrschaft ausgeprägt, speziell die Deutung der Fahrt des Kolumbus. Traditionell wurde der **12. Oktober** als „Tag der Rasse“ (auch „Tag der Hispanität“ oder „Tag der Entdeckung“) im Sinne der spanischen „Rasse“ begangen. Die kulturellen, technischen und wirtschaftlichen Leistungen und die spanische Sprache wurden, zusammen mit dem Christentum, als Vorteile für die „rückständigen“ Indigenen gefeiert (sogenannte rosa Legende). Die Diskussion um den 500. Jahrestag der Entdeckung Amerikas 1992 zeigte aber auch die **Gegenbewegung**: das Bedürfnis der Nachkommen der Indigenen, ihre eigene Kultur aufzuwerten und Kolumbus und die Conquista zu verdammen. Dies führte zum Sturz von Kolumbus-Denkmälern und zur Umdeutung des 12. Oktober als Anfang des Völkermordes an den Indigenen („schwarze Legende“). In diesem Sinn wird der Tag in vielen, v. a. linksgerichteten lateinamerikanischen Ländern begangen, z. B. als „**Tag des indigenen Widerstandes**“ (Venezuela).

Kann man bei der Haltung der spanischen Konquistadoren gegenüber den Indigenen in Süd- und Mittelamerika noch teilweise von „unbeabsichtigten Grausamkeiten“ sprechen, so ist das im Zusammenhang mit dem **Holocaust** nirgends festzustellen. Hitler hatte 1924 in „**Mein Kampf**“ erstmals seine **Rassenideologie** veröffentlicht. Gleich nach der „Machtergreifung“ 1933 gab es im März die ersten Ausschreitungen gegen die jüdische Bevölkerung in Form eines Geschäftsboykotts und im April 1933 das „Gesetz zur Wiederherstellung des Berufsbeamtentums“, durch das Juden ihre Stellen im öffentlichen Dienst verloren. **Schrittweise** wurden **Ausgrenzung und Diskriminierung** vorangetrieben: 1935 durch die „Nürnberger Rassegesetze“, die u. a. Ehen zwischen Juden und Nichtjuden verboten. Die Reichspogromnacht im November 1938 bildete den Auftakt zur **systematischen Verfolgung**. Mit Ausbruch des Zweiten Weltkrieges weitete das NS-Regime die Verfolgung der europäischen Juden aus. Die deutsche Bevölkerung wurde durch **gezielte Propaganda** zum Hass gegen Juden, Sinti und Roma u. a. „Gemeinschaftsfremde“ erzogen. Diese konnten nicht Teil der rassisch definierten „**Volksgemeinschaft**“ der Arier bzw. der Deutschen sein. So ergab sich ein fatales Band zwischen „Führer“ und Volk, eine **Tätergemeinschaft**, wenn es darum ging, z. B. am Besitz enteigneter und deportierter Juden im Großen (Warenhäuser, Firmen u. a.) wie im Kleinen (Hausrat) zu profitieren (**Arisierung**). Wenn Hitler auch den Holocaust nie offiziell angeordnet hat, gab es doch genügend Deutsche, die bereitwillig in seinem Sinn handelten und die Maschinerie der industriellen Tötung in Gang hielten. Andere nahmen z. B. als Ärzte an der Tötung Behinderter im Rahmen des **„Euthanasie“-Programms** teil. Hier sind **Schuld und Verantwortung klar zuzuordnen**. Nach Ende des Krieges und nach dem Zusammenbruch des NS-Regimes war das **Eingestehen dieser Schuld aber nicht selbstverständlich**. Wurde ein Schuldiger vor ein Gericht der Alliierten oder später vor die deutschen Spruchkammern gestellt, verwies er/sie meistens darauf,

nur dem damals geltenden Recht gefolgt zu sein bzw. Befehle „von oben“ ausgeführt zu haben.
Im Holocaust war eindeutig eine Tötungsabsicht vorhanden, man kann klar von Schuld und Verantwortung sprechen, aber ihr Eingeständnis ließ lange auf sich warten oder erfolgte nie. Entsprechend schwer fiel es v. a. der Bundesrepublik, die NS-Vergangenheit aufzuarbeiten. In den 1950er-Jahren wurde sie nach dem schnellen Ende der **Entnazifizierung** durch die Westalliierten zunächst weitgehend verdrängt. Erst mit den **Auschwitz-Prozessen** und dem **Eichmann-Prozess** begann in den 1960er-Jahren eine Aufarbeitungswelle, die durch die 68er-Revolte noch unterstützt wurde. Aber erst in den 1980er- und 1990er-Jahren, nach dem Tod der Tätergeneration, war die ernsthafte Aufarbeitung möglich. Und **erst seit 1996 gibt es einen offiziellen Holocaust-Gedenktag** (27. Januar, Tag der Befreiung von Auschwitz), seit 2005 das Holocaust-Mahnmal in Berlin. Ein Mahnmal für die ermordeten Sinti und Roma in Berlin wurde erst 2012 errichtet.

Wenn man also bei den Konquistadoren und ihrem Verhalten gegenüber der indigenen Bevölkerung nicht in jedem Fall von einer Tötungsabsicht ausgehen kann, war sie bei den Tätern des Holocaust klar vorhanden. Aus der Sicht der Opfer gab es keinen Unterschied: Sie befanden sich jeweils in einer aussichtslosen Situation, ihre Menschenrechte wurden missachtet.

Abiturprüfung Niedersachsen 2013 – Geschichte
Erhöhtes Anforderungsniveau – Aufgabe I

Thema: Formen des historischen Erinnerns

Aufgabenstellung

1. Geben Sie nach einer quellenkritischen Vorstellung von M 1 die Ausführungen Helmut Schmidts wieder.
2. Ordnen Sie M 1 in den Kontext der Aufarbeitung von Schuld und Verantwortung nach 1945 ein.
3. Erläutern Sie ausgehend von M 1 die mit verschiedenen Formen historischer Erinnerung verbundenen Intentionen.
4. Erörtern Sie, wie ein angemessenes Gedenken an die Opfer der nationalsozialistischen Gewaltherrschaft aussehen könnte. Berücksichtigen Sie hierbei alle Ihnen vorliegenden Materialien.

M 1: Bundeskanzler Helmut Schmidt am 17. Mai 1979 vor dem Deutschen Bundestag [Auszug]

Wenn wir in diesen Tagen die dreißigjährige Wiederkehr des Inkrafttretens unseres Grundgesetzes begehen, so ist das gewiss ein gutes Datum. Aber im Jahre 1949 wurde auch die Teilung Deutschlands auf lange Zeit verfestigt. Und so ist dieser Jahrestag für jeden Deutschen zugleich auch ein schmerzliches Datum. Das Jahr 1979 erinnert uns dann ebenfalls an das Jahr 1939, das Jahr des Kriegsausbruchs. So ist es zugleich ein Datum, das uns zu der Besinnung mahnt, dass es ohne den Krieg eine deutsche Teilung nicht gegeben hätte. Als wir damals vor 30 Jahren in den demokratischen Parteien darangingen, diesen Staat aus den Trümmern aufzubauen, hatten wir uns als Erstes mit der Last der Vergangenheit auseinanderzusetzen. Viele in Deutschland haben sich von Anfang an der Geschichte gestellt, insbesondere der damals jüngsten Geschichte. Aber es sollte und darf wohl auch nicht verschwiegen werden: Das haben nicht alle getan. Andererseits gab es die Erklärung der EKD[1] schon 1945 in Treysa, die sich zu den Fehlern der Vergangenheit bekannte. Es gab die große Rede Theodor Heuss'[2] im November 1952 bei der Einweihung des Erinnerungsdenkmals in Bergen-Belsen, es gab die Auseinandersetzung mit Alain Resnais' Film „Nacht und Nebel“, es gab die ungewöhnliche Verbreitung des „Tagebuchs der Anne Frank“ – es wurden damals in Deutschland 400 000 Exemplare davon verkauft – aber es gab eben auch Neonazismus: die Sozialistische Reichspartei, vom Verfassungsgericht dann verboten, später DRP[3], später NPD, es gab auch Hakenkreuzschmierereien und die Schändung jüdischer Friedhöfe. […] Dies alles sind Stationen eines mit Schwächen, mit Fehlern, mit Zweifeln, mit Ängsten, mit Verdrängungen – auch mit Schuld! – behafteten Versuchs gewesen, unsere, wie man bei uns zu sagen pflegt, Vergangenheit zu bewältigen und aus ihr zu lernen. Vieles haben wir gewiss zu spät begonnen, zum Beispiel die KZ-Prozesse.

Aber wir haben diesen Weg auch am Anfang und von Anfang an sehr ernsthaft zu gehen versucht. Der Versuch ist noch nicht beendet, er ist noch nicht vollendet. Als die Holocaust-Serie[4] über unsere Fernsehschirme lief, wurden wir mit der nationalsozialistischen Vergangenheit in einer Weise konfrontiert, die wir vorher so noch nicht versucht hatten. Wir hatten unsere Vergangenheit rational zu begreifen versucht. Aber wir hatten sie dadurch von den Gefühlen weitgehend ausgesperrt. Warum war das so? Vielleicht war es die Angst, sich dieser Erschütterung auszusetzen. Aber es kann auch sein, dass uns ein Gefühl der Scham gehindert hat, unserem Gefühl der Trauer Ausdruck zu geben. Die Trauer um das Leiden der Verfolgten ist bei uns nicht von der Trauer über deutsche Schuld zu trennen. Die Gefahr bestand vielleicht, dass das Mitleid mit den Opfern in Selbstmitleid umgeschlagen wäre.

Konnten wir, durften wir so unbefangen sein, dem Gefühl des Mitleids freien Raum zu lassen? Jedenfalls war es gut, dass wir durch diesen Fernsehfilm Holocaust erschüttert wurden, Ältere und Jüngere. Die Jüngeren haben die Älteren gefragt: War das so? Und manche der Älteren brauchten dann nur mit dem Kopf zu nicken. Diese Erfahrung hat die Generationsbrüche zwischen der Kriegsgeneration und den Nachkriegsgenerationen sicherlich nicht eingeebnet. Aber sie hat doch begehbare Übergänge oder Brücken geschlagen. Jüngere sehen besser, warum uns Älteren jede Gefahr für Freiheit und Demokratie vielleicht übergroß erscheinen muss. Für die Jüngeren selbst ist das alles Geschichte, in ihrem Vorstellungsvermögen genauso weit weg wie Bismarck oder Napoleon, ganz weit weg, Geschichte, für die sie keine Verantwortung tragen. Vielleicht verstehen sie unsere Besorgnisse um die Freiheit jetzt viel besser, aber diese Besorgnisse teilen sie nur zum wenigsten. Jedoch: Die deutsche Vergangenheit wird auch die Jüngeren einholen; sie holt sie bereits ein. Die Debatte über die Verjährung von Mord, die wir im Bundestag führen, ist ein Beispiel dafür, auch ein Beispiel dafür, mit welcher Ernsthaftigkeit sich die Demokraten und ihre Parteien der Vergangenheit stellen, eine Debatte, die wir in dem Bewusstsein führen, dass sie von der ganzen Welt aufmerksam beobachtet wird. Die Welt hat mitverfolgt, wie im Majdanek[5]-Prozess einige der Angeklagten freigesprochen wurden. Das hat besonders in Israel und in Polen Befremden, ja zum Teil Empörung ausgelöst. Der Zwiespalt, in dem jeder Einzelne von uns bei der Verjährungsdebatte steht, tritt an diesem Beispiel besonders deutlich zutage. Wir verstehen die Reaktionen der KZ-Überlebenden und besonders der Angehörigen der Ermordeten. Unrecht muss gesühnt werden! Doch kann diese Sühne nur mit den Mitteln und nur im Rahmen des Rechts erfolgen. Das sind wir nicht nur uns selbst und unserer rechtsstaatliehen Ordnung schuldig, das sind wir auch den Ermordeten schuldig. Wir haben keine Justiz, die mit Mördern sympathisiert oder Mörder schützt, sondern wir haben eine Justiz, die an Recht und Gesetz gebunden ist. Jedermann hier hat Anspruch auf ein rechtsstaatliches Verfahren, auch wenn er sich mit furchtbarer Schuld beladen haben mag.

Anmerkungen:

1 Evangelische Kirche in Deutschland
2 erster deutscher Bundespräsident von 1949 bis 1959
3 Deutsche Reichspartei, 1950 gegründete rechtsradikale Partei, ging 1964/65 in der NPD auf
4 Amerikanische Fernsehserie aus dem Jahr 1978, die anhand einer fiktiven Familiengeschichte den Holocaust thematisiert und die im Januar 1979 auch im deutschen Fernsehen ausgestrahlt wurde.
5 Maidanek / Majdanek, Konzentrationslager in Lublin / Polen

M 2: Auszug aus dem Niedersächsischen Schulverwaltungsblatt (SVBl.) 12/2012

Amtliche, jährliche wiederkehrende Bekanntmachung des Niedersächsischen Kultusministeriums zum Umgang mit dem Gedenktag für die Opfer der nationalsozialistischen Gewaltherrschaft.

Der 27. Januar ist der Gedenktag für die Opfer der nationalsozialistischen Gewaltherrschaft. An diesem Tag wurde 1945 das Konzentrationslager Auschwitz befreit, das stellvertretend für alle Konzentrationslager und für ein System menschenverachtender Gewaltherrschaft steht. Im Sinne des Erlasses „Volkstrauertag und Gedenktag für die Opfer der nationalsozialistischen Gewaltherrschaft“ (s. SVBl. 11/2004, S. 502) bietet sich aus Anlass dieses Tages insbesondere die Beschäftigung mit der Geschichte von Gedenkstätten und deren Besuch an, um an die Opfer und Verfolgten der nationalsozialistischen Gewaltherrschaft zu erinnern.

M 3: Der Spiegel, Nr. 49/30. 11. 98

Hilfsmittel:

Keine

Erläuterungen und Bearbeitungshinweise

Nachdem mit der Einführung des neuen Kerncurriculums für die Oberstufe erstmals auch das vierte Semester abiturrelevant war, hielt der vorliegende Aufgabenvorschlag auch gleich eine Aufgabe zum Themenkomplex „Geschichts- und Erinnerungskultur" bereit. Er bezieht sich dabei vor allem auf das Kernmodul und verknüpft dieses mit Aspekten des Wahlpflichtmoduls „Nationalsozialismus und deutsches Selbstverständnis" des dritten Semesters (Wurzeln unserer Identität). Die Perspektive ist insofern eine rein nationale (die im Lösungsvorschlag in Aufgabe 4 allerdings auf eine europäische gehoben wird), die Dimensionen historischer Erfahrung sind Kultur- und Ideen- sowie Politikgeschichte.

Verbindliche Gewichtung der Teilaufgaben

Teilaufgabe	überwiegend Anforderungsbereich	Gewichtung in Prozent
1	I	20
2	II	25
3	II	25
4	III	30

Lösungsvorschläge

1. *Diese klassische Einstiegsaufgabe verlangt von Ihnen eine Inhaltsangabe nach vorangegangener Quellenkritik. Auf Letztere ist dabei besonderes Augenmerk zu legen. Verlangt wird von Ihnen hier so viel fachliche Expertise, dass Sie Gattung und Anlass angemessen einschätzen und würdigen können. Das sollte Ihnen aber nach dem Vorunterricht nicht schwer fallen. In der Inhaltsangabe selber ist der Konjunktiv der indirekten Rede dort zu verwenden, wo nicht anderweitig (z. B. durch Verben des Sagens) deutlich wird, dass es sich um Aussagen Schmidts handelt. Nur eine thesenartige Wiedergabe stände im Indikativ. Eine solche ist aber, solange es das Zentralabitur in Niedersachsen gibt, noch nie verlangt worden.*

   Bei M 1 handelt es sich um den Auszug aus einer **Rede**, die der damalige Bundeskanzler Helmut Schmidt (SPD) am 17. Mai 1979 aus Anlass des 30. Jahrestages des Grundgesetzes im Deutschen Bundestag hielt. Als **Chef der Bundesregierung** spricht Schmidt hier weniger für sich selbst denn als **Repräsentant eines Staatsorgans** öffentlich vor den Abgeordneten des Bundestages und damit mittelbar **zur gesamten deutschen Öffentlichkeit**. Der **feierliche Anlass** legt es nahe, dass dieser Rede eine **Appellfunktion** im Hinblick auf das **politische Selbstverständnis der Deutschen** zukommen sollte. Insofern formuliert Schmidt hier eine Art von **Standortbestimmung** für seine Gegenwart.
   Den **Jahrestag des Grundgesetzes** verknüpft Schmidt dabei mit dem Kriegsbeginn 1939. Der Zweite Weltkrieg wiederum sei die Ursache der deutschen Teilung

gewesen. Insofern lade das Datum zum Nachdenken ein und sei nicht rundheraus nur positiv zu würdigen. Von hier aus kommt er auf den **Umgang der Deutschen mit ihrer Vergangenheit** zu sprechen.
Nach 1945 hätten sich zahlreiche Deutsche ihrer Geschichte gestellt, allerdings nicht alle. Neben frühzeitigen Beispielen für die Übernahme von Verantwortung und Aufarbeitung habe es auch eine Kontinuität von nationalsozialistischen Parteien oder antisemitischen Ausschreitungen gegeben. Die Vergangenheitsbewältigung und der Versuch, aus der Vergangenheit zu lernen, seien nicht reibungslos verlaufen, sondern hätten viele Fehler, Zweifel, Ängste und Verdrängungen aufgewiesen und seien zu spät begonnen worden.
Der von Anfang an ernsthafte Versuch sei **noch nicht beendet**. Das zeige insbesondere die Ausstrahlung der amerikanischen Fernsehserie „Holocaust", die den vormals rationalen Bewältigungsversuchen eine emotionale Komponente hinzugefügt habe. Die mit der Ausstrahlung verbundene Erschütterung habe dazu beigetragen, die Ausblendung der Gefühle, die teilweise aus Furcht vor der Verwirrung von Mitleid und Selbstmitleid heraus erfolgt sei, zu beenden und den **Generationendialog über Schuld und Verstrickung** zu befördern. Die Jüngeren, die nicht unmittelbar verantwortlich seien, verstünden die **Sorge** der Älteren **um die Freiheit** jetzt besser. Auch sie würden von der Vergangenheit eingeholt, wie die **Verjährungsdebatte** im Bundestag zeige. Sie werde ebenso von einer internationalen Öffentlichkeit verfolgt wie der Majdanek-Prozess. Die Empörung in Polen und Israel über die ergangenen Urteile lege den Zwiespalt frei, in dem jeder Einzelne stehe: Unrecht, so furchtbar es sei, müsse gesühnt werden, jedoch nur im Rahmen des Rechtsstaates.

2. *Diese klassische Einordnungsaufgabe dürfte keine Schwierigkeiten bereiten und ist vermutlich bereits in der einen oder anderen Klausur in derselben oder zumindest ähnlichen Form gestellt worden. Die Aufgabenstellung greift exakt die Formulierung des dritten Stichpunktes im Wahlmodul 6 des dritten Semesters auf. Erwägenswert für die Bearbeitung sind folgende Punkte: Auch wenn dies nicht ausdrücklich gefordert ist, sollten Sie sich ruhig die Frage stellen, inwieweit Schmidts Ausführungen von 1979 ihrerseits zu historisieren sind. D. h. es geht hier nicht nur um die Vorgeschichte seiner Rede, sondern auch um die Frage, was folgte. Auf diese Weise können Sie die Einordnung nach zwei Seiten hin vornehmen, zumal eine kritische Auseinandersetzung mit Schmidts Thesen im weiteren Verlauf der Arbeit gar nicht eingefordert wird.*

Helmut Schmidts Ausführungen, die nach über 30 Jahren ihrerseits historisch geworden sind und nur noch bedingt den Standpunkt der aktuellen Erinnerungskultur widerspiegeln, nahmen im Jahre 1979 eine **Standortbestimmung** zum Thema der deutschen „**Vergangenheitsbewältigung**" vor. Die besondere Qualität seiner Zeit machte der Bundeskanzler dabei in der **Emotionalisierung des Gedenkens** an den Nationalsozialismus aus, die durch die Ausstrahlung der US-Fernsehserie „Holocaust" 1979 die bundesdeutsche Öffentlichkeit erreicht hatte.

Unmittelbar nach dem Zusammenbruch des „Dritten Reiches“ im Mai 1945 setzten **Entnazifizierungsbestrebungen** der Alliierten ein. Diese wurden in den Westzonen mit unterschiedlicher Konsequenz durchgeführt. Viele Schuldige wurden nach dem Grundsatz **individueller Schuldzumessung** verurteilt. Dies galt insbesondere für die Angeklagten im **Nürnberger Kriegsverbrecherprozess 1945/46**. Die verbliebene Führungselite des Nationalsozialismus wurde hier abgeurteilt, vielfach zum Tode verurteilt und hingerichtet.
Indes wurden diese und weitere Prozesse von der deutschen Öffentlichkeit zum Teil als **Siegerjustiz** empfunden, zum Teil aber auch kaum beachtet, da die **existenzielle Not** so groß war, dass man vollauf mit der Sicherung des eigenen Lebensunterhaltes beschäftigt war. Die Diskussion von Schuld und Verantwortung blieb auf wenige Intellektuelle bzw. Gruppen beschränkt, vgl. etwa die Erklärung der EKD von 1945 (vgl. Z. 12). Die Vergangenheit und ihre moralische Komponente spielte daher alsbald keine große Rolle mehr. Im Laufe der 1950er-Jahre, nachdem die Not der ersten Nachkriegsjahre überwunden war, verfestigte sich diese Haltung auch in der Politik. Trotz einzelner mahnender Worte wie jene des damaligen Bundespräsidenten Heuss in Bergen-Belsen (vgl. Z. 13 ff.) wurde das Thema **Schuld** im ersten Jahrzehnt der Bundesrepublik weitgehend **verdrängt**. Nachdem die Schuldigen vermeintlich alle verurteilt waren, **fühlten sich die Deutschen mehrheitlich als Opfer**, sei es des Nationalsozialismus, sei es der alliierten Sieger. Der entdifferenzierte Opferbegriff, mit dessen Hilfe man sich aller Diskussionen entledigte und sogar forderte, unter die Zeit des NS müsse nun endlich ein „**Schlussstrich**“ gezogen werden, prägte einerseits die Debatten der 1950er-Jahre. Andererseits begann die Bundesregierung bereits in den 1950er-Jahren mit **Wiedergutmachungszahlungen** an einzelne sogenannte Kriegsbeschädigte und übernahm so Verantwortung für die Verbrechen des Nationalsozialismus.
Ansätze zum Durchbrechen von **Opferdiskurs** und **Schlussstrichmentalität** lieferten spätere Prozesse, in denen ab dem Ende der 1950er-Jahre gegen Täter verhandelt wurde, die aus dem Kreis einfacher Dienstgrade und Wachmannschaften stammten: die kleinen Erfüllungsgehilfen, die im begrenzten Rahmen zum Massenmord beigetragen hatten. Die **Ulmer Einsatzgruppenprozesse** 1958, der **Eichmann-Prozess** in Jerusalem ab 1961 sowie der Frankfurter **Auschwitz-Prozess** ab 1963 warfen ebenfalls ein neues Licht auf die Verbrechen, indem sie den Kreis der Täter tief in die Gesellschaft hinein erweiterten. Auch **antisemitische Gewaltaktionen 1959** trugen dazu bei, dass der Umgang mit der Vergangenheit breiter diskutiert wurde. Der **Opferdiskurs** wandelte sich allmählich zum **Täterdiskurs**. Die Generation der **68er** trug den Konflikt mit der Generation ihrer Väter offen aus, sie brach Tabus und ersetzte das Schweigen durch die **bewusste Thematisierung der Schuldfrage**. Dennoch blieb im Rahmen der regelmäßig wiederkehrenden **Verjährungsdebatten** auch die Gegenseite präsent und forderte jeweils, mit der NS-Vergangenheit müsse **endlich abgeschlossen** werden.
Mit der Ausstrahlung der **Fernsehserie „Holocaust“** erreichte die öffentliche Diskussion, wie von Schmidt angedeutet, sowohl quantitativ als auch qualitativ neue Ausmaße. Tatsächlich begann sich jetzt eine Sichtweise abzuzeichnen, die an die Stelle der noch von Schmidt so genannten Vergangenheitsbewältigung (vgl.

Z. 22 f.) eine **Erinnerungskultur** setzte, in der es nicht mehr darum ging, mit den NS-Verbrechen abzuschließen, sondern sie permanent im Gedächtnis zu behalten. Die **Verjährungsdebatten** wurden im selben Jahr (1979) dadurch beendet, dass Mord seither nicht mehr verjährt. NS-Verbrechen waren somit unbegrenzt verfolgbar. Ein weiterer Markstein war die Rede, die Bundespräsident von **Weizsäcker 1985** anlässlich des 40. Jahrestages des Kriegsendes hielt. Weizsäcker differenzierte sorgfältig zwischen den unterschiedlichen Opfergruppen und den Tätern. Zugleich schrieb er die **Aufgabe des historischen Erinnerns** auf Dauer fest. Waren die achtziger Jahre noch geprägt von großen Diskussionen um die Schuld als solche, z. B. im sogenannten **Historikerstreit** von 1986, so arbeitete sich die neue, Berliner Republik vor allem an den Formen des Gedenkens, z. B. an dem großen **Denkmalsprojekt Holocaustmahnmal** in Berlin ab. Insofern hat sich auch in den letzten 34 Jahren noch viel getan, um die Erinnerung an die NS-Verbrechen zu einem konstitutiven **Bestandteil der deutschen Identität** werden zu lassen.

Einen ganz anderen Verlauf nahm die Aufarbeitung von Schuld und Verantwortung in der sowjetisch besetzten Zone, der späteren **DDR**. Hier erfolgte die **Entnazifizierung** nach 1945 **viel radikaler**. Die NS-Kader wurden aus staatlichen Ämtern entfernt und vielfach inhaftiert. Generell beurteilten UdSSR und SED das Problem indes weniger individuell als vielmehr vom **Standpunkt** des Klassenkampfes aus: Der **Faschismus als letzte Stufe des Kapitalismus war durch den Sieg der UdSSR vernichtet**, die NS-Führungsschicht entfernt. Das bedeutete, dass der Faschismus nach Lesart der Kommunisten komplett überwunden war. Daher **lehnte die DDR jegliche Verantwortung für die Verbrechen des NS ab**, betonte aber die Kontinuität der Karrieren einzelner Funktionsträger in der Bundesrepublik, was wiederum die Aufarbeitung in der Bundesrepublik ab den Sechzigerjahren beförderte.

3. *Der zu dieser Aufgabe vorgelegte Erwartungshorizont sieht vor, dass Sie die verschiedenen Formen der Erinnerung (Rede, Film, Gedenkfeier etc.) aus dem Text herausarbeiten und in ihrer je besonderen Eignung und Leistung bestimmen. Wie Sie die Aufgabe bearbeiten, hängt allerdings entscheidend vom Vorunterricht ab. Wenn Sie stärker über Erinnerungs- und Gedächtnistheorien gesprochen haben und diese mit den „Formen historischer Erinnerung" identifizieren, werden Sie die Aufgabe vermutlich eher im Sinne des letzten Absatzes bearbeiten und eine Ihnen bekannte Theorie auf die Rede Schmidts anwenden. Es steht Ihrem Prüfer dann frei, die Triftigkeit Ihrer Ausführungen vor dem Hintergrund des Vorunterrichts zu würdigen.*

Die Ausführungen der vorigen Aufgabe hatten gezeigt, dass spätestens im wiedervereinigten Deutschland die **Geschichte des Nationalsozialismus** nicht mehr im Sinne einer Überwindung bewältigt werden soll oder kann, sondern im **kollektiven Bewusstsein** der Deutschen gewissermaßen **auf Dauer verankert** ist. Die Verbrechen im Namen dieser menschenverachtenden Ideologie dienen als negativer

Bezugspunkt und mahnendes Beispiel eines Irrwegs für die positive Ausgestaltung des freiheitlich-demokratischen Staatswesens. Der Begriff der **historischen Erinnerung** beschreibt die Präsenz eines historischen Themas in der **Geschichtskultur** und im Bewusstsein der Bevölkerung zum Zwecke der – individuellen wie kollektiven – **Identitätsstiftung**.

Eine solche praktische Nutzanwendung historischen Wissens kann auf verschiedene Weisen in das gesellschaftliche Leben eingebunden sein. An der Spitze der **Formen der Erinnerung** steht das **offizielle staatliche Gedenken** in Form eines **Festaktes**. In diesem Rahmen ist auch Helmut Schmidts **Rede** gehalten worden. Im Rahmen solcher Feierstunden wird eine staatlich sanktionierte, verbindliche Lesart des historischen Erinnerns vorgetragen, auf die sich die Öffentlichkeit bei Gelegenheit beziehen kann. Die hier gehaltenen Reden können von großer Wirkung sein und die Geschichtspolitik eines Staates nachhaltig prägen, wie es z. B. Richard von Weizsäcker 1985 getan hat. Misslingen sie, wie die Rede von Bundestagspräsident Jenninger 1988, kann dies ebenfalls fatale Folgen, zumindest für den Redner, haben. Entscheidend für Veranstaltungen dieser Art ist ihr **repräsentativer Anspruch**. Meist sind mehrere Verfassungsorgane anwesend, der Bundestag repräsentiert das gesamte deutsche Volk. Neben diesen zeremonialen Akten der Erinnerung dokumentiert sich staatliches Erinnern auch in Form von **Denk-** bzw. **Mahnmalen**. Diesem Zweck dienen die ehemaligen Konzentrationslager, die heute zum großen Teil als **Gedenkstätten** gestaltet sind; aber auch bewusste künstlerische Inszenierungen des Gedenkens wie das Berliner Holocaustdenkmal. Sie schreiben indes die Aussagen weniger fest als dies politische Reden tun, sondern sollen den Prozess der historischen Urteilsbildung eher anregen, in erster Linie durch die dazugehörigen **Ausstellungen, Museen** und **Dokumentationen**.

Staatlich reguliert und mit Vorgaben versehen ist auch der **Bildungssektor**. In den **schulischen Lehrplänen** ist die Erinnerung an den NS verbindlich vorgesehen. Die **historische Forschung** an den Universitäten, autonom und nicht staatlich reglementiert, findet immer neue Ansätze, den Nationalsozialismus historisch zu erforschen und neue Perspektiven auf ihn zu entwickeln. Sie stützt sich auf die in **Archiven** bereitgehaltenen Quellen.

Unterhalb der staatlich garantierten, aber noch auf der kollektiven Ebene historischen Erinnerns sind **historische Mythen** angesiedelt. Sie finden in der Erinnerung an den NS allerdings in erster Linie auf der Seite der Alt- und Neonazis Anwendung, z. B. wenn versucht wird, den deutschen Angriff auf die Sowjetunion 1941 als Präventivkrieg darzustellen. **Literarische Veröffentlichungen** sind ebenfalls in der Regel nicht staatlich initiiert, finden ihren Weg in das kollektive Gedächtnis jedoch oft und sind von großer Wirkung wie das Tagebuch der Anne Frank (vgl. Z. 16 f.) oder die autobiographischen Romane von Primo Levi, Ruth Klüger oder Imre Kertesz. Das Gleiche gilt für **Filme**, die das Thema NS aufarbeiten (vgl. Z. 15). Die ästhetische Verarbeitung historischer Themen ist die am wenigsten reglementierte und regulierte. Sie erfolgt zumeist aus individueller Perspektive heraus und spricht auch eher das individuelle Erinnern an. Dabei entspricht ihre Qualität nicht zwangsläufig ihrer Wirkung. So war die Fernsehserie „Holocaust“ eher klischeehaft und holzschnittartig, erzeugte aber dennoch – oder gerade deshalb – enorme Wirkung in der Öffentlichkeit. Dem Genre entsprechend konkurriert der politische Aussagegehalt hier deutlich mit **Unterhaltungsanspruch** und -erwartung, was die kritische Reflexion des Inhalts teils erschweren, teils aber auch erleichtern kann. Jüngst hat der im Abendprogramm des ZDF ausgestrahlte Dreiteiler „Unsere Mütter, unsere Väter" die Frage nach der Verstrickung der Generation der heute über 80-Jährigen thematisiert und problematisiert.

Die Darstellung der verschiedenen Formen des Erinnerns vom staatlich-offiziellen bis hinunter zum individuellen lässt sich in die **Gedächtnistheorie** einordnen, die Jan und Aleida **Assmann** im Anschluss an Maurice **Halbwachs** entwickelt haben. Dessen Begriff des **kollektiven Gedächtnisses** differenzieren sie in die Begriffe des kommunikativen und des kulturellen Gedächtnisses. Das **kommunikative Gedächtnis** ist intergenerationell und besitzt eine befristete Dauer von ca. 80 Jahren. Es ist auf biologische Träger angewiesen und vorwiegend mündlich verfasst. Das **kulturelle Gedächtnis** hingegen ist zeitlich entfristet und geformt. Es stützt sich entweder auf schriftliche Überlieferung in Form vom Büchern, Bildern oder Filmen; aber auch Bibliotheken, Archive und Museen können dazugerechnet werden (**Speichergedächtnis**). Andererseits wird es in Ritualen wie Traditionen, Zeremonien oder Festakten realisiert (**Funktionsgedächtnis**). Helmut Schmidts Rede unternimmt bereits den Ansatz, das – 1979 noch sehr breit vorhandene – kommunikative Gedächtnis im Rahmen einer Feierstunde in eine Form des kulturellen Gedächtnisses umzuwandeln. Seither ist dieses Anliegen immer stärker zutage getreten und, bezogen auf den NS, inzwischen weiter vorangetrieben worden.

4. *Eine Erörterung erfordert eigentlich die Aufsatzform der dialektischen, d. h. Pro und Kontra abwägenden Erörterung. In der vorliegenden Aufgabenstellung fehlt jedoch eine zu erörternde These. Der Operator ist hier eher im Sinne des Operators „entwickeln" gemeint. Es geht darum, eine Position zu formulieren und zu begründen. Dabei dürfen Sie dann ruhig bei Gelegenheit das Für und Wider bestimmter Aspekte diskutieren, müssen es aber nicht zwangsläufig. Im Zentrum steht hier vielmehr eine historisch fundierte, belegreiche Positionierung. Charakteristisch für eine solche, abschließende Aufgabe – beachten Sie bitte, wie hoch sie gewichtet ist! – ist, dass sie von Ihnen ein weiteres Ausgreifen verlangt, als dies in den bisherigen drei Aufgaben geschehen ist. Impulse dazu sollen auch die weiteren, einzubeziehenden Materialien liefern, die jeweils kurz vorzustellen sind. Auch wenn es nicht ausdrücklich gefordert ist, sollten Sie auf Ergebnisse der vorherigen Aufgaben gegebenenfalls zurückgreifen bzw. verweisen, um sich nicht zu wiederholen. Worauf Sie hier inhaltlich abzielen, ist absolut zweitrangig gegenüber der Art und Tiefe der Argumentation und hängt zudem erheblich von der Schwerpunktsetzung des Unterrichts ab. Sie sollten es nur nicht damit bewenden lassen, für einen arbeitsfreien 27. Januar zu plädieren – das wäre dann doch ein wenig zu platt und zu durchsichtig.*

Wie in den bisherigen Ausführungen gezeigt, kann sich ein heutiges angemessenes Gedenken an die Opfer der nationalsozialistischen Gewaltherrschaft kaum

noch auf Zeitzeugen stützen, sondern es wird fast ausschließlich von der Generation der Nachgeborenen getragen. Die Transformation des Erinnerns an die Opfer der nationalsozialistischen Gewaltherrschaft in das kulturelle Gedächtnis hat mit der **Proklamation des 27. Januar als Gedenktag** für diese Gruppe im Jahre 1996 eine Art vorläufigen Abschluss gefunden. Das niedersächsische Kultusministerium fordert im Rahmen dieses Tages die Lehrerinnen und Lehrer ausdrücklich dazu auf, den Tag zum Besuch einer Gedenkstätte oder zumindest zur Beschäftigung mit deren Geschichte zu nutzen (M 2).
Der 27. Januar als Gedenktag hat zwar vielfältige Formen des Erinnerns zur Folge gehabt und vorwiegend sind es **Schul- bzw. Jugendgruppen**, die zum 27. Januar alljährlich Präsentationen oder andere Gedenkveranstaltungen organisieren. In vielen Orten hat sich hierfür längst eine Tradition eingebürgert. Dennoch ist der „Holocaust-Gedenktag", wie er umgangssprachlich und unzulässig verkürzend genannt wird, **in der Bevölkerung insgesamt wenig verankert**. Dies liegt zum einen daran, dass er per präsidialer Proklamation, also nicht auf der Grundlage eines breiten gesellschaftlichen Konsenses, eingeführt wurde, zum anderen aber auch daran, dass er insofern ein Feiertag „zweiter Klasse" ist, als er – im Gegensatz zum 3. Oktober – **nicht arbeitsfrei** ist. Nicht einmal die alljährliche Gedenkveranstaltung im Bundestag findet am 27. Januar statt, sondern nur in dessen Umfeld, je nachdem, wie es in die Sitzungswoche passt. Trotz des lokalen Engagements von Schulklassen und ihren Lehrern sowie des staatlich-offiziellen Gedenkens **fehlt dem 27. Januar** insofern eine **breite Akzeptanz und vor allem Resonanz** in der Bevölkerung. Dieser Punkt ist von erheblich größerer Bedeutung als das im Spiegel-Titel von 1998 (M 3) unterstellte Wiederaufleben einer Schlussstrich-Mentalität, das durch die Kombination von KZ-Tor und Frage nach der Verjährung der Schuld sehr plakativ illustriert wird. Die Frage nach dem angemessenen Gedenken hat sich insofern der Frage der stärkeren öffentlichen Beachtung des 27. Januar zuzuwenden.
Zunächst einmal ist die **Praxis der lokalen Erinnerungsbezüge**, der lokalhistorischen Forschungen durch Schülergruppen bereits ein klarer Fortschritt. Die Ergebnisse entrücken das Thema NS der Abstraktion des Schulbuchwissens und lenken den Blick auf die Verhältnisse vor Ort. Innerhalb des den Schülerinnen und Schülern vertrauten Raumes wird auf diese Weise die menschenverachtende Ideologie erkennbar, Opferschicksale können womöglich konkret vor Ort nachvollzogen werden. Damit verbunden ist häufig die dezentralisierte Form des Gedenkens durch „**Stolpersteine**", die bundesweit an Opfer des NS erinnern und zumeist im Anschluss an Forschungen lokaler Arbeitsgruppen verlegt werden.
Was die **Praxis der medialen Erinnerung** anbelangt, besteht hier kaum Nachbesserungsbedarf. Im Gegenteil: Der Fernsehkonsument wird geradezu erdrückt von einer Fülle an Angeboten zum Nationalsozialismus, die ständig auf irgendeinem Kanal laufen. Die meisten dieser Angebote sind nach wissenschaftlichen Standards erstellt und vertrauenswürdig. Dennoch prägt eine oft recht **personalisierende Themenwahl** das Bild des NS in anderer Form, als ihn die historische Forschung darzustellen pflegt. Hier wird Anschaulichkeit bisweilen um den Preis wissenschaftlicher Aktualität erkauft. Ähnliche Kritik kann an Spielfilmen oder

Mischformaten wie Dokudramen („Der Untergang", „Operation Walküre") geübt werden. Für Internetangebote und Youtube-Clips bedarf es einer sorgfältigen **Medienerziehung**, die es den Jugendlichen ermöglicht, die Qualität der Beiträge einzuschätzen.

Indes entzieht sich dieser Bereich der Erinnerungskultur ohnehin dem staatlichen geschichtspolitischen Zugriff, solange ihre Beiträge im Rahmen der Presse- und Meinungsfreiheit bzw. der Freiheit von Wissenschaft und Kunst entstanden sind und keinerlei verfassungsfeindliche, volksverhetzende Züge tragen. Darüber hinaus sind die meisten filmischen Umsetzungen heute erheblich differenzierter und künstlerisch wertvoller als die frühen, klischeehaften filmischen Umsetzungen.

Die Aufmerksamkeit ist insofern eher auf die Akzente staatlicher Geschichtspolitik zu legen. Hier ergibt sich am ehesten die Möglichkeit eines aktiven Einwirkens auf das öffentliche Gedenken und die damit verbundene Erinnerungskultur. Zu bedenken sind die veränderten Rahmenbedingungen: Zum einen ist der 27. Januar inzwischen keineswegs nur der deutsche, sondern der internationale Tag des Gedenkens an die Opfer des Holocaust. Damit weicht er in seinem Zuschnitt vom weiteren Opferbegriff der deutschen nationalen Definition ab. Andererseits hat das Europäische Parlament im Anschluss an die „Prager Erklärung" im Jahre 2009 den **23. August** zum **europäischen Tag des Gedenkens an die Opfer des Stalinismus und Nazismus** ausgerufen. Beide Ereignisse gehören in einen neuen, weiteren Zusammenhang der Erinnerungskultur, den man als deren **Internationalisierung bzw. Europäisierung** bezeichnen kann. Worum geht es hier? Die europäische Integration wirft die Frage nach einer **gemeinsamen europäischen Erinnerung** auf. Diese Erinnerung muss zwangsläufig anders verfasst sein als die bisherigen **nationalen Erinnerungen**. Waren diese in der Regel **monologisch** organisiert, indem sie die Identität der jeweiligen Nation begründeten, so kommt es jetzt darauf an, eine **dialogische Erinnerungskultur** zu begründen, welche die **Perspektivität** der zuvor einseitig dargestellten Ereignisse berücksichtigt. Für Ostmitteleuropa bedeutet dies, dass der auf den Nationalsozialismus folgenden, **zweiten Phase der Unterdrückung** durch die sowjetische Hegemonie in der Erinnerung Raum gegeben werden muss. Daher der 23. August als Gedenktag, wo der 27. Januar allein unvollständig wäre. Der 27. Januar als Tag des Gedenkens an den von Deutschen (und von Kollaborateuren der besetzten Länder in unterschiedlichem Grade) begangenen europäischen Völkermord eignet sich – indes in je unterschiedlicher Ausprägung, je nach der Verfolgungsgeschichte – im jeweiligen Land. Er kann als „**negativer Gründungsmythos**" Europas (Claus Leggewie) dienen.

Insgesamt läuft dies auf eine **europäische Erinnerungskultur** hinaus, die innerhalb gemeinsamer Diskursfelder Spielräume für Besonderheiten der nationalen Erinnerung lässt, dabei aber dem **Ziel einer europäischen Friedensunion** und wachsender Völkerverständigung verpflichtet bleibt. Hier könnte gewissermaßen die Ausbaustufe eines angemessenen Erinnerns zu finden sein, das auf nationaler Ebene, zumindest in Deutschland, bereits ein hohes Niveau erreicht hat.

Abiturprüfung Niedersachsen 2013 – Geschichte
Erhöhtes Anforderungsniveau – Aufgabe II

Thema: Die Weltwirtschaftskrise und ihre Auswirkungen auf Deutschland

Aufgabenstellung

1. Fassen Sie den Text nach einer quellenkritischen Einführung zusammen.
2. Ordnen Sie den Text in den historischen Kontext der Weltwirtschaftskrise ein.
3. Thomas Mann spricht in Z. 56 von den „geistigen Quellen" des Nationalsozialismus. Erläutern Sie diese Aussage.
4. Beurteilen Sie Manns Analyse der Situation in Deutschland zur Zeit seiner Rede auch unter Rückgriff auf eine zeitgenössische wirtschaftstheoretische Position.

M: Thomas Mann[1], „Ein Appell an die Vernunft"
(Auszug aus einer am 17. Oktober 1930 in Berlin gehaltenen Rede[2])

Thomas Mann beginnt seine Rede mit einer Rechtfertigung dafür, dass er dem Publikum nicht aus seinen Werken vorlesen werde, da die aktuelle Situation es von ihm erfordere, öffentlich Stellung zu nehmen und die Kunst ruhen zu lassen.

[Es gibt] Stunden, Augenblicke des Gemeinschaftslebens, wo solche Rechtfertigung der Kunst praktisch versagt; wo der Künstler von innen her nicht weiterkann, weil unmittelbare Notgedanken des Lebens den Kunstgedanken zurückdrängen. [...] So war es vor sechzehn Jahren, als der Krieg ausbrach, mit dem für alle Wissenden so viel mehr begann als ein Feldzug; so war es in den Friedensjahren danach [...].

So ist es heute wieder, nach Jahren, in denen Gutmütige an Erholung, an die langsame Rückkehr gemächlicherer und gesicherterer Zustände glauben mochten, während doch das durch den Krieg zerschlagene und mit den Füßen getretene Wirtschaftssystem der Welt keineswegs geheilt war, noch seiner Heilung entgegensah, sondern in einer Unordnung zurückgeblieben war, die durch eine archaische und blinde Tributpolitik[3] der den Frieden diktierenden Staaten verschärft wurde. Nun geht eine neue Welle wirtschaftlicher Krisis über uns hin und wühlt die politischen Leidenschaften auf; denn man braucht nicht materialistischer Marxist zu sein, um zu begreifen, dass das politische Fühlen und Denken der Massen weitgehend von ihrem wirtschaftlichen Befinden bestimmt wird, dass sie diese in politische Kritik umsetzen [...]. Es heißt wohl zu viel verlangen, wenn man von einem wirtschaftlich kranken Volk ein gesundes politisches Denken fordert.

Die Reichsregierung hat einen Finanzplan aufgestellt, der Ersparnisse am Verwaltungsapparat vorsieht und im Auslande mutig und wirksam, ja vorbildlich genannt wird, geeignet, die Kreditwürdigkeit des Reiches zu heben. Das mag tröstlich sein. [...] Was haben [aber] Vorschläge zur notdürftigen Ordnung des Reichshaushaltes für kommende Budgetjahre denen zu geben, die mit Augen voller Grauen den nächsten

Monaten, diesem Winter der Arbeitslosigkeit, der Aussperrung, des Hungers und des Unterganges entgegenstarren, einem Winter, der droht, die Verzweiflung von Millionen zu vollenden und alle politischen Folgerungen und Folgen der Verzweiflung eines Volkes zu zeitigen? Wie es steht, spürt jeder irgend Empfindliche. Steinschwer wie in den dunkelsten Jahren der Kriegs- und Nachkriegszeit liegt der Druck auf jeder Brust und verhindert das heitere Atmen. Die Kraft der Gemeinschaft und Schicksalsverbundenheit bewährt sich; es gibt kein Einzelglück, wenn das Elend die Stunde regiert. Wir alle sind hineingezogen in den Wirbel aus Not und leidvoller Erbitterung, aus dem es kein Entrinnen zu geben scheint. [...]

Der Ausgang der Reichstagswahlen, meine geehrten Zuhörer, kann nicht rein wirtschaftlich erklärt werden. [...] Das deutsche Volk ist seiner natürlichen Anlage nach nicht radikalistisch, und wäre das Maß von Radikalisierung, das nun wenigstens für den Augenblick zu Tage getreten ist, nur eine Folge wirtschaftlicher Depression, so wäre damit allenfalls ein Anwachsen des Kommunismus, aber nicht der Massenzulauf zu einer Partei erklärt, die auf die militanteste und schreiend wirksamste Weise die nationale Idee mit der sozialen zu verbinden scheint. [...] [U]m einen Seelenzustand zu deuten wie den, den unser Volk jetzt auf eine die Welt verblüffende Weise an den Tag gelegt hat, ist es notwendig, die politische Leidenschaft, zutreffender gesagt, das politische Leiden heranzuziehen [...]. Diese Ungerechtigkeit[4] ist die erste, die man nennen muss, wenn man dem deutschen Gemütszustand gerecht werden will; aber es ist nur zu leicht, fünf, sechs andere aufzuzählen, die sein Gemüt verdüstern [...]. Es kommen tiefe, wenn auch unbestimmte und ratlose Zweifel innerpolitischer Art hinzu, Zweifel also daran, ob die im westeuropäischen Stil parlamentarische Verfassung, die Deutschland nach dem Zusammenbruch des feudalen Systems als das gewissermaßen historisch Bereitliegende übernahm, seinem Wesen vollständig angemessen ist [...].

Es gehört nicht viel psychologische Kunst dazu, meine geehrten Zuhörer, um diese außen- und innenpolitischen Leidensmotive als die Ursachen zu erkennen, die neben der wirtschaftlichen Misslage die sensationelle Wahlkundgebung[5] des deutschen Volkes bestimmt haben. Es hat sich eines grellplakatierten Wahlangebotes zum Ausdruck seiner Gefühle bedient, des sogenannten nationalsozialistischen. Aber der Nationalsozialismus hätte als Massen-Gefühls-Überzeugung nicht die Macht und den Umfang gewinnen können, die er jetzt erwiesen, wenn ihm nicht, der großen Mehrzahl seiner Träger unbewusst, aus geistigen Quellen ein Sukkurs[6] käme, der wie alles zeitgeboren Geistige, eine relative Wahrheit, Gesetzlichkeit und logische Notwendigkeit besitzt und davon an die populäre Wirklichkeit der Bewegung abgibt. Mit dem wirtschaftlichen Niedergang der Mittelklasse verband sich eine Empfindung, die ihm als intellektuelle Prophetie und Zeitkritik vorangegangen war: die Empfindung einer Zeitwende, welche das Ende der von der Französischen Revolution datierenden bürgerlichen Epoche und ihrer Ideenwelt ankündigte.

Thomas Mann: Ein Appell an die Vernunft, in: Essays, Bd. 3, S. 259–279, S. Fischer Verlag 1994.

Anmerkungen:

1 Deutscher Schriftsteller (1875–1955), der 1929 den Nobelpreis für Literatur erhielt.
2 Diese Rede wurde als „Deutsche Ansprache“ mit dem Untertitel „Ein Appell an die Vernunft“ bekannt und herausgegeben.
3 Gemeint sind z. B. die Reparationsforderungen der alliierten Mächte nach dem Ersten Weltkrieg, die als „archaisch“ (altertümlich) und „blind“ bezeichnet werden.
4 Anspielung auf die im Versailler Vertrag enthaltene und bis dahin nicht verwirklichte Ankündigung, dass der Deutschland auferlegten Abrüstung die Abrüstung aller anderen Staaten folgen solle.
5 Gemeint sind die unmittelbar vorausgegangenen Reichstagswahlen.
6 Hilfe, Unterstützung

Hilfsmittel:

Keine

Erläuterungen und Bearbeitungshinweise

Die vorliegende Aufgabe bezieht sich schwerpunktmäßig auf das Wahlpflichtmodul 6 (Die Weltwirtschaft in der Krise) des Rahmenthemas 1 (Krisen, Umbrüche und Revolutionen). Ein Semesterübergriff erfolgt zum Wahlpflichtmodul 6 (Nationalsozialismus und deutsches Selbstverständnis) des Rahmenthemas 3 (Wurzeln unserer Identität).
Die Aufgabe umfasst sowohl die nationale als auch die globale Perspektive historischer Erfahrung und ist sehr umfassend: Es lassen sich Elemente der Wirtschafts-, Politik-, Sozial, Kultur- und Ideengeschichte nachweisen.
Der explizite Theoriebezug erfolgt in Aufgabe 4 auf die Krisentheorien des Kernmoduls des ersten Semesters. In den Hinweisen zum Zentralabitur 2013 waren sie konkretisiert worden als Wirtschaftstheorien von Schumpeter und Keynes.
In diesem Aufgabenvorschlag fehlt noch der explizite Bezug auf ein dezentrales Wahlmodul des ersten oder dritten Semesters. Da dies jedoch durchaus möglich ist, sollte jede Form der Vorbereitung auch eine kategoriale Vernetzung mit behandelten Inhalten vornehmen, die nicht zentral vorgegeben sind.

Verbindliche Gewichtung der Teilaufgaben

Teilaufgabe	überwiegend Anforderungsbereich	Gewichtung in Prozent
1	I	25
2	II	25
3	II	20
4	III	30

Lösungsvorschläge

1. *Es handelt sich um die klassische Inhaltsangabe mit vorangestellter Quellenkritik. Dabei ist auf Folgendes zu achten: Die Quellenkritik ist zunächst eine äußere Quellenkritik, in der Sie, allein von den Angaben zur Quelle her, auf die Besonderheiten ihrer Gestalt, vor allem aber ihrer Wirkung schließen sollen: Wer ist der Autor? Wie glaubwürdig ist die Quelle? Welche Reichweite dürfte sie erzielt haben? Dementsprechend ist vor allem auf die Gattung Rede einzugehen. Auch kurze, nicht zu ausführliche Bemerkungen zum Zeitpunkt sind hier möglich, bevor in den späteren Aufgaben ausführlicher darauf eingegangen werden wird.*
Der Operator „Zusammenfassen" akzentuiert die kürzende Wiedergabe stärker als der Operator „Wiedergeben". Dies hat im Falle dieses Textes seinen Grund, denn er ist vergleichsweise gut zusammenzufassen. Inhaltlich kommt es darauf an, die Gliederung der Argumentation – Auswirkungen der Krise (Z. 6–17), falsche Politik der Reichsregierung (Z. 18–31), Kritik des Versailler Vertrages (Z. 32–48) und die Erklärung der Zustimmung zum Nationalsozialismus durch geistesgeschichtliche Traditionslinien (Z. 49–62) – zu erkennen und in der Zusammenfassung klar herauszuarbeiten. Eventuell kann man in der Abfolge der Bereiche sogar eine Klimax erkennen.

Der vorliegende Text ist ein Auszug aus einer vor Publikum gehaltenen **Rede** des Schriftstellers Thomas Mann vom 17. 10. 1930. In der **aufgewühlten politischen Atmosphäre** nach den **Septemberwahlen**, die der NSDAP einen Erdrutschsieg beschert hatten, formuliert der berühmte, als einer der führenden Intellektuellen seiner Zeit angesehene Schriftsteller hier seine Position zur aktuellen Krise der Weimarer Republik. Er tat dies wohl wissend, dass seinem Wort in der Öffentlichkeit Gewicht beigelegt und es über den Kreis seiner Zuhörer hinaus Aufmerksamkeit erfahren würde, was durch die **baldige Veröffentlichung** der Rede dann auch geschah. Die **Dringlichkeit** inszenierte er dabei eindrucksvoll, indem er das Thema seines Vortrags kurzfristig änderte und auf die vorgesehene Dichterlesung verzichtete. Dennoch ist die Funktion der Rede abschließend nicht endgültig zu bestimmen, auch wenn Thomas Mann erkennbar in der **Rolle des Mahners und Warners** auftritt. Er deutet die aktuelle politische Situation sowohl **inhaltlich** als auch **sprachlich intellektuell gehoben** aus seiner persönlichen Sichtweise, die eine der Tagespolitik enthobene, aber doch fundierte, historisch-politisch informierte ist.
Nach einigen Jahren scheinbarer Beruhigung und Erholung, welche die Fehler des Wirtschaftssystems nur verdeckten, überwiege aktuell wieder die Not in Gestalt einer **Wirtschaftskrise**, die durch die Reparationspolitik der alliierten Mächte noch verschärft worden sei. Die schlechte ökonomische Situation nehme großen Einfluss auf die politische Einstellung der Massen und beeinflusse sie negativ.
Die **Sparpolitik der Reichsregierung** werde zwar im Ausland gelobt; für die Notleidenden indes, die es in allen Gesellschaftsschichten gebe, sei dies bedeutungslos; auf ihnen laste der Druck von Hunger und Verzweiflung schwer, so wie schon während des Krieges und in der Nachkriegszeit.

Das Ergebnis der vorangegangenen Reichstagswahlen sei aber **durch die Wirtschaftsnot nicht allein zu erklären**. Wäre dies der Fall, so hätten vor allem die Kommunisten in den Wahlen davon profitiert (vgl. Z. 33–38). Für den Wahlsieg der Nationalsozialisten seien neben den wirtschaftlichen Ursachen das **Unrecht des Versailler Vertrages** und Zweifel, ob der **Parlamentarismus** für Deutschland angemessen sei, verantwortlich. Hinzu komme für die Entscheidung zugunsten der Nationalsozialisten die mit dem wirtschaftlichen Abstieg der Mittelklasse verbundene unbewusste **Empfindung einer Zeitenwende**, dass die „bürgerliche Epoche und ihre Ideenwelt" (Z. 60 ff.) im Untergang begriffen seien.

2. *Es handelt sich um eine klassische Einordnungsaufgabe, wie Sie sie aus Ihren bisherigen Klausuren kennen. Entscheidend ist hier die angemessene Eingrenzung des relevanten Gegenstandsbereiches. Zunächst müssen Sie erkennen, dass mit dem Begriff „Weltwirtschaftskrise" der globale Krisenzusammenhang aufgerufen wird. sie müssen also die Entwicklungen in den USA darstellen. Sinnvollerweise referieren Sie zunächst diese (globale) Perspektive, d. h. den Absturz der US-Wirtschaft Ende der 1920er-Jahre. Den Schwerpunkt sollten Sie dabei klar auf die Jahre des Niedergangs legen und die Gründe für die Prosperität der Goldenen Zwanziger eher knapp, in vorbereitender Absicht, skizzieren. Anschließend empfiehlt es sich, die Zustände und Probleme in Deutschland in Abhängigkeit von den Entwicklungen in den USA zu referieren. Dabei kommt es darauf an, nicht nur Ähnlichkeiten zu betonen, sondern vor allem auch die Besonderheiten in Deutschland aufzuzeigen. Eine gute chronologische Orientierung ist hier von Vorteil. Außerdem sind gegebenenfalls Materialbezüge herzustellen.*

Thomas Mann hielt seine Rede zu einer Zeit, als die **Weltwirtschaftskrise** schon auf Deutschland übergegriffen hatte, ohne bereits ihren Höhepunkt erreicht zu haben. Zentrum und Ausgangspunkt dieser globalen Erschütterung waren die USA. Der **Zusammenbruch der US-Börsen** im Oktober 1929 hatte eine Vorgeschichte, die charakteristisch für den **amerikanischen Liberalismus** und Optimismus ist, wie er sich im „**American Dream**" äußert. Nach dem siegreich bestandenen Ersten Weltkrieg, der die Stellung der USA im atlantischen Raum aufgewertet hatte, hatten technische Innovationen in der Industrieproduktion (**Fließband**, **Taylorismus**) und eine rege Nachfrage zu einem starken **Wirtschaftsaufschwung** geführt. Dieser trat in seine zweite Phase ein, als die Unternehmen erkannten, dass sie auf dem **kaum regulierten Aktienmarkt** zusätzliche Gelder einsammeln konnten. Der **Boom der Finanzwirtschaft** ließ die Realwirtschaft alsbald hinter sich und führte zu einem Zeitalter der **Spekulation**, unterhalb dessen erste, zyklische Krisenanzeichen, die Folge von **Überproduktion** und **Unterkonsumtion** waren, nicht wahrgenommen wurden. Konsumerleichternde Maßnahmen wie die Einführung des **Ratenkaufes** trugen das Ihre dazu bei. Im Oktober 1929 brach die Spekulationshausse plötzlich zusammen. Die damit einhergehende **Kapitalvernichtung** führte zu einer **Depression** mit **Deflationsspirale**, zu **Massenarbeitslosigkeit** und **-elend**.

Auf der Suche nach Kapital verfielen die US-Banken darauf, ihre **Kredite**, die sie der deutschen Wirtschaft seit 1924 gewährt hatten, **zurückzuziehen**. Damit **griff die Krise auf Deutschland über**, dessen wirtschaftliche Erholung nach Weltkrieg und Reparationslasten unmittelbar von ausländischen Investitionen abhängig war. Für die Regierung Brüning war die Bekämpfung der Wirtschaftskrise nicht das Hauptziel. Dem ökonomischen Trend der Zeit folgend, griff sie nicht aktiv in die Wirtschaft ein, sondern sie hielt an ihrem **außenpolitischen Hauptziel** fest, die Reparationslast des Reiches in der Folge des Versailler Vertrages endgültig zu beseitigen. Sie schlug deshalb einen harten **Sparkurs** ein, vor allem, um die Alliierten von der Zahlungsunfähigkeit Deutschlands zu überzeugen. Wie in den USA führte die Geldverknappung auch in Deutschland mangels staatlicher Interventionskonzepte zu einer **Deflation**: Die Preise sanken und Unternehmen investierten nicht mehr. Die Folgen waren für die Bevölkerung dramatisch: **Arbeitslosigkeit, Armut und Hoffnungslosigkeit** prägten das Bild und sollten es in den folgenden beiden Jahren noch viel stärker tun, als Thomas Mann es 1930 wahrnehmen konnte, da im Zuge des Sparkurses auch **Gehälter im öffentlichen Dienst** und **Sozialleistungen gekürzt** wurden. 1931 kam es auch in Deutschland zu einer **Bankenkrise** infolge des Zusammenbruchs der **Danat-Bank**. Das Ergebnis der Wirtschaftskrise war die **politische Radikalisierung**, deren erstes Fanal der Sieg der Nationalsozialisten in den **Septemberwahlen** 1930 war, bei denen sie 18,3 % der Stimmen erreichten. Bis 1932 sollte sich ihr Aufstieg fortsetzen.

3. *Wie Aufgabe 2 ist Aufgabe 3 ein klassischer Typ für den AFB II, was der Operator „erläutern" vorgibt. Hier wird der historische Kontext jedoch nicht direkt angesteuert, sondern er muss aus einer Textstelle entfaltet werden. Diese müssen Sie zunächst einmal verstehen, d. h. durch Ihr vorhandenes Hintergrundwissen auflösen. Das läuft im Ergebnis in diesem Fall dann ebenfalls auf eine Historisierung heraus. Erkennbar spielt die Bezeichnung „geistige Quellen" auf die NS-Ideologie in ihrer langfristigen, bis in das 19. Jahrhundert zurückreichenden Entwicklung an. Entscheidend sind dabei die im Unterricht behandelten Kontexte, die von Kurs zu Kurs unterschiedlich sein dürften, sodass der folgende Lösungsvorschlag keine absolute Verbindlichkeit besitzen kann, vor allem, sofern das in den thematischen Hinweisen 2013 vorgegebene Thema „Deutscher Sonderweg" nicht ausführlich behandelt worden sein sollte. Alternativ wäre auch eine Abarbeitung der ideologischen Grundlagen des Nationalsozialismus im Längsschnitt möglich.*
Der folgenden Bearbeitung ist eine Überleitung vorangestellt, die – das ist im Zeichen des kompetenzorientierten Abiturs möglich – auch einen theoretischen Aspekt des Kernmoduls des zweiten Semesters zumindest andeutet. Je vernetzter Sie im Rahmen der Vorgaben des Kerncurriculums arbeiten und diese aufeinander beziehen können, desto besser.

Neben der Wirtschaftskrise und den Kriegsfolgelasten diagnostiziert Thomas Mann auch die Hilfestellung von „**geistigen Quellen**" für den Aufstieg der Nationalsozialisten. Was ist damit gemeint? Dabei handelt es sich um geistesgeschichtliche Linien von **langer Dauer**, die die historische Forschung unter dem Stichwort des „**Deutschen Sonderweges**" zusammengefasst hat. Dieser bezeichnet die besondere Konstellation der Genese des deutschen Nationalstaates mit ihren Ungleichzeitigkeiten und Verschiebungen gegenüber der als „normal" empfundenen Entwicklung der westlichen Demokratien England, Frankreich und den USA. Die Sonderwegsthese ist heute umstritten, soll hier aber dennoch herangezogen werden.

England und **Frankreich** waren frühzeitig **Nationalstaaten** geworden und hatten die Erträge der Aufklärung in ihre **Staatsphilosophie** übernommen. Auf diese Weise war die Macht des Königs in England in einer parlamentarischen Monarchie beschränkt worden, während die Französische Revolution das Ancien Régime gewaltsam hinweggefegt hatte. In beiden Staaten gab es **Menschen- und Bürgerrechte**, die zur Grundlage der Verfassungen wurden. Anders in Deutschland: Im vielfach zersplitterten Alten Reich hatte der **Adel** seine Machtposition behaupten können. Er nutzte die Erträge der Aufklärung lediglich zu einer **Effektivierung der Verwaltung** und anderer staatlicher Organe. Das **Bürgertum** hingegen konnte sich politisch im 19. Jahrhundert kaum zur Geltung bringen. Auch das **Kaiserreich von 1871** erfüllte die Hoffnungen der Liberalen und Demokraten nicht, da es nach wie vor **autoritär** und nur **teildemokratisch** verfasst war. Mit dem neu gegründeten deutschen Nationalstaat verbanden sich Werte, die im späten 19. Jahrhundert modern waren. Darwins Abstammungslehre wurde vulgarisiert und auf die Gesellschaft übertragen. Der **Sozialdarwinismus** ging von einem Kampf ums Überleben zwischen den einzelnen Völkern aus. In Verbindung mit dem traditionellen **Antijudaismus** erwuchs daraus der moderne, rassistisch fundierte **Antisemitismus,** eine Form des **Rassismus**, wie er das Zeitalter des Imperialismus und vor allem den Nationalsozialismus prägte.

Nachdem die Werte der Aufklärung in Deutschland keinen durchschlagenden politischen Erfolg hatten erzielen können, flüchteten sich die deutschen Intellektuellen seit dem 19. Jahrhundert in **romantisches Gedankengut**. Mangels eines Nationalstaates galt die Kategorie des **Volkes** als einigendes Band. Diese Vorstellung definierte die Zusammengehörigkeit nicht aus der politischen Idee, sondern aus der **gemeinsamen Abstammung** heraus. Dementsprechend favorisierte man ein **organisches Staatswesen**. Dieses unterschied sich von der westlichen politischen Tradition dadurch, dass es nicht beim Individuum und seinen Rechten ansetzte, zu deren Garantie es den Staat gab. Stattdessen ordnete es die Individuen dem Staat unter und wies ihnen jeweils eine Position und Funktion im Staatsganzen zu. Eine solche **korporativistische Vorstellung** überwog den aufgeklärten Individualismus. Diese Traditionslinie ging schließlich in die Vorstellung der **NS-„Volksgemeinschaft"** ein, in der der Einzelne ebenfalls über seine Funktion und seinen Dienst am Volksganzen definiert wurde. Im Nationalsozialismus wurde diese Vorstellung zusätzlich mit einer Form des **exklusiven Nationalismus** zusammengeführt. Das deutsche Volk **grenzte sich nach außen gegen andere Ethnien und Völker ab** und sah den **Kampf** mit diesen **um zukünftigen Lebensraum** als unvermeidlich an. Nach innen wurden die Gegner des NS kurzerhand aus der „Volksgemeinschaft" ausgeschlossen.

Der politische und wirtschaftliche **Liberalismus** besaß daher in Deutschland nie die Zugkraft, die er in den Staaten der westlichen Welt entfaltet hatte. Dies sollte sich im Umfeld der Wirtschaftskrise ab 1929 verstärkt zeigen. Dazu trug die von Thomas Mann angesprochene **Frontstellung gegen die westlichen Demokratien infolge des Versailler Vertrages** zweifellos bei.
Die **NS-Ideologie**, deren Aufstieg Thomas Mann hier mit Sorge verfolgt, war ein **Amalgam dieser ideologischen Bestandteile**, die in ihren Ursprüngen bis in das 19. Jahrhundert zurückreichen. In den Jahren ab 1923, als der bisherige Mittelstand, darunter vor allem die Angestellten und Beamten, infolge der **Hyperinflation** ihren Wohlstand komplett eingebüßt hatten, fiel diese Ideologie auf fruchtbaren Boden. Für die Missstände wurde die junge Weimarer Republik, wurden **Demokratie** und **Parlamentarismus verantwortlich gemacht**. Der Nationalsozialismus hingegen, der sich konsequent aus den „geistigen Quellen" der Vergangenheit speiste und den Rückzug auf einen nationalen Sonderweg propagierte, gewann unter den Deklassierten immer mehr Anhänger.

4. *Hier sollen Sie zu Thomas Manns Position in Form eines Sachurteils Stellung nehmen (AFB III). Dies verlangt von Ihnen grundsätzlich, selbstständig Kriterien der Beurteilung festzulegen. Als Hilfestellung wird hier der Bezug auf eine (nur eine) zeitgenössische wirtschaftstheoretische Position als notwendiges, nicht aber zwangsläufig auch hinreichendes Kriterium („auch unter Rückgriff") genannt. Damit sind die 2013 zum Kernmodul des ersten Semesters verbindlich zu behandelnden Positionen von John Maynard Keynes und Joseph Schumpeter (oder, was selten der Fall sein dürfte, andere behandelte) gemeint. Zwischen Thomas Manns Ausführungen und einer Wirtschaftstheorie einen Bezug herzustellen ist nicht einfach, da Thomas Manns Analyse sich keinesfalls an volkswirtschaftlichen Überlegungen messen lassen kann. Sie müssen also die Differenz der verschiedenen Analysen herausarbeiten und gegebenenfalls eigene Kriterien oder Kontexte für ein Urteil hinzuziehen. Wichtig für die Qualität eines Urteils ist das Abwägen im Sinne einer dialektischen Erörterung. Hier zeigt die Erfahrung: Viele Schülerinnen und Schüler neigen bei Aufgaben solchen Typs dazu, es vorschnell dabei zu belassen, entweder nur Übereinstimmungen (meistens) oder nur Unterschiede (seltener) zwischen zu beurteilendem Gegenstand (Thomas Manns Rede) und dem Beurteilungskontext (wirtschaftstheoretische Position) herauszuarbeiten. Legen Sie Ihre Beurteilung jedoch im Sinne einer Erörterung an, die sowohl das Pro als auch das Kontra, also sowohl Gemeinsamkeiten als auch Unterschiede, thematisiert. Das verleiht Ihrem Urteil Ausgewogenheit und Tiefgang. Insgesamt ist diese Aufgabe sehr offen. Es empfiehlt sich, mit einer weiterführenden Analyse des Materials einzusteigen und aus ihr Anknüpfungs- und Vergleichsaspekte zu entwickeln. Bauen Sie dabei auf Ihren bisherigen Ergebnissen auf.*

Im Rahmen der teils globalen, teils langfristigen Kontexte, in denen man den Aufstieg des Nationalsozialismus verorten und erklären kann, war die Stimme von Thomas Mann zunächst die **Stimme eines Einzelnen**. Sie war die Stimme

eines Intellektuellen, der ein erkennbares Problembewusstsein besaß und der auch die historischen Linien aufzeigen konnte, wenn er auf die „geistigen Quellen“ hinwies. Zugleich war er Beteiligter, womöglich auch Betroffener der Krise. Die **Perspektive leidender Zeitgenossenschaft**, die sich der **Krisenerfahrung** nicht entzieht und die Auswirkungen anschaulich aus der Perspektive der Opfer schildert, wird mehrfach deutlich (vgl. Z. 13–17, 21–31, 41–48). Seine darüber hinaus weisenden Erklärungen verbleiben ebenfalls im Kontext der Zeit, wenn er ausführlich über die Ungerechtigkeit der Bestimmungen des **Versailler Vertrages** spricht (vgl. Z. 6–11). Das taten zu seiner Zeit viele andere auch und die **Revision** der Vertragsbestimmungen war übergeordnetes Ziel der Außenpolitik der Weimarer Republik. Seltener dagegen war der Verweis auf die geistesgeschichtlichen Traditionslinien des Nationalsozialismus zu vernehmen, und auch Thomas Mann führte sie hier nicht detailliert aus; es bleibt bei bedeutungsschweren Andeutungen über den anstehenden Zeitenwechsel (vgl. Z. 60 ff.).
Tatsächlich war die Politik mit der Bewältigung der Weltwirtschaftskrise zunächst weltweit überfordert. Die bis Anfang 1933 in Amerika regierende **Hoover-Administration** zog sich auf den Standpunkt zurück, dass **Krisen Prozesse der Selbstregulierung des Marktes** seien, und vermied zunächst die staatliche Intervention. In Deutschland setzte die Regierung Brüning, wie gesehen, andere politische Prioritäten, was die Krise und damit die Probleme noch verschärfte. Erst **Franklin D. Roosevelt** unternahm nach seiner Wahl zum amerikanischen Präsidenten den Versuch, die Krise auch mit politischen Mitteln zu bekämpfen. Zunächst noch unkoordiniert, im Laufe der kommenden Jahre aber zunehmend systematisiert legte seine Administration ein Programm der drei Schritte „**Relief – Recovery – Reform**“ auf, das über die konkrete Nothilfe zu stabilisierenden Maßnahmen und schließlich zu einer gesetzlichen Neuregelung wirtschaftlicher und sozialer Fragen vorstoßen sollte. Theoretische Unterstützung für seinen „**New Deal**“ erhielt er vom britischen Ökonomen John Maynard **Keynes**, der Anfang der Dreißigerjahre eine Wirtschaftstheorie entwickelte, die dem Staat im Krisenfall eine aktivere Rolle zuwies, als dies bisher üblich war. Keynes ging davon aus, dass es im Falle einer Depression Aufgabe des Staates sei, Nachfrage zu schaffen, um die Wirtschaft wieder anzukurbeln. Dies sollte gegebenenfalls auch unter kurzfristiger, kreditfinanzierter Staatsverschuldung geschehen (**deficit spending**), die dann nach dem Ende der Krise und dem Wiederanstieg der Steuereinnahmen umgehend abzutragen sei. Keynes wandte sich damit Versuchen zu, Krisenmanagement zu betreiben, anstatt die Krisen nur zu beschreiben oder zu erklären, so wie es etwa der österreichische Ökonom Joseph **Schumpeter** getan hatte, der Krisen als notwendige Phasen der „**schöpferischen Zerstörung**“ ansah, die Innovationen den Weg bahnten. Daher lehnte er politische Eingriffe eher ab und machte sie sogar für die fatalen Ausmaße der Weltwirtschaftskrise seit 1929 verantwortlich.
Mit diesen ökonomischen Überlegungen hat die **Analyse Thomas Manns** nur das Krisenbewusstsein und die analytische Vorgehensweise gemein. Im Gegensatz zu den relativ verengten, theoretischen Überlegungen der Wirtschaftswissenschaftler beschreibt und erklärt er die Krise in drei Zugriffen, die über das **konkrete Krisenerleben**, über die **Folgen der jüngeren Vergangenheit** (Versailler Friedens-

vertrag) bis hin zu **langfristigen Traditionslinien** des Ressentiments gegen die Demokratie reichen. Er thematisiert damit ganz andere Bereiche möglicher Krisengründe als die Ökonomen. Seine Analyse ist dazu **durchaus politisch**, etwa wenn auch er die Politik der alliierten Sieger nach 1918 verurteilt. Dank der **Breite seines Blicks** kann er die ökonomischen und die politischen Veränderungen des Jahres 1930 aufeinander beziehen und gelangt somit auf diejenige Krisenerscheinung, die für die deutsche Geschichte langfristig erheblich folgenreicher sein sollte als Brünings Wirtschaftspolitik. Wenn Thomas Mann bereits 1930 im Rahmen der Wirtschaftskrise den Aufstieg des Nationalsozialismus ins Zentrum seiner Betrachtungen rückte, ja ihm so außerordentliche Bedeutung zumaß, dass er darüber sein eigentliches Anliegen zurückstellte (vgl. Z. 1–3), dann zeugt dies von beträchtlichem **politischem Urteilsvermögen**. Dieses ist zum großen Teil **psychologisch fundiert** (vgl. Z. 38 ff., 49 ff., 58 ff.). Und weil es aus einem konkreten historisch-politischen Kontext heraus **Mahnung und Warnung zugleich** ist, erscheint seine Analyse – zumindest im Geschichtsunterricht – ungleich anschlussfähiger und komplexer als die der Ökonomen, die unter historischen Gesichtspunkten letztlich doch eher blutleer und abstrakt wirken.

Abiturprüfung Niedersachsen 2014 – Geschichte
Grundlegendes Anforderungsniveau – Aufgabe I

Thema: Geschichts- und Erinnerungskultur – der 12. Oktober

Aufgabenstellung

1. Geben Sie nach einer Vorstellung des Textes die vom Autor referierten Positionen wieder.

2. Im Text wird die Meinung wiedergegeben, dass die spanische Krone in Amerika „alles unternommen habe, um Exzesse zu verhindern und die Verantwortlichen zu bestrafen" (Z. 49 f.). Erläutern Sie Anspruch und Realität entsprechender Maßnahmen der spanischen Krone.

3. Entwickeln Sie eine eigene Position, wie eine angemessene Erinnerung an den 12. Oktober in Spanien aussehen sollte. Berücksichtigen Sie dabei auch im Text genannte Positionen.

M: Gerhard Kruip[1]: Jubelfeier oder gefährliche Erinnerung? Der Stand der spanischen Vorbereitung und Diskussion zum „Quinto Centenario" – ein Konfliktpanorama (Sept. 1991) [Auszug]

Mit dem staatlichen Projekt der 500-Jahr-Feier teilt die katholische Kirche das Bestreben, das „großartige Werk" Spaniens in dem ihm gebührenden strahlenden Licht erscheinen zu lassen. Und sie setzt dieses Interesse häufig sogar offensiver und eindeutiger um. Dies kommt in unzähligen Vorworten, Grußbotschaften, Interviews und Ansprachen zum Ausdruck. Zur Präsentation einer von der Bischöflichen Kommission betreuten und geförderten Buchreihe „Colección Quinto Centenario"[2] schrieb Erzbischof Amigo beispielsweise 1985: „[…] Die Tat Spaniens in der Neuen Welt, mit ihren hellen und dunklen Seiten, dem Missbrauch und dem Elend von Menschen, den von Spaniern in der Eroberung amerikanischen Landes begangenen Grausamkeiten, kann nicht das Ganze eines kolonisatorischen und evangelisatorischen Unternehmens verdüstern, das schließlich die Wege zur Unabhängigkeit und zur Errichtung eines christlichen Kontinentes ebnete, den man heute mit vollem Recht den ‚Kontinent der Hoffnung' nennt." Ein weiteres Beispiel für diese apologetische[3] Grundtendenz liegt in den Reaktionen, die das Dokument der Päpstlichen Kommission Justitia et Pax[4] zum Rassismus (3. 11. 88) auslöste: Im Zusammenhang mit dem Imperialismus, dem Nationalsozialismus und dem Apartheidssystem Südafrikas[5] wurde dort auch die „Entdeckung" Amerikas genannt. „Mit der ersten großen europäischen Kolonisierungswelle ging faktisch eine Massenzerstörung vorkolumbianischer Kulturen und eine brutale Versklavung ihrer Völker einher." Und weiter: „[…] die starke Abhängigkeit des Klerus der Neuen Welt vom Patronatssystem[6] brachte es mit sich, dass die Kirche nicht immer die notwendigen pastoralen Entscheidungen[7] treffen konnte.“ Diese Kritik – und Selbstkritik – ging den meisten spanischen Bischöfen zu weit, weil sie die Aktivitäten der einstigen Kolonialmacht allzu sehr in die Nähe des Völkermord-Vorwurfes rückte und dadurch den Gegnern der Kirche nur weitere Munition zu liefern schien. […]

Den Vorwurf des Völkermords zu entkräften, ist auch eines der vorrangigen Ziele der wissenschaftlichen Arbeiten von Luciano Pereña. […] Seiner Meinung nach ist die „Schlussbilanz“ der Eroberung und Kolonisierung Amerikas „eindeutig positiv“. Es wäre auch „absurd, die Verantwortung der Eroberer mit den Kriterien und Maßstäben zu messen, die heute vier Jahrhunderte später zur Geltung gekommen sind. Und es ist vollkommen ungerecht, die Eroberer undifferenziert für etwas zu verurteilen, was alle Völker unter ähnlichen Bedingungen und mit teilweise für die Eroberten noch grausameren Folgen getan haben. […] Um gerecht zu urteilen, muss man in Rechnung stellen, dass die Grausamkeiten die Ausnahme und nicht die Regel waren, dass in vielen Fällen die Exzesse der Spanier eine natürliche Reaktion auf die Anfeindungen und blutigen Bräuche der Indios darstellten […]“. Im Vorwort und der Einführung der jüngsten Veröffentlichung seines Forschungsprojektes, das die Anklage des Völkermordes nach dem Modell einer Gerichtsverhandlung mit (historischen) Zeugen der Anklage und der Verteidigung sowie Historikern als Sachverständigen überprüfen soll, setzt sich Pereña mit den Kritikern der 500-Jahr-Feier auseinander und beklagt, dass „die Leyenda Negra[8] wiederauferstanden ist und von neuem die finsteren Behauptungen ans Licht zerrt, die Bartolomé de Las Casas vor vier Jahrhunderten aufgestellt hat.“ Er stellt die (rhetorische) Frage: „Sollten wir Spanier uns wirklich dafür schämen müssen, Amerika entdeckt zu haben?“ In der Schlussfolgerung wird die demographische Katastrophe des 16. Jahrhunderts in Amerika durchaus anerkannt, die Verantwortung dafür jedoch vor allem bei den eingeschleppten Krankheiten, in geringerem Umfang bei den eigentlichen Eroberungskriegen und einigen wenigen besonders grausamen Spaniern gesehen; in keinem Fall jedoch sei die spanische Krone schuldig, die sogar alles unternommen habe, um Exzesse zu verhindern und die Verantwortlichen zu bestrafen. Von einem geplanten und bewussten „Völkermord“ im strengen Sinne könne deshalb nicht die Rede sein.

Darüber hinaus ist noch ein weiteres Interesse der katholischen Kirche zu benennen, durch das sie […] teilweise in Konflikt mit dem staatlichen Projekt der 500-Jahr-Feier gerät. Es geht ihr darum, dass bei all den großartigen Inszenierungen der für sie zentrale Aspekt nicht zu kurz kommt, dass es sich eben nicht nur um eine Entdeckung, sondern um eine Evangelisierung handelte, dass deshalb die historische Rolle der Kirche mindestens als so bedeutungsvoll anzusehen ist wie die der Katholischen Könige[9], des Entdeckers Kolumbus oder der Eroberer Cortés und Pizarro. […]

Die meines Wissens erste kirchliche Gruppierung oder Einrichtung, die in einer öffentlichen Erklärung kritisch zur 500-Jahr-Feier Stellung bezogen hat, war das von Jesuiten[10] getragene Zentrum „Christianismo y Justicia[11]“ in Barcelona. Das Dokument mit dem Titel „Drei Jahre bis 1992 – mehr als Mythos und Marketing“ […] ist von der Sorge motiviert, die Feierlichkeiten könnten „in Triumphalismus, Lüge, Selbstgefälligkeit und fehlende Solidarität“ ausarten. Es fordert, dass Spanien durch einen seiner höchsten Repräsentanten „öffentlich alle lateinamerikanischen Völker für den Raub während der Eroberung und Kolonialisierung um Verzeihung bittet“

[…]. In seiner derzeitigen Situation schwerer Krise und wachsender Armut und Ungerechtigkeit könne Lateinamerika einen solchen Gedenktag eigentlich nicht „feiern". Diesen Kontext außer Acht zu lassen, „würde unsere Feierlichkeiten in einen egoistischen Akt äußerst zweifelhafter ethischer Qualität verwandeln." Angesichts zunehmenden Elends und wachsender Ungleichheit zwischen Arm und Reich müsse ein Marshall-Plan[12] für Lateinamerika entwickelt werden, der eine effektive Hilfe darstellen müsse.

Aus: Jahrbuch für christliche Sozialwissenschaften 33 (1992), S. 197–225, zit. S. 209 ff.

Anmerkungen:

1 Der Autor ist Soziologieprofessor an der katholischen Fakultät der Universität Mainz und Berater der katholischen Deutschen Bischofskonferenz für Südamerikaangelegenheiten.
2 „Colección Quinta Centenario": „Sammlung zur 500-Jahr-Feier".
3 apologetische: rechtfertigende, verteidigende Tendenz.
4 Justitia et Pax: Gerechtigkeit und Friede.
5 Apartheid: System der Rassentrennung in Südafrika bis 1994.
6 Die spanische Krone trat als Schutzherr der Kirche auf und besaß in vielen sonst kirchlichen Fragen Entscheidungsgewalt.
7 pastorale Entscheidungen: Entscheidungen, welche die Sorge für die Gläubigen betreffen.
8 Leyenda Negra: Schwarze Legende; spanische Bezeichnung für die antispanische Propaganda seit dem 16. Jh.
9 Katholische Könige: Offizieller Titel der Könige Spaniens.
10 Jesuiten: Katholischer Orden.
11 „Christianismo y Justicia": „Christentum und Gerechtigkeit".
12 Marshall-Plan: US-amerikanisches Unterstützungsprogramm für Europa nach dem Zweiten Weltkrieg.

Hilfsmittel:

Keine

Erläuterungen und Bearbeitungshinweise

Die Aufgabe bezieht sich auf das Rahmenthema 4 „Geschichts- und Erinnerungskultur" und greift vor allem das Wahlpflichtmodul 2 „Nationale Gedenk- und Feiertage" auf. Semesterübergreifend wird das Wahlpflichtmodul „Spanischer Kolonialismus" (Rahmenthema 2) berücksichtigt.
Leitkategorien der Aufgaben sind „Individuum und Gesellschaft" sowie „Kontinuität und Wandel". Im Vordergrund steht die kultur- und ideengeschichtliche Dimension historischer Forschung.

Verbindliche Gewichtung der Teilaufgaben

Teilaufgabe	überwiegend Anforderungsbereich	Gewichtung in Prozent
1	I	30
2	II	40
3	III	30

Lösungsvorschläge

1. *Die Aufgabenstellung zielt darauf ab, die Ausführungen Gerhard Kruips strukturiert und sprachlich distanziert darzulegen (AFB I). Zunächst sollen Sie die Quelle kurz vorstellen. Neben Basisdaten (Autor, Textsorte, Erscheinungszeit) müssen Sie das Thema in Bezug auf die Adressaten und die Intention des Verfassers in den Blick nehmen.*

Der Soziologieprofessor und Berater der katholischen Deutschen Bischofskonferenz für Südamerikaangelegenheiten **Gerhard Kruip** stellt in seinem 1991 verfassten **Aufsatz** „Jubelfeier oder gefährliche Erinnerung?" den **Diskussionsstand zu den Vorbereitungen der 500-Jahr-Feier in Spanien** vor.
Das ausgebreitete **Konfliktpanorama** zur Ausrichtung der Erinnerungsfeierlichkeiten zum 12. Oktober, des Tages der Ankunft von Christoph Kolumbus in Amerika, richtet sich an die Mitglieder der **Deutschen Bischofskonferenz** sowie an ein **interessiertes Fachpublikum**.
Das vom Autor vorgestellte Spektrum der Positionen beleuchtet sowohl **apologetische Stellungnahmen**, die die **kolonisatorische Leistung** in den Vordergrund stellen, wie auch **kritische**, die auf die **zerstörerischen demografischen und kulturellen Auswirkungen** verweisen.

In dem vorliegenden Auszug benennt Kruip das Anliegen der katholischen Kirche, Spaniens Wirken in Südamerika als in erster Linie **kolonisatorische und evangelisatorische Leistung** herauszustellen, das trotz aller Grausamkeiten auch die Unabhängigkeit und Christianisierung des Kontinents gefördert habe.
Noch entschiedener vertrete der Wissenschaftler **Luciano Pereña** als Vertreter eines konservativen Teils des Klerus die Meinung, dass die Eroberung und Kolonisierung letztlich positiv zu bewerten sei. Den **Vorwurf des Völkermords**, der Zerstörung und Versklavung vorkolumbianischer Kulturen bzw. Völker, wie er z. B. in dem Dokument der **Päpstlichen Kommission „Justitia et Pax"** zum Rassismus zum Ausdruck komme, wehre Pereña als unangemessen ab. Es sei nicht angebracht, gegenwärtiges Bewusstsein als Maßstab anzulegen; darüber hinaus seien Exzesse eher die Ausnahme gewesen und als **erklärbare Reaktion auf unverständliche Bräuche der indigenen Bevölkerung** zu verstehen.
Zudem seien Grausamkeiten im Rahmen der Eroberungskriege von der spanischen Krone systematisch verfolgt worden. Als Bestandteil einer neuen antispanischen Propaganda würden die spanischen Eroberer für die **demografische Katastrophe** verantwortlich gemacht, die jedoch zuallererst **Folge der eingeschleppten Krankheiten** gewesen sei.
Andere kirchliche Gruppierungen, wie das **Zentrum „Christianismo y Justicia"**, betonten die **Verantwortung**, die Spanien **angesichts des begangenen Unrechts** in Form von wirtschaftlicher Hilfe aktuell übernehmen müsse. Darüber hinaus solle Spanien die lateinamerikanischen Völker für die gewaltsame Eroberung offiziell um Verzeihung bitten.

2. *Der Operator „erläutern" verlangt hier, ausgehend von einer im Text referierten Meinung und auf der Basis Ihrer Kenntnisse einen historischen Sachverhalt in seinen komplexen Beziehungen an Beispielen zu verdeutlichen (AFB II). Auf dem Prüfstand steht dabei die zitierte Behauptung, Grausamkeiten der Konquistadoren habe die spanische Krone durch strenge Regelungen und Bestrafungen unterbunden. Insofern ist es nötig, zum einen entsprechende staatliche Maßnahmen konkret zu benennen und zum anderen – gestützt auf Belege – den dahinterstehenden Anspruch wie auch seine Durchsetzung in der Realität einzuschätzen.*

Bemüht, den Vorwurf des Völkermords zu entkräften, behauptet der Wissenschaftler Luciano Pereña, die spanische Krone habe alles getan, um die indigene Bevölkerung zu schützen (vgl. Z. 48–50). Die **Verantwortung für begangene Grausamkeiten weist er damit einzelnen Konquistadoren** zu, die sich nicht an bestehendes Recht gehalten hätten. Greift man den Vorwurf des Völkermords auf, der auch von „Justitia et Pax" angedeutet wird (vgl. Z. 17–19), setzt dies jedoch eine **absichtsvolle Verfolgung oder Duldung** durch die spanische Krone voraus. Ideologisch war die Haltung den Indios gegenüber durch das 1513 vom **spanischen Juristen Palacios Rubios** veröffentlichte **Gutachten** („**Requerimiento**") abgesichert, das den kolonialen Besitzanspruch der Europäer auch unter Gewaltanwendung legitimierte. Eine solche theoretische Fundierung kam der spanischen Krone nicht zuletzt wegen der **schon von Zeitgenossen angezweifelten Rechtmäßigkeit der Inbesitznahme von Land und Menschen** entgegen.
So wurden bereits ab 1503 Konquistadoren und Amtsträgern im Auftrag der Krone Indios zugewiesen, die ihre Arbeitskraft zur Verfügung stellen mussten und tributpflichtig waren („**Encomienda-System**"). Im Gegenzug waren die Encomenderos, die diese Menschen weder verleihen noch verkaufen durften, für die **christliche Unterweisung und deren Schutz zuständig**.
Zeigt sich hier zumindest offiziell der Anspruch, für den Schutz und die Versorgung der indigenen Bevölkerung verantwortlich zu sein, wurden die Bestimmungen in der Realität häufig aber nicht eingehalten und die **Indios massiv ausgebeutet**, was zahlreiche zeitgenössische Berichte widerspiegeln. Diese Kritik am unchristlichen Verhalten der Kolonisten, wie sie exemplarisch in den **Anklagen des Bartolomé de Las Casas** deutlich wird, führte zwar zu einer **Grundsatzdebatte über den Umgang mit der indigenen Bevölkerung**, der Papst und die spanische Krone wurden jedoch kaum aktiv. Mit den 1513 verabschiedeten **Gesetzen von Burgos** wurden ergänzend Vorschriften zum Arbeitsschutz, zur Versorgung und Unterbringung der Indios erlassen, nicht jedoch das Encomienda-System grundsätzlich infrage gestellt.
Nicht nur die **unmenschlichen Arbeitsbedingungen** der auch **zwangsrekrutierten Indios** in den Bergwerken, die zu Gesundheitsschäden bis hin zum vorzeitigen Tod führten, sondern auch **Kriege und Krankheiten** verursachten einen **starken Bevölkerungsrückgang**. Versuche, die Zwangsarbeit und Versklavung einzuschränken, mündeten 1542 in **Reformgesetzen**, den „Neuen Gesetzen" („**Leyes Nuevas**"), mit denen **Karl V.** das Encomienda-System weiter beschränkte und die Sklaverei prinzipiell verbot. Bereits 1545 wurden aber einzelne Passagen auf **Druck der Konquistadoren** zurückgenommen.

Im Rahmen der „**Indianerschutzpolitik**" wurde 1546 die **Christianisierung** ausschließlich in die Hände der **Missionare und Priester** gelegt und das Zugeständnis einer **kommunalen Selbstverwaltung** gemacht. Als Kontrollorgan gegenüber den unteren Verwaltungsebenen wurden ab 1511 **Appellationsgerichtshöfe** (**Audiencias**) eingerichtet. Dem 1524 zur Leitung und Koordination der Überseegebiete installierten sogenannten **Indienrat**, der auch als oberstes Berufungsgericht für alle diese Gebiete betreffenden Rechtsangelegenheiten fungierte, unterstanden die ab 1535 eingesetzten **Vizekönige**. Diese sollten die **Rechtsprechung** sowie die **Sicherheit und Ordnung** überwachen und darüber hinaus die **Christianisierung und den Schutz der Indios** gewährleisten. Die Verwaltungseinheiten waren unterteilt in die República de Espanolas (Staat der Spanier) und die República de Indios (Staat der Indianer). **Mangelnde Kontrolle** führte allerdings zu **Korruption** sowie zur **Machtanmaßung** der Statthalter und Vizekönige, die Ämter kauften und anhäuften. Die vorgesehene Gleichbehandlung der indianischen Herrscher, der **Kaziken**, war in der Praxis kaum gegeben.
Insgesamt war der spanischen Krone daran gelegen, die eroberten Gebiete u. a. auch aus **wirtschaftlichen und machtpolitischen Gründen** administrativ zu ordnen und dabei sowohl **die Konquistadoren zu kontrollieren** als auch **Aufstände der indigenen Bevölkerung zu verhindern**. Reaktionen auf Grundsatzdebatten über eine humanere Behandlung der Indios werden in den Gesetzen und Verfügungen zwar deutlich, in der Realität wurden sie jedoch häufig nicht eingehalten.

3. *Die Aufgabenstellung verlangt, zu der vorgegebenen Problemstellung eine Einschätzung im Rahmen eines Konzepts darzulegen, das argumentativ überzeugend und differenziert angelegt ist (AFB III). Zu Beginn sollten Sie die Kategorie „angemessene Erinnerung" anhand geeigneter Kriterien kurz erläutern. Dabei müssen Werturteile aus der Geschichte, wie sie in dem vorliegenden Text referiert werden, im Hinblick auf die damit verbundene Intention solcher Rekonstruktionsprozesse reflektiert werden.*
Da es um die zentrale Kategorie der Erinnerung geht, ist es sinnvoll, diesbezügliche wissenschaftliche Theorien heranzuziehen. Es bietet sich an, die im Kerncurriculum verbindlich vorgegebene Theorie zum kulturellen Gedächtnis von Jan Assmann sowie weitere im Unterricht behandelte Ansätze aufzugreifen.

Erinnerung dient dem Menschen zur **Sicherung und Kontinuierung einer sozialen Identität**. Die Kulturwissenschaftler **Aleida und Jan Assmann** beschreiben in diesem Sinne historisches Gedenken als **Inszenierung zum Zwecke der Konstruktion kulturellen Sinns**. Wenn der Autor Gerhard Kruip gleich zu Beginn des Textauszuges darauf verweist, dass sowohl von staatlicher als auch kirchlicher Seite Interesse besteht, den 12. Oktober in einem spezifischen Licht erscheinen zu lassen, wird deutlich, dass **Geschichte** uns nie als Abbild, sondern als **Bewusstseinskonstrukt** entgegentritt, indem eine Auswahl, Gewichtung und Sinngebung von Daten, Ereignissen und Zusammenhängen vorgenommen wird. Insofern ist auch der Versuch, „angemessene Erinnerung" zu entwickeln, nicht frei von Deutungen und abhängig von gegenwärtigen Erfahrungen.

Daraus lässt sich schon ein mögliches **Kriterium angemessener Erinnerung** ableiten. Sie sollte den Konstruktionscharakter – die Fragestellung, die der Erinnerungsausgestaltung zugrunde liegt – offenlegen. Die historische Bedeutung des 12. Oktober kann nur **multiperspektivisch** im Hinblick auf die Auswirkungen auf alle Betroffenen geklärt werden. Insofern ist es ausgeschlossen, den 12. Oktober angesichts der auch massiven negativen demografischen, kulturellen und politischen Dimensionen nur als „Jubeltag" zu feiern.
Deutlich wird dies auch an den **unterschiedlichen Bezeichnungen für den 12. Oktober**, der in Spanien und einigen ehemaligen Kolonien in Süd- und Mittelamerika bis heute ein staatlicher Feiertag ist: „Día de la Hispanidad" („Tag der Hispanität"), „Día de la Resistencia Indígena" („Tag des indianischen Widerstands"), „Día de las Culturas" („Tag der Kulturen"), „Día del Encuentro de dos Mundos" („Tag der Begegnung zweier Welten") oder „Día de la Interculturalidad" („Tag der Interkulturalität").
Das Ereignis der Ankunft von Christoph Kolumbus in Amerika hat **symbolische Bedeutung** erlangt und wurde ein fester Anknüpfungspunkt in der kollektiven Erinnerung. Jede diesbezüglich organisierte Erinnerung stellt eine Ausprägung von Geschichtskultur dar und gestaltet das „**kulturelle Gedächtnis**" mit, das in der Theorie der Kulturwissenschaftler Jan und Aleida Assmann neben dem „**kommunikativen Gedächtnis**" eine Form **kollektiver Erinnerung einer Kultur** darstellt. Nach Jan Assmann umfasst das kulturelle Gedächtnis dabei den Bestand an hochgradig geformten **Texten, Bildern und Riten weit zurückliegender Ereignisse**, auf die sich eine Gesellschaft in einer Epoche selbstvergewissernd bezieht. Dagegen bilde die jüngste Vergangenheit das kommunikative Gedächtnis einer Gesellschaft, das sich aus den **Erinnerungen der Zeitzeugen** forme. Allerdings können auch weit zurückliegende einschneidende historische Ereignisse und Zivilisationsbrüche – wie Kritiker einwenden – als „**fundierendes**" **Geschehen** wahrgenommen werden. Sie bilden dann ein **Deutungsmuster**, um eine Richtungsbestimmung zukünftigen Handelns zu erhalten und selbstvergewissernd spezifische Werte zu stabilisieren. Insofern funktioniert nach **Jörn Rüsen** die **historische Erinnerung auch als Identitätsgröße einer Gesellschaft**.
Argumentiert beispielsweise Luciana Pereña damit, dass die spanischen Konquistadoren so gehandelt hätten, wie „alle Völker unter ähnlichen Bedingungen und mit teilweise für die Eroberten noch grausameren Folgen" (Z. 32 f.), ist dies genau der Ansatzpunkt einer Erinnerung, die die Folgen einer solchen „Kulturüberheblichkeit" eher als **Bestätigung und Legitimierung der eigenen Werte** beleuchten würde. Das schließt auch die Rezeption der Kulturen der indigenen Bevölkerung ein, die sich z. T. untereinander brutal bekämpft haben und Allianzen mit den Spaniern zur eigenen Herrschaftssicherung eingegangen sind.
Eine **angemessene Erinnerung** muss angesichts der **weitreichenden Folgen der Kolonisierung** für die indigenen Kulturen, Ethnien und Gesellschaften auch die **Frage nach Schuld und Verantwortung** in das Erinnern einbeziehen (vgl. auch die Forderungen des Zentrums „Christianismo y Justicia", Z. 59–69). Auch wenn heute Einigkeit darüber herrscht, dass die von den Europäern eingeschleppten **Infektionskrankheiten** hauptverantwortlich für den **katastrophalen Bevölkerungs-**

rückgang der indigenen Bevölkerung waren, beeinflusste die **Konquista** die weitere wirtschaftliche und politische Entwicklung Süd- und Mittelamerikas. Zum Teil erreichten die **Kolonien erst im 20. Jahrhundert** durch Kriege oder Verhandlungen ihre **nationale Selbstbestimmung**.

Letztlich ist es insofern nicht ausschlaggebend, welche mediale Form die Präsentation von Geschichte annimmt, sondern ob sie auf einer **Metaebene kommentiert bzw. dekonstruiert** wird und die **Möglichkeit multiperspektivischer Reflexion** bietet.

Abiturprüfung Niedersachsen 2014 – Geschichte
Grundlegendes Anforderungsniveau – Aufgabe II

Thema: Die Ideologie des Nationalsozialismus

Aufgabenstellung

1. Fassen Sie die Aussagen des Textes nach einer quellenkritischen Vorstellung zusammen.
2. Arbeiten Sie die dem Text zugrunde liegenden Elemente der nationalsozialistischen Ideologie heraus.
3. Nehmen Sie Stellung zur vorliegenden Deutung der römischen Geschichte.

M: Geschichtliches Unterrichtswerk für höhere Lehranstalten. Geschichtsbuch für die Mittelstufe [1933, Auszug]:

Die nationalsozialistische Revolution des Jahres 1933 hat nicht nur unser Volk und unsern Staat mit ganz neuem Leben erfüllt, sondern sie hat auch auf das geistige Leben unseres Volkes neu gestaltend eingewirkt. So sehen wir auch heute die Geschichte unseres Volkes, ebenso aber auch die Geschichte der Völker des Altertums mit anderen Augen an als bisher. Wir haben neue Erkenntnisse gewonnen und legen einen neuen Wertmaßstab an die Geschehnisse an.

Wir sind uns heute der Verwandtschaft der führenden Völker des Altertums mit unserem deutschen Volke viel lebhafter als bisher bewusst geworden. Sie sind Fleisch von unserm Fleische, Blut von unserm Blute, Glieder der nordischen Rasse wie wir! Damit erhält das, was große nordische Führer und wehrhafte nordische Völker im Altertum einst geleistet haben, für uns eine tiefere Bedeutung.

Wie an die Geschichte des deutschen Volkes treten wir auch an die Geschichte der Griechen und Römer, in denen ja dieselben Erbanlagen der nordischen Rasse wie in uns wirksam sind, mit bestimmten Fragen heran: Was bedeutet das Blut, die Rasse für die Geschichte eines Volkes? Welche Rolle spielt in ihr das Bauerntum? Was bedeuten die großen Führer für ihre Völker? Wie stark war in den Völkern das Gefühl der Volksverbundenheit, der Gemeinsinn? Wie wirkt sich heldische Gesinnung in ihrer Geschichte aus? Worin sehen ihre Künstler die Schönheit des menschlichen Körpers?

An Hand dieser Fragen wollen wir heute noch einmal die einzelnen Hauptabschnitte unseres Buches durchgehen und dabei angeben, welche Antwort die völkische Geschichtsauffassung auf diese Fragen zu geben hat. […]

Das Werden des Staates der Römer zeigt in den Patriziern eine auf Erbhöfen sitzende nordische Herrenschicht zäher, kampferprobter Bauern, die stets all ihre Kraft für Staat und Gemeinwohl einsetzt. Sie steht lange im Kampf um die Selbstbehauptung gegen äußere und innere Gegner. Vorübergehend sind die vorderasiatischen Etrusker die Herren Roms. Ihre Herrschaft endet mit dem Sturz des alten Heerkönigtums. An seine Stelle tritt das Doppelführertum der Konsuln, die der Senat berät. In

Notzeiten erhält ein Mann alle Gewalt im Staat, der Diktator. In den Ständekämpfen mussten die Patrizier die Ehegesetze, durch die sie sich streng von den mit fremdem Blut mannigfach gemischten Plebejern abgeschlossen hatten, aufgeben.

Der Kinderreichtum der römischen Bauern macht sie so landhungrig, dass sie in zahlreichen Kriegen ihren Staat vom Stadtgebiet zur Halbinselherrschaft ausbreiten und ihre überschüssige Bevölkerung überall in Italien in Militärkolonien ansiedeln. Nur die heldische Gesinnung dieser Bauernkrieger, die sich in ihrer Tapferkeit, Manneszucht, Ausdauer und Opferwilligkeit äußerte, ermöglichte solche Erfolge. Die stolze Haltung ihrer Führer im Unglück war derart, dass ein Gegner Roms ihren Senat als eine „Versammlung von Königen" bezeichnete.

Am glänzendsten bewährt sich Römertugend im Kampf ums Mittelmeer. Die Standhaftigkeit des römischen Senats nach Cannae[1] rechtfertigt das oben wiedergegebene Urteil und bleibt für alle Zeiten ein bewundernswertes Vorbild. Vorbildlich ist auch der Verzicht des Volkes auf Einwirkung auf die Außenpolitik. Mit den Scipionen[2] beginnen in Rom Einzelführer eine hervorragende Rolle zu spielen. Ihnen verdankt Europa nach Miltiades, Themistokles und Alexander[3] den dritten Sieg über den Orient. Verhängnisvoll aber ist der Verlust an nordischem Blut in diesen Kämpfen, Sklaven werden ins Heer aufgenommen, eine bedrohliche Rassenmischung beginnt.

Je gewaltiger das Weltreich sich ausdehnt, desto verhängnisvoller wirkt sich durch Sklaveneinfuhr und -freilassung die Rassenmischung aus, desto mehr schreitet die Entnordung voran. Eine andere schlimme Folge des Hannibalischen Krieges[4] war der Untergang des Bauerntums. Rom wurde aus einem Bauernstaat zu einem Händlerstaat. Dadurch wurde Rom zur Weltstadt. Die Arbeitsbeschaffung für ihr Proletariat bleibt eine nie völlig gelöste Aufgabe für seine Staatsmänner. Mit der Verstädterung lernt Rom auch orientalischen Lebensgenuss so reichlich kennen, dass Cato bald über den Untergang der alten Römertugend klagt.

Das Jahrhundert der Bürgerkriege führt – besonders durch die Proskriptionen – zur fast völligen Ausrottung des nordischen Adels. Die Gracchen versuchten, durch Erneuerung der Erbhöfe die Kraftquelle des Staates, das Bauerntum, neu zu beleben. Aber ihr Versuch schlug fehl. Gegenüber den schweren Aufgaben des Weltreichs setzte sich der Führergedanke des Alleinführers siegreich durch. – Neben der fortschreitenden Entnordung sind Parteihader und Söldnertum weitere düstere Schattenseiten dieses Jahrhunderts, an dessen Ende der große Caesar als Neuordner steht. Die Kaiserzeit eröffnet Augustus, wiederum ein großer nordischer Führer. Seine straffe Führung schenkt dem Weltreich Frieden und Ordnung, dazu eine Wirtschaftsbelebung durch umfassende Bautätigkeit. […]

Aus: Theodor Steudel: Geschichte der Griechen und Römer, Leipzig: Teubner, 6. Aufl., 1933, S. 1–5 des Nachworts. [Textsperrungen, Fettdruck sowie Seitenverweise des Originals sind ausgespart worden.]

Anmerkungen:

1 Cannae: Ort der römischen Niederlage gegen die Truppen Hannibals im Zweiten Punischen Krieg.
2 Scipionen: römische Feldherren im Zweiten und Dritten Punischen Krieg.
3 Miltiades (ca. 550–489 v. Chr.) und Themistokles (ca. 525–459 v. Chr.): athenische Feldherren in den Perserkriegen; Alexander der Große (356–323 v. Chr.): makedonischer König und Eroberer des Perserreiches.
4 Hannibalischer Krieg: Gemeint ist der Zweite Punische Krieg.

Hilfsmittel:

Keine

Erläuterungen und Bearbeitungshinweise

Die Aufgabe bezieht sich auf das Wahlmodul 6 „Nationalsozialismus und deutsches Selbstverständnis“ des Rahmenthemas 3 „Wurzeln unserer Identität“. Darüber hinaus nimmt sie Bezug auf das Wahlmodul 1 „Krise(n) der römischen Republik“, das zum Rahmenthema 1 „Krisen, Umbrüche und Revolutionen“ gehört. Dadurch wird der Semesterübergriff der Aufgaben hergestellt. Die Aufgabenstellung ist vorrangig den Kategorien „Individuum und Gesellschaft“ sowie „Freiheit und Herrschaft“ zuzuordnen, entsprechend den Dimensionen „Politikgeschichte“, „Sozialgeschichte“ sowie „Kultur- und Ideengeschichte“.

Verbindliche Gewichtung der Teilaufgaben

Teilaufgabe	überwiegend Anforderungsbereich	Gewichtung in Prozent
1	I	30
2	II	40
3	III	30

Lösungsvorschläge

1. *Der Auszug aus dem „Geschichtlichen Unterrichtswerk für höhere Lehranstalten. Geschichtsbuch für die Mittelstufe“ ist ein historisches Zeugnis dafür, wie das NS-Regime bereits 1933 mithilfe neuer Schulbücher versuchte, die Schülerinnen und Schüler ideologisch auf die neue Diktatur einzuschwören. Daher fordert die Aufgabenstellung im besonderen Maße, sich quellenkritisch mit dem Material auseinanderzusetzen. Entsprechend soll einleitend bei der Bestimmung der Quelle (Textsorte, Erscheinungsjahr, Thema) ausdrücklich auch auf die Adressaten und die Intention des Schulbuchverfassers hingewiesen werden. Bei der inhaltlichen Zusammenfassung muss die sprachliche Distanz zur Quelle konsequent eingehalten werden. Die Inhaltsaspekte sind klar zu strukturieren (AFB I). Schlüsselbegriffe der NS-Ideologie dürfen hier ausnahmsweise in einer Zusammenfassung zitiert werden, weil diese Begriffe im weiteren Verlauf der Untersuchung (Aufgaben 2 und 3) kritisch erläutert, analysiert und bewertet werden.*

   Nach der Machtübernahme der Nationalsozialisten 1933 erschien noch im selben Jahr das „Geschichtliche Unterrichtswerk für höhere Lehranstalten. Geschichtsbuch für die Mittelstufe“ in einer Neuauflage, die durch ein Nachwort ergänzt wurde. Mit diesem **Nachwort** gibt der Verfasser den Lehrkräften wie auch den Schülerinnen und Schülern der höheren Schulen eine **Interpretationsrichtlinie** für das Lehrwerk an die Hand: Gefordert wurde, ab sofort die **Geschichte der Antike**, insbesondere die römische Geschichte, im Unterricht **an den Leitlinien**

der NS-Ideologie auszurichten. Vor dem Hintergrund der **Gleichschaltung**, die hier sichtbar auch den Geschichtsunterricht erfasste, erhielt dieses Nachwort einen verbindlichen Charakter, wodurch Schüler und Lehrer auf die Ideologie des Regimes eingeschworen werden sollten. Die **NS-Denkmuster** wurden im Geschichtsunterricht verbindliche Kriterien für die Vergabe von Zensuren.

Der Verfasser des Schulbuches erklärt, dass durch die Machtübernahme des nationalsozialistischen Regimes die Geschichte der Antike aus anderen Perspektiven und unter anderen Gesichtspunkten als bisher interpretiert werden müsse. Grundlage der neuen Betrachtung sei die Erkenntnis, dass das **deutsche Volk mit den Griechen und Römern des Altertums** durch eine gemeinsame Herkunft **eng verwandt** sei (vgl. Z. 3–9).

Von dieser Behauptung – die zwar mit Nachdruck formuliert, aber nicht begründet wird – leitet der Verfasser vor allem für die römische Geschichte **Leitfragen** ab, denen zufolge **Schlüsselbegriffe der NS-Ideologie** in den Mittelpunkt des Geschichtsunterrichts gestellt werden müssten: die „Rasse" (Z. 14), das „Bauerntum" (Z. 15), die „großen Führer" (Z. 16), der „Gemeinsinn" bzw. die „Volksverbundenheit" (Z. 17), die „heldische Gesinnung" (Z. 17) und die „Schönheit des menschlichen Körpers" (Z. 18) in der bildenden Kunst.

Anhand dieser ideologischen Schlüsselbegriffe gibt der Verfasser aufbauend auf seiner – wie er selbst formuliert – „völkischen Geschichtsauffassung" (Z. 20 f.) **Richtlinien für die Behandlung der einzelnen Kapitel des Lehrbuches** vor.

Die Entstehung und der Aufstieg des römischen Staates seien von den **Patriziern** herbeigeführt worden, die als „**nordische Herrenschicht**" (Z. 23) aus **kriegerisch gesinnten Bauern** bestanden und sich nach langen Kämpfen mit der Einführung der Republik durchgesetzt haben. Der Verfasser betont, dass in Krisenzeiten die Diktatur das Kollegialitätsprinzip der Magistrate ersetzt habe. Als in den Ständekämpfen die Ehegesetze aufgehoben wurden, seien die **Patrizier erbbiologisch** durch die „mit fremdem Blut mannigfach gemischten Plebejer[...]" (Z. 29 f.) **geschwächt** worden.

Die erfolgreiche Ausdehnung der römischen Herrschaft, erst auf der italischen Halbinsel und schließlich im Mittelmeerraum, führt der Verfasser auf den Kinderreichtum der römischen Bauern, deren überlegene kriegerische Gesinnung und das Beharrungsvermögen des Senats auch in schwersten Krisen zurück.

Die **Krise der römischen Republik** resultiere aus Fehlentwicklungen infolge der militärischen Erfolge: Die **Vermischung der Ethnien** durch Sklavenzufuhr und Sklavenfreilassungen habe das Erbgut der Bevölkerung verschlechtert, der Verfasser spricht hier von „bedrohliche[r] Rassenmischung" (Z. 45) und „Entnordung" (Z. 48). Auch die Kriegsopfer hätten zu einem „Verlust an nordischem Blut" (Z. 44) beigetragen. Die **Sklavenwirtschaft** habe zudem den **römischen Bauernstand verdrängt** und die Römer zu Händlern und Proletariern gemacht.

Die **Patrizierfamilien** seien im Jahrhundert der Bürgerkriege **erloschen**, nicht zuletzt durch die Proskriptionslisten; der Verfasser spricht hier von einer „fast völligen Ausrottung des nordischen Adels" (Z. 55).

Diese Krise der Republik habe zum **Aufstieg starker Führerpersönlichkeiten** geführt; besonders hervorgehoben wird **Augustus** als „großer nordischer Führer" (Z. 61), der die Kaiserzeit eingeleitet und das Römische Reich stabilisiert und wirtschaftlich gestärkt habe.

2. *Der Operator „herausarbeiten" verlangt allgemein, das Material auf bestimmte, nicht immer explizit genannte Sachverhalte hin zu untersuchen und Zusammenhänge zwischen den Sachverhalten herzustellen (AFB II). Konkret heißt das hier: Im ersten Arbeitsschritt müssen Sie aus dem Text alle Formulierungen, die auf die NS-Ideologie hinweisen, heraussuchen. Im zweiten Schritt sind diese Textpassagen zu strukturieren. Dafür sollen Sie diese den Hauptelementen der NS-Ideologie zuordnen, um zu einer gedanklich übersichtlichen Struktur zu gelangen. Sie können die NS-Ideologie in fünf Hauptkategorien gliedern: in die der „Rassenlehre", in die Doktrin von „Lebensraum" sowie von „Blut und Boden", in den Militarismus, in das „Führerprinzip" und in die Doktrin der „Volksgemeinschaft". Wenn Sie Ihre ermittelten Textpassagen den NS-Vorstellungen zugeordnet haben, müssen Sie nachweisen, inwiefern sie auf die NS-Ideologie hinweisen bzw. mit ihr verknüpft sind. Ihre Ergebnisse sind Schlussfolgerungen, die Sie jeweils selbstständig behaupten, begründen und durch Zitate aus der Quelle belegen müssen. Eine kurze Überleitung und ein kurzes Fazit runden Ihre lineare Erörterung ab.*

Das Nachwort des Schulbuchs verlangt von den Geschichtslehrkräften, ihren Unterricht auf die Ideologie des NS-Regimes auszurichten. Entsprechend stark ist der Text mit **ideologischen Denkmustern des Nationalsozialismus** durchdrungen. Dies lässt sich anhand von fünf Hauptkategorien der NS-Ideologie nachweisen:

1. der „Rassenlehre",
2. der „Blut-und-Boden"- sowie der damit verbundenen „Lebensraum"-Doktrin
3. dem Militarismus,
4. dem „Führerprinzip" und
5. der Doktrin von einer „Volksgemeinschaft".

Kern der NS-Ideologie ist der **Rassismus**, der auf **sozialdarwinistischen Vorstellungen** basiert und diese radikal und vulgär ausgestaltet: Der Stärkere habe das Recht und die Pflicht, den Schwächeren zu vernichten. Den **Deutschen** käme als Kern der „nordischen Rasse" (Z. 13) die herausragende Position einer solchen „**Herrenrasse**" oder „Führerrasse" zu (vgl. Z. 23). Sie hätten in besonderem Maße Staaten bildende, kulturschaffende und militant-kämpferische Eigenschaften.
Die zynische Doktrin des Rassismus findet sich vielfach im Nachwort wieder, wenn z. B. einleitend folgender Vergleich zwischen Römern und Deutschen gezogen wird: „Sie sind Fleisch von unserm Fleische, Blut von unserm Blute, Glieder der nordischen Rasse wie wir!" (Z. 8 f.) Wenn der Verfasser dogmatisch eine **Verwandtschaft der Deutschen mit dem römischen Adel der Antike** herstellt, so ist dies wissenschaftlich abwegig und ausschließlich **propagandistisch** motiviert: Die Schüler sollten sich Rom und dessen **imperiale Ausbreitung zum Vorbild** nehmen. Die vermeintliche Verwandtschaft mit den Patriziern sollte sie zu-

dem als Deutsche aufwerten und ihnen suggerieren, mit ähnlich militanter Einstellung ein **neues deutsches Imperium** errichten zu können.

Ausdrücklich betont der Verfasser, dass Geschichte primär unter rassenideologischen Gesichtspunkten untersucht werden müsse: „Was bedeutet das Blut, die Rasse für die Geschichte eines Volkes?“ (Z. 14 f.) Der vom NS-Regime geforderte **militante Fanatismus** wird dabei vom Verfasser als **„heldische Gesinnung“** (Z. 17, Z. 34) beschönigt, eine Formulierung, die zur Indoktrination wiederholt wird.

Der nationalsozialistische Rassenkult will das Erscheinungsbild eines **„nordischen“ Kämpfertypus** idealisieren, indem er ihn künstlerisch überhöht und ihm dadurch eine kulturelle Bedeutung beimisst. In diesem Sinne wird im Nachwort suggestiv die Frage gestellt: „Worin sehen ihre Künstler die Schönheit des menschlichen Körpers?“ (Z. 18)

Die im Nachwort konstruierte besondere genetische Verwandtschaft mit den römischen Patriziern soll den Schülern Vorbild für eigene spätere Eroberungen sein. Wie die Patrizier im Altertum sollen sich die Schüler zu einer **„Herrenschicht zäher, kampferprobter“** (Z. 23) **Soldaten** entwickeln und den vermeintlichen positiven **Eigenschaften der Patrizier**, „Tapferkeit, Manneszucht, Ausdauer und Opferwilligkeit“ (Z. 34 f.), **nachstreben**.

Aber der Verfasser des Nachwortes findet im Sinne der NS-Rassenideologie nicht nur Vorbilder in der römischen Geschichte, sondern auch **Gefahren:** Als Gründe für die Krisen und den späteren Verfall des Römischen Reiches – im Auszug aus dem Nachwort wird der zweite Zusammenhang nur angedeutet – führt der Verfasser mehrfach **„Rassenmischung“** (Z. 45, Z. 47) und **„Entnordung“** (Z. 48, Z. 59) an. Um solche Entwicklungen nach zukünftigen deutschen **Eroberungen** zu vermeiden, sollen die Schüler darauf vorbereitet werden, sich später ohne jedes Mitgefühl am geplanten **Völkermord** zu beteiligen. Im vermeintlich eher friedlichen und rational bestimmten Rahmen der Schule wird eine Manipulation der Schüler begonnen, die im totalen Vernichtungskrieg und in den Konzentrationslagern kulminieren wird.

Auch die NS-Doktrin von der **„Lebensraum-Eroberung“** (vgl. Z. 31–35) findet sich mehrfach im Nachwort wieder: Nach dem vermeintlichen Vorbild römischer Patrizier sollen die Schüler fanatisch den römischen Eroberungen nacheifern und durch militärische Erfolge ein vergleichbares deutsches Weltreich errichten.

Der nationalsozialistischen „Blut-und-Boden“-Doktrin folgend wird im Nachwort die **landwirtschaftliche Erwerbstätigkeit stark verklärt** und mit aggressiv-militanten Attributen versehen: Die römischen Patrizier werden zur „nordischen Herrenschicht zäher, kampferprobter Bauern“ (Z. 23). Der Verfasser des Nachworts preist die „heldische Gesinnung dieser Bauernkrieger“ (Z. 34), das „Bauerntum“ mit seinen „Erbhöfe[n]“ sei „die Kraftquelle des Staates“ (Z. 56) und so stehe die Krise der römischen Republik in unmittelbarem Zusammenhang mit dem „Untergang des Bauerntums“ (Z. 49). Angesichts der Industrialisierung, die im 20. Jahrhundert auch die Landwirtschaft und das Militär revolutionär veränderte, propagieren die NS-Ideologen hier ein Gesellschaftsbild für das Deutsche Reich, das gleichermaßen rückwärtsgewandt, weltfremd und aggressiv-militaristisch ist.

Der vom Nationalsozialismus propagierte **Militarismus** zieht sich konsequent durch das Vorwort (vgl. u. a. Z. 22 – 25, Z. 31–45). Geleitet vom Rassismus und der römischen „Eroberung neuer Lebensräume" sollen für die Schüler kämpferische Vorbilder entstehen, die geprägt sind von „Standhaftigkeit" (Z. 39), „Tapferkeit, Manneszucht, Ausdauer und Opferwilligkeit" (Z. 34 f.). Der vom Nationalsozialismus geforderte **blinde Fanatismus** wird auf diese Weise beschönigend umschrieben.
Die NS-Doktrin vom „**Führerprinzip**" verwendet der Verfasser des Nachwortes als leere Worthülse, ohne dabei wesentliche Inhalte zu vermitteln. Die Frage „Was bedeuten die großen Führer für ihre Völker?" (Z. 15 f.) zielt darauf ab zu unterstellen, dass der Erfolg eines Staates ausschließlich von der Qualität seines „Führers" abhinge sowie der Bereitschaft der Bevölkerung, sich diesem völlig zu unterwerfen. Die Aussage „In Notzeiten erhält ein Mann alle Gewalt im Staat, der Diktator" (Z. 27 f.), unterstreicht diese **antidemokratische Position** propagandistisch, ebenso das Lob: „Vorbildlich ist auch der Verzicht des Volkes auf Einwirkung auf die Außenpolitik." (Z. 40 f.) Der Begriff „**Führer**" wird im Nachwort durchgängig mit „**Erfolg**" konnotiert: „Einzelführer" spielten „eine hervorragende Rolle" (Z. 42 f.). Augustus sei ein „großer nordischer Führer" (Z. 61), dessen „straffe Führung" (Z. 61 f.) Rom „Frieden und Ordnung" gebracht habe (Z. 62). Politische, militärische und wirtschaftliche Leistungen werden in dem Nachwort nie sozialen Verbindungen von Menschen, wie z. B. Parteien, Organisationen etc., zugeschrieben, sondern ideologisch nur einem alleinherrschenden „Führer".
Die Doktrin der „**Volksgemeinschaft**" wird im Nachwort nur einmal explizit angesprochen, wenn die Frage gestellt wird: „Wie stark war in den Völkern das Gefühl der Volksverbundenheit, der Gemeinsinn?" (Z. 16 f.) Diese Begriffe sind hier nicht als soziale Verantwortung der Gemeinschaft für den Einzelnen zu verstehen, denn individuelle Rechte gegenüber Staat und Gesellschaft werden im Nachwort – wie auch in der NS-Ideologie – gar nicht thematisiert. Dem Verfasser geht es, wenn er von „Volksverbundenheit" und „Gemeinsinn" spricht, nur um die **Leistungen**, **die das Individuum für das Volk mit „heldische[r] Gesinnung"** (Z. 17) **zu erbringen habe**. Das Nachwort preist römische Leistungen nach dem NS-Leitspruch: „Du bist nichts – Dein Volk ist alles!" und steht damit im Widerspruch zum demokratischen und sozialen Leistungsgedanken.

3. *Der Operator „Stellung nehmen" verlangt von Ihnen eine Beurteilung des Nachwortes auf den Ebenen eines Sach- und eines Werturteils (AFB III): Im Sachurteil gehen Sie auf die fachlichen Mängel des Nachwortes, insbesondere die extrem einseitige und verkürzte Darstellung des Untergangs der römischen Republik, ein. Im Werturteil greifen Sie die menschenverachtende Dimension der NS-Ideologie auf; Maßstäbe Ihrer Kritik sind allgemein anerkannte demokratische Werte, die Menschenrechte und das Völkerrecht.*

Bearbeitungsverfahren: Sie suchen aus dem Material wesentliche kritikwürdige Aspekte heraus und entwerfen dazu jeweils eine Beurteilung. Sie ziehen also selbstständige Schlussfolgerungen, die Sie jeweils argumentativ begründen und belegen müssen. Formulieren Sie Ihre Beurteilung präzise und differenziert und runden Sie diese durch ein Fazit ab.

Wie bereits nachgewiesen, wird mit dem Nachwort in der 1933 erschienenen Neuauflage des Geschichtslehrbuches die Intention verfolgt, die NS-Ideologie als leitendes Denkmuster in den Geschichtsunterricht der Mittelstufe der höheren Schulen einzuführen. Das fordert eine kritische Stellungnahme heraus und zwar sowohl auf der Ebene der **Qualität der historischen Darstellung** als auch auf der Ebene der **politischen Intention** sowie der Werte, die der Text vermittelt.
Für den nationalsozialistisch ausgerichteten Verfasser des Nachwortes sind „Rasse", „Bauerntum", Herrschaft durch „Führer", Gleichschaltung der Menschen in einer „Volksverbundenheit" und Militarismus mit „heldischer Gesinnung" (vgl. Z. 14–18) die bestimmenden Kräfte, die militärische, politische, gesellschaftliche und wirtschaftliche Veränderungen bewirken könnten. So wird sinngemäß behauptet, dass ein Staat erfolgreich sei, wenn diese vermeintlichen Kräfte das Bewusstsein und das Handeln der Menschen prägen würden. Mit seiner „**völkischen Geschichtsauffassung**" (Z. 20 f.) – so bezeichnet der Verfasser selbst seinen Deutungsansatz – reduziert er die Ursachen der Krise und das Scheitern der römischen Republik auf **unwissenschaftliche und untaugliche Erklärungsmuster** wie die „Rasse" (Z. 14), die „Entnordung" (Z. 48, 59) und die „Rassenmischung" (Z. 45, 47). In diesem rassistischen Zusammenhang sieht der Verfasser im „Untergang des Bauerntums" (Z. 49) eine weitere Ursache der Krise, denn die Bauern seien bisher die „Kraftquelle des Staates" gewesen, die durch ihre „Erbhöfe" (Z. 56) eine „Rassenmischung" verhindert hätten.
Diese **Sichtweise blendet die vielfältigen militärischen, sozialen und ökonomischen Probleme aus**, die vor allem durch die **römischen Eroberungskriege** entstanden sind: So belegen Roms Niederlagen in Spanien, dass das traditionelle Milizsystem zunehmend überforderten war; zudem verschärfte sich durch die Kriegführung und die Aufteilung der Kriegsbeute die **soziale Spaltung** zwischen Kriegsgewinnern (v. a. Patriziern) und -verlierern (v. a. Kleinbauern). Die Folge war die politische Krise, in der die Akteure ihre Ziele oft rücksichtslos durchsetzten und dabei die republikanische Verfassung zunehmend missachteten oder zum Spielball ihrer machtpolitischen Taktik machten.
Der Verfasser des Nachwortes versagt darin, die innenpolitischen Kriegsfolgen unter ökonomischen und vor allem sozialpolitischen Gesichtspunkten kritisch zu reflektieren, denn eine solche Reflexion widerspräche dem Streben des nationalsozialistischen Regimes, selbst Eroberungskriege zu führen.
Ebenso wird die **Verfassungskrise der römischen Republik völlig unkritisch betrachtet**, denn solche verfassungspolitischen Reflexionen wollten die NS-Ideologen in ihrer „Führer"-Diktatur unterdrücken: Über politische Herrschaft sollte nicht diskutiert werden. Statt der gebotenen kritischen Auseinandersetzung setzt der Verfasser des Nachwortes auf die Hervorhebung von Einzelpersonen

wie Caesar und Augustus (vgl. Z. 60 f.), die urteilslos zu Heldenfiguren der Geschichte überhöht werden. Diese **Heroisierung von historischen Personen** soll offensichtlich von kritischen Sachanalysen ablenken.
Insgesamt ist der Versuch, das Scheitern der römischen Republik rassistisch zu erklären, ideologisch einseitig und darüber hinaus, wie bereits dargelegt, fachlich unsinnig. Die **Ursachen des Scheiterns** können nur **multikausal** ausgelotet werden. Hierbei sollte sich der Blick zum einen auf soziale, ökonomische, militär- und verfassungspolitische Gesichtspunkte richten, zum anderen sollten aber auch Leistungen und Fehlleistungen historischer Personen kritisch betrachtet werden.
An dieser Stelle lohnt es sich, noch einmal den Fokus auf die eingangs schon erwähnte Intention des Verfassers des Nachwortes zu richten: Was könnte ihn motiviert haben, eine solche Geschichtsfälschung im Schulunterricht einzufordern? Ihm ging es nicht um historische Aufklärung der Schüler, damit diese selbstständig denken und sich eigene Urteile über Personen, Ereignisse und Strukturen bilden konnten. Ebenso wenig strebt er danach, römische Geschichte fachlich fundiert in den Schulen zu unterrichten. Vielmehr nutzt der Verfasser die Geschichte der römischen Republik, um die NS-Ideologie zu transportieren, vor allem die Rassendoktrin. **Die römische Geschichte wurde mit dem Ziel manipuliert, die NS-Ideologie zu verbreiten und zu rechtfertigen.** Dass die Schüler durch den Zensurendruck gezwungen wurden, sich zumindest äußerlich diesem dogmatischen Denken anzupassen, ist besonders arglistig. Damit ging der Verfasser in seiner Intention sogar über den Geschichtsunterricht hinaus, denn er strebte danach, sowohl **Lehrkräfte** als auch **Schülerschaft** zu **Multiplikatoren der NS-Ideologie** zu machen.
Das Nachwort des Geschichtslehrbuches ist ein Beispiel für eine **verbrecherische pädagogische Haltung**, denn sein Verfasser verneint demokratische Werte wie Verantwortung, Streben nach Frieden und Gerechtigkeit sowie den Willen, den Menschenrechten und dem Völkerrecht Geltung zu verschaffen. Stattdessen vermittelt sein Text in zynischer Weise die **Grundlagen der NS-Ideologie:** Die jungen Menschen sollten zu rücksichtslosen Instrumenten in Angriffskriegen erzogen werden. Zudem wurde ihnen eine kriminelle **Scheinrechtfertigung** für den zukünftigen Völkermord mit auf den Weg gegeben.

Thema: Auseinandersetzung mit dem spanischen Kolonialismus

Aufgabenstellung

1. Fassen Sie Straubs Gedanken nach einer Vorstellung des Textes (M 1) zusammen.

2. Erläutern Sie die Aussage Straubs, dass „manche Nachkommen" der indigenen Bevölkerung Lateinamerikas „die Entdeckung, Eroberung und Kolonisation ihres Kontinents für ein fundamentales Missgeschick in der Geschichte der Welt" (Z. 1 ff.) halten.

3. Setzen Sie M 2 nach einer kurzen Vorstellung in Beziehung zu M 1. Gehen Sie hierbei insbesondere auf den Umgang mit historischer Erinnerung ein.

4. Nehmen Sie Stellung zu Straubs Ausführungen.

M 1: Eberhard Straub[1](Hrsg.): Conquista. Amerika oder die Entdeckung der Menschenrechte [1991]

In seinem Vorwort zu diesem Sammelband schreibt der Herausgeber Eberhard Straub:

Manche Nachkommen der „Indios" sind, unterstützt von vielen Europäern, enttäuscht von Europa und halten die Entdeckung, Eroberung und Kolonisation ihres Kontinents für ein fundamentales Missgeschick in der Geschichte der Welt, das sie von ihrem ganz eigenen Weg ablenkte. Keiner wird die Schwierigkeiten leugnen, die Ibero-Amerika bedrücken, nicht einmal die offenkundigen „Ungerechtigkeiten", die auch ein ruhiges Temperament beunruhigen können, aber es gibt keine Geschichte im Konditional, kein „was wäre wenn", und vor allem, was Christen zumindest selbstverständlich ist, es gibt keine Geschichte ohne Schuld und Verstrickung. Die Geschichte ist für sie ein Weg zum Heil, aber das ereignet sich jenseits aller Geschichte, erfüllt sich nicht in ihr. Es gibt nur Annäherungen, und die sind immer sehr ambivalent.

Was den „Amerikanern" widerfuhr, von ihrem Herkommen, ihrer Eigenart entfremdet worden zu sein, erfuhren die „Europäer" ebenfalls. Griechen und Römer „überlagerten" oder „zerstörten" kolonisierend in der „Alten Welt" genug Kulturen, doch – abgesehen von einigen Sonderlingen – gab es für Spanier, Franzosen, Italiener, Deutsche und Engländer keinen Grund, ihre jeweilige „Entdeckung" dauerhaft zu beklagen. Deutsche und Engländer können höchstens klagen, nicht gründlich genug romanisiert[2] worden zu sein. […] Wie es für kein europäisches Volk einen „Rückschritt" gibt in die Zeit vor den Römern und allen späteren, durchaus mit „nationalen" Katastrophen verbundenen Mischungen, weil dieser Rückschritt tatsächlich ein „Rückschritt" wäre, so ist es heute pure Romantik, jenseits von Spanien und der Entdeckung eine „Identität" zu suchen und zu finden.

Amerika wurde entdeckt und „entwickelt", wie man heute sagt. Entwicklung ist das große Zauberwort auch jener, die sich energisch zum Fürsprecher der Eingeborenen machen und dabei vergessen, dass dieser ungemein dynamische Begriff einen Entwickler voraussetzt, der das Ziel kennt, das erreicht werden soll. Der „Entwicklungshelfer" ist nur ein freundlicheres Wort für den Kolonisator, der sich bemüht, ohne es offen einzugestehen, die „Dritte Welt" allmählich, damit es nur eine Welt, *one world,* gebe, der „Ersten" anzugleichen, also der europäisch-nordamerikanischen, nach deren Vorbild sich alle übrigen richten oder richten sollen.

Ob man es nun begrüßt oder davor erschrickt, dass dies Europa im Laufe der Jahrhunderte die gesamte Welt europäisierte und weiterhin sich bemüht, sie sich anzugleichen, es führt kein Weg zurück vor die Entdeckung, es gibt keine „autochthonen[3]" Anknüpfungspunkte mehr. Wie überhaupt die Vorstellung einer ganz eigenen, unvermischten Geschichte nur romantischer Ästhetizismus[4] ist, der hinaus aus der Geschichte führt, einem Reich der Mischungen und Spannungen, aber nicht unversöhnlicher oder unversöhnter. Wie Octavio Paz[5] einmal bemerkte, wird der Mexikaner, und in gewisser Weise damit jeder Ibero-Amerikaner, von drei Traditionen bestimmt, der ursprünglich „amerikanischen", der spanischen und der kreolischen, also der Verbindung der beiden „Welten", die sich schmerzhaft berührten und darüber trotz heftiger Verletzungen neue Lebensformen im weitesten Sinne ermöglichten. Ein südamerikanischer Christ, der an „ungerechten Strukturen" im politischen, sozialen und wirtschaftlichen Gefüge leidet, kann dies nur, weil ihm zuvor die Spanier das Christentum brachten, die Vorstellungen von Freiheit und Menschenwürde, weil sie ihn allerdings auch mit ihren politischen und sozialen Einrichtungen vertraut machten, mit ihrer wirtschaftlichen Ordnung, die alle zusammen im Laufe der Geschichte zu Spannungen führten, die – unabhängig von der spanischen Kolonisierung, im Zusammenhang komplizierter historischer Verwicklungen – jene Schwierigkeiten bewirkten, deren Milderung oder Beseitigung notwendigerweise erwartet wird.

In spanischer Sprache denkt und schreibt auch jener, der sich gegen Spanien wehrt. Denn ob er will oder nicht, er ist geprägt durch die Worte, die Ideen enthalten, durch eine *mentalité,* wie die Franzosen sagen, der keiner zu entrinnen vermag, weil er nicht seiner Sprache ausweichen kann. Wer die Entdeckung für ein Unglück hält, müsste dann konsequenterweise es auch beklagen, dass Amerika mit Nutzpflanzen und Haustieren, mit dem Buchdruck und der europäischen Kunst und Gelehrsamkeit vertraut gemacht wurde, mit verschiedenen Techniken, die es erlaubten, das Land zu erschließen. Es gäbe kein argentinisches Steak, hätten die Spanier nicht das Rind nach Amerika gebracht. Das ist eine Banalität, aber solche Banalitäten werden oft vergessen, sobald im berechtigten Zorn über höchst fragwürdige Erscheinungen der Gegenwart die Kolonialgeschichte als Leidensgeschichte beschworen wird, in der Vermutung, ohne die Berührung mit Spanien und der Alten Welt eine glücklichere, gar glückliche Geschichte gehabt zu haben.

Dieser Band will die erstaunlichste und umstrittenste Kolonisierung, die der Spanier, nicht apologetisch[6] verharmlosend „feiern". Er möchte dazu verhelfen, die Ambivalenz der Geschichte anzuerkennen, auszuhalten, die sich in der Moderne vielleicht nie so spannungsvoll zeigte wie bei dieser ersten „Begegnung“ zweier Welten und Kulturen, die voneinander nichts wussten.

Eberhard Straub (Hrsg.): Conquista. Amerika oder die Entdeckung der Menschenrechte. Köln: Communio Verlag 1991.

Anmerkungen:

1 Eberhard Straub (*1940): deutscher Historiker und Journalist, schreibt u. a. für die „Frankfurter Allgemeine Zeitung“ und die „Süddeutsche Zeitung“.
2 Romanisierung: Übernahme der lateinischen Sprache und römischen Zivilisation durch andere, meist unterworfene Völker.
3 autochthon: hier im Sinne von ursprünglich.
4 Ästhetizismus: Lebensanschauung, die dem Ästhetischen (Schönen, Geschmackvollen) einen absoluten Vorrang vor anderen Werten einräumt.
5 Octavio Paz: mexikanischer Schriftsteller (1914–1998).
6 apologetisch: verteidigend, rechtfertigend.

M 2: Foto eines Demonstrationszugs von Studenten der University of Wisconsin-Madison am 12. Oktober 1992 anlässlich der 500-Jahr-Feiern der Entdeckung Amerikas

Anmerkungen:
to discover: entdecken
to invade: eindringen
UW: University of Wisconsin (USA)
Chicanos: Bezeichnung für in den Vereinigten Staaten lebende Mexikaner und ihre Nachfahren.

Hilfsmittel:

Keine

Erläuterungen und Bearbeitungshinweise

Die vorliegende Aufgabe bezieht sich schwerpunktmäßig auf das Wahlpflichtmodul 5 (Spanischer Kolonialismus) des Rahmenthemas 2 (Wechselwirkungen und Anpassungsprozesse in der Geschichte). Als Semesterübergriff werden in Aufgabe 3 Bezüge zu Inhalten aus dem Rahmenthema 4 (Geschichts- und Erinnerungskultur) hergestellt.

Verbindliche Gewichtung der Teilaufgaben

Teilaufgabe	überwiegend Anforderungsbereich	Gewichtung in Prozent
1	I	20
2	II	25
3	II	25
4	III	30

Lösungsvorschläge

1. *Nach einer Vorstellung der Quelle, in der Sie mit einer historischen Einordnung Anlass, Autor, Adressaten, Quellengattung, Hauptaussage und Intention des Autors bestimmen, geben Sie die wesentlichen Aspekte des Textes ausführlich, vollständig, sprachlich eigenständig, strukturiert und unkommentiert wieder (AFB I).*

Das Vorwort des deutschen Journalisten und Historikers Eberhard Straub zu dem Sammelband „Conquista. Amerika oder die Entdeckung der Menschenrechte“, der 1991, ein Jahr vor den 500-Jahr-Feierlichkeiten zur „Entdeckung“ Amerikas, veröffentlicht wurde, richtet sich an eine interessierte deutschsprachige Öffentlichkeit. Der Herausgeber möchte in dem Band die erste (öffentlich wirksame) Begegnung von Europäern und indigenen Amerikanern vor dem Hintergrund der Entwicklung und Einhaltung der Menschenrechte erörtert wissen.

Straub **erkennt** in seinem Text zwar die **Leiden der Indigenen an**, die ihnen durch die Europäer nach 1492 zugefügt worden waren, **relativiert diese** allerdings mit dem Hinweis darauf, dass alle **expansiven Großmächte** wie z. B. Griechen und Römer die **ursprünglichen Kulturen negativ beeinflussten** oder gar vernichteten. Er lehnt es ab, romantisch den Zustand vor der jeweiligen Eroberung zu verklären; stattdessen sieht er die **Möglichkeiten des Fortschritts**, die durch jede Eroberung gegeben sind. Dies gilt seiner Meinung nach auch für die Expansion der Spanier in Amerika. Die Anschlussfähigkeit an eine ursprüngliche indigene Kultur sei in der Gegenwart nicht mehr gegeben. Vielmehr sollte man die Realität der Begegnung, Eroberung und **Vermischung der europäischen und indigenen Lebensformen** heute endlich **akzeptieren**. Zudem dürfe man nicht vernachlässigen, dass die Menschenrechte den Indigenen erst durch die **christliche Ethik** vermittelt worden seien; Klagen über die ungerechten Folgen der Expansion **vernachlässigen** somit deren **Nutzen**. Neben den Menschenrechten seien die spanische Sprache, die Einführung diverser Nutztiere und Pflanzen, die europäische Bildung und Technik sowie die Buchkultur vorzeigbare Ergebnisse der spanischen Expansion. Die Geschichte Lateinamerikas müsse daher die Zwiespältigkeit zwischen dem nicht abzustreitenden Leiden, das den Indigenen durch die Expansion zugefügt worden sei, und den nicht mehr zu ändernden – nicht immer negativen – Folgen sowie den Erträgen ausgewogen darstellen.

2. *Die Erläuterung setzt umfassende Kenntnisse aus dem Zeitraum der beginnenden europäischen Expansion voraus. Dabei sollen wichtige Aspekte des Zitats erfasst, sinnvoll strukturiert und vor dem historischen Hintergrund erklärt werden, sodass der Leser durch zusätzliche Informationen den historischen Kontext der Aussage verstehen kann. Bezüge auf das theoretische Kernmodul sind an dieser Stelle denkbar, allerdings nicht zwingend erforderlich. Gleiches gilt für das Einbringen von Kenntnissen von Problemlagen im heutigen Lateinamerika. Diese textbezogene Anwendung und Verknüpfung von Wissen fällt in den AFB II.*

Die Erläuterung lässt sich durch das Zitat Straubs „Entdeckung, Eroberung und Kolonisation" (M 1, Z. 2) sinnvoll strukturieren. Dabei wird auf die vier **Formen der kulturellen Begegnung** des Schweizer Historikers **Urs Bitterli** zurückgegriffen: Kulturberührung, Kulturkontakt, Kulturzusammenstoß und Kulturverflechtung. In der Karibik fand nach den „Entdeckungen" des **Kolumbus** 1492 **zunächst** eine **friedliche Kulturberührung** statt, die durch vertrauensbildende Maßnahmen vonseiten der Spanier zu einem **Kulturkontakt** führen sollte. Auf die **Zerstörung La Navidads** auf Hispaniola – wahrscheinlich durch Indigene (nach vorausgegangenen Übergriffen der Spanier) – folgte nach 1493 ein **gewalttätiger Kulturzusammenstoß**. Die Racheaktion des Kolumbus von 1495 führte zur Ermordung von wohl Tausenden Einwohnern auf der Insel.
In anderen Gebieten Mittel- und Lateinamerikas wiederholten sich diese drei Phasen. So setzte **Hernán Cortés** bei der ersten **Begegnung** mit dem hoch entwickelten **Aztekenreich** und dessen Eroberung ab 1519 nach einer ersten Kulturberührung auf einen friedlichen Kulturkontakt, indem er dem Herrscher des Dreibunds zunächst noch freundlich gegenübertrat und gleichzeitig unter den von dem Dreibund unterworfenen Stämmen nach Verbündeten suchte (z. B. den Tlaxcalteken). Im weiteren Verlauf ging er mit hemmungsloser Brutalität bei der **Unterwerfung Tenochtitláns** vor und brachte das Aztekenreich unter seine Kontrolle (ab 1521). Gerade bei diesen Kulturzusammenstößen – zu nennen ist auch die Einnahme des **Inkareichs** durch **Pizarro** ab 1532 – kann die Kritik der Nachkommen der indigenen Bevölkerung ansetzen, weil hier der Grundstein für die tief greifende **Zerstörung der indigenen Kultur** zu sehen ist. Diese wurde dann in der folgenden Phase der Herrschaftseinrichtung und Kolonisation fortgeführt, obgleich es hier auch zur **Kulturverflechtung** kam. Indigene Kulturelemente fanden sich z. B. in der aufgezwungenen oder übernommenen christlichen Religion wieder. So kam es zur Vermischung von religiösen Formen der Spanier und der Indigenen (**Synkretismus**). Insgesamt zeigte sich aber die spanische der indigenen Kultur als überlegen. „Manche Nachkommen" (Z. 1) der Indigenen beurteilen diese Folgen der Kulturbegegnung negativ; ob der verharmlosende Begriff „Missgeschick" (Z. 3) geeignet ist, diesen Prozess zu beschreiben, wird später in Aufgabe 4 behandelt.

3. *Bevor Sie die Quelle M 2 zu M 1 in Beziehung setzen, sollte sie knapp, aber präzise vorgestellt werden. Bei dem Operator „in Beziehung setzen" (AFB II) sollen Zusammenhänge zwischen Sachverhalten aspektgeleitet und kriterienorientiert hergestellt und erläutert werden. Gerade die Erläuterung sollte den Umgang mit historischer Erinnerung im Fokus haben.*

Das Foto eines **Demonstrationszugs** von Studenten der „University of Wisconsin-Madison" am 12. Oktober 1992 aus Anlass der 500-Jahr-Feiern der „Entdeckung" Amerikas (M 2) zeigt mehrere Menschen, die ein Plakat mit der Aufschrift „Columbus didn't discover America, he invaded it! UW-Chicano Students" vor sich hertragen. Bei den **Chicanos** handelt es sich um die in den USA lebenden Mexikaner und ihre Nachfahren, d. h. auch mögliche Nachfahren von Indigenen. Diese kritisieren die Festlichkeiten des „**Columbus Day**", die 1992 aufgrund der 500-Jahr-Feiern – nicht nur in den USA – ein besonderes Ausmaß annahmen. Sie sehen die „**Entdeckung**" **als Invasion** und betonen damit vor allem Elemente des **gewaltsamen Kulturzusammenstoßes** und der **Kulturzerstörung**.
Genau diese Kritik stellt eine Verbindung zum Vorwort von **Straub** (M 1) her. Dieser fasst sie unter dem Ausdruck „Kolonialgeschichte als Leidensgeschichte" (Z. 59) zusammen; er bezeichnet die **Kolonisation** als „**Missgeschick**" (Z. 3) – einen Begriff, den er ohne Quellenangabe den Nachkommen der Indigenen zuweist – und relativiert durch seine **ambivalente Zugangsweise** (Z. 10) die fundamentale Kritik mancher „Nachkommen" (Z. 1). Der Demonstrationszug der **Studenten** (M 2) dagegen bewertet die „**Entdeckung**" eindeutig **negativ**. Trotz ihrer Kritik bedienen sich die Studenten aber der Sprache und der Werte der westlichen Welt – ein Widerspruch, wie ihn auch Straub aufgedeckt hat. Grundlage ihrer Kritik bilden implizit die von Straub hervorgehobenen Begriffe „**Freiheit und Menschenwürde**" (Z. 43), die ihnen erst durch die westliche Kultur vermittelt wurden.

M 1 und M 2 zeigen entweder in Erwartung und Vorbereitung oder in der Kritik an den 500-Jahr-Feiern der „Entdeckung" Amerikas viel über den **Umgang mit historischer Erinnerung**. So gibt M 1 vor, aus der zeitlichen Entfernung einen ambivalenten, kritisch reflektierten Umgang mit der historischen Erinnerung an die vermeintlich erste Kulturbegegnung zwischen amerikanischen Ureinwohnern und Europäern herzustellen. Die **Studenten** in M 2 wählen dagegen die **radikale Kritik**, um eine „**Wir-Identität**" und ein **kollektives Bewusstsein** bei den Nachkommen der Indigenen hervorzurufen. Beide Formen sind nach Aleida und Jan **Assmann** dem **kulturellen Gedächtnis** zuzuschreiben, wobei Straub durch seine ambivalente Darstellung des Problems die **Zerrissenheit der europäischen Kultur** widerspiegelt. Denn Europa kann trotz der großen Erfolge in Lateinamerika, z. B. des Imports gewisser Kulturgüter (vgl. z. B. M 1, Z. 48–56), das Leiden der Urbevölkerung (vgl. Z. 58 f.) nicht ignorieren.

4. *In dieser Aufgabe sollen Sie durch die Anwendung individueller, sachbezogener und/oder politischer Wertmaßstäbe zu einem begründeten Werturteil gelangen (AFB III). Hier bietet sich zunächst die Untersuchung der sachbezogenen Triftig-*

keit der Aussagen Straubs an, um dann zu einem Sach- und Werturteil zu gelangen. Das Werturteil erfolgt auf individueller Ebene, die hier dargestellte Lösung will auch so verstanden sein. Andere gut begründete Lösungen sind ebenfalls denkbar.

Die ambivalente Darstellung Straubs in M 1 kann gewürdigt werden, wenn man seinen relativierenden Aussagen Zustimmung und Glauben schenkt. Allerdings weckt eine tiefere Analyse der Wortwahl und seiner Darstellung insgesamt Zweifel an der Angemessenheit seiner Semantik und an der Triftigkeit seiner Aussagen. Ein Ansatzpunkt liefert schon der Begriff „Missgeschick" (Z. 3), den er den Nachkommen der Indigenen in den Mund legt. Dieser suggeriert, dass die „Entdeckung, Eroberung und Kolonisation" (Z. 2) nur einen durch Ungeschicklichkeit hervorgerufenen ärgerlichen Vorfall dargestellt habe. Dieser verharmlosende Begriff trifft aber nicht auf die gezielte Expansion durch die Spanier und die Ausbeutung aus wirtschaftlichen und ideologischen Interessen zu.
Der **Vergleich mit der Hellenisierung und Romanisierung** von gewissen Völkern Europas, die vorher Ähnliches wie die Indigenen Amerikas erfahren hätten und nicht darüber klagten, ist **unpassend**, zumal er jede Klage über den Kulturverlust als unangemessene „Romantik" abtut (vgl. Z. 11–21). So vernachlässigt der Vergleich zum einen die viel größere zeitliche Distanz zwischen der Hellenisierung bzw. Romanisierung Europas und der Europäisierung Amerikas, zum anderen sind die Vorgehensweisen bei der Kolonisation nur bedingt zu vergleichen. Zwar kam es bei der **Romanisierung** zu gewaltsamen Kulturzusammenstößen, aber auch zu intensiven **Phasen der Kulturverflechtung**, die ein größeres Ausmaß der kulturellen Übernahme, z. B. von religiösen Sitten der Eroberten, zuließ.
Der implizite Vergleich der **Spanier** mit **„Entwicklungshelfer[n]"** (Z. 25 f.) zeigt eine ähnliche Problematik im semantischen Zugriff, da der Aspekt der Gewalt, die von den Spaniern angewandt wurde, und auch deren Interessenlagen völlig ausgeblendet werden. Für jeden heute aktiven „Entwicklungshelfer" kann die Aussage Straubs daher eine Beleidigung darstellen.
Seine Feststellung, dass eine Anschlussfähigkeit an eine ursprüngliche indigene Kultur heute nicht mehr möglich und die amerikanische Kultur nunmehr nur noch als Mischkultur denkbar sei (vgl. Z. 30–48), ist zwar im Prinzip richtig, aber auch hier stört Straubs **deklassierende Darstellung indigener Befindlichkeiten** als „romantischer Ästhetizismus" (Z. 34), die seinen durchweg negativ wertenden Blick auf eine indigene Wahrnehmung deutlich macht.
Schließlich kann auch der Import von „Nutzpflanzen und Haustieren" (Z. 53 f.), von Buchdruck sowie europäischer Kunst und Technik (vgl. Z. 54 f.) als Ausdruck der **Begrenztheit der westlichen Perspektive** gewertet werden, da dieser Zugang den **Eigenwert der indigenen Kultur**, die im Falle der Inkas und Azteken auch auf dem Niveau einer Hochkultur stand, **gering schätzt**.

Man kann insgesamt die **Perspektive Straubs** zugespitzt dahingehend zusammenfassen, dass er die **westliche, „fortschrittliche" Kulturentwicklung als zu erstrebende Norm** ansieht, der sich alle kulturellen Formen auf anderen Kontinenten anzupassen haben. Diese Position und die damit von ihm implizierten Wertungen muss man aber nicht teilen.

Abiturprüfung Niedersachsen 2014 – Geschichte
Erhöhtes Anforderungsniveau – Aufgabe II

Thema: Die Krise(n) der römischen Repbublik

Aufgabenstellung

1. Fassen Sie den Text nach einer quellenkritischen Einleitung zusammen.
2. Arbeiten Sie die dem Text zugrunde liegenden ideologischen Elemente heraus.
3. Erläutern Sie die in Z. 61 angesprochenen historischen Sachverhalte unter Rückgriff auf ein theoretisches Modell zu Krisen oder Revolutionen.
4. Überprüfen Sie die vorliegende Deutung der Krise(n) der römischen Republik.

M: Karl Grunwald / Otto Lukas (Hrsg.): Von der Urzeit zur Gegenwart [1941, Auszug]

VI. Äußerer Glanz – innerer Verfall

1. Besiegte Sieger

Dennoch aber ist der nun einsetzende glänzende Aufstieg Roms der Beginn seines inneren Verfalls. Wenn mit dem karthagischen Staat auch die stärkste Vormacht der vorderasiatischen Rasse militärisch niedergeworfen war, so zog nun andererseits der Geist vorderasiatischen Händlertums siegreich in Rom ein. Durch die riesigen Goldzahlungen aus Karthago und die Tribute aus den neu erworbenen Kolonien strömten in Rom ungeheure Geldmengen zusammen. Die Stadt wurde der Mittelpunkt des Geldmarktes. Immer mehr Fremde siedelten sich in Rom an, vor allem vorderasiatische Händler, die von jeher Meister in Geldgeschäften waren und bald große Reichtümer anhäuften. Von der Sucht nach Geld wurden nun auch die Angehörigen des Amtsadels erfasst. Sie glaubten es ihrem Ansehen schuldig zu sein, ihre altrömische Einfachheit fahren zu lassen und üppig wie jene Händler zu leben. Es kam hinzu, dass alle höheren Staatsämter unbesoldete Ehrenämter waren. Wer nicht reich war, konnte sich darum auch nicht mehr um ein solches Amt bewerben, da er ja nicht die Mittel hatte, „standesgemäß“ zu leben. Auch wurde es immer mehr üblich, dass die Vornehmen, die sich um ein Amt bewarben, die Stimmen der großstädtischen Wählermassen durch Bestechung kauften. Wenn sie dann in den Kolonien ein Amt erhielten, beuteten sie die Untertanen aus und bereicherten sich an den Tributen, die an Rom zu zahlen waren. So zersetzte die unselige Mammonsucht[1] immer mehr jene altrömische Redlichkeit und selbstlose Staatsgesinnung, die bislang die führenden Geschlechter ausgezeichnet hatte.

2. Der Verfall des italischen Bauerntums

Verhängnisvoll für die zukünftige rassische Entwicklung des römischen Volkes war aber vor allem die Zerrüttung des Bauerntums. Weite Gebiete Italiens waren durch Hannibal gänzlich verwüstet worden; gewaltige Blutverluste hatten gerade den Bauernstand geschwächt. Nun aber wurde er auch wirtschaftlich zugrunde gerichtet. Denn aus den überseeischen Provinzen kamen große Mengen billigen Getreides nach Italien. Außerdem ließen die Reichen immer häufiger unentgeltlich Korn an die Volksmassen in Rom austeilen, um diese für ihre Zwecke zu gewinnen. Dadurch aber sanken die Preise, welche die italischen Bauern für ihr Getreide erhielten, so sehr, dass sich ihre Arbeit nicht mehr lohnte. Viele zogen nach Rom, um dort ihr Leben als bezahlte Wähler zu fristen, und erlagen sehr schnell dem Geist der allgemeinen Zersetzung. Andere wanderten in die Kolonien aus, um sich dort anzusiedeln. Tausende von Bauernsöhnen aber wurden nun fortgesetzt im Heere gebraucht, weil in den unterworfenen Kolonien, vor allem in Spanien, ständig starke Besatzungstruppen bereitliegen mussten. So schwand die dichte bäuerliche Bevölkerung, in der das nordische Blut immer noch am stärksten vertreten war, mehr und mehr dahin. Eine allmähliche Entvölkerung setzte ein, auch in den fruchtbarsten Gebieten. Die reichen Senatsherren aber taten nichts, um dieser Entwicklung Einhalt zu gebieten. Sie waren nur darauf bedacht, möglichst viele Bauernhöfe, die von ihren Besitzern verlassen wurden, billig aufzukaufen und sich so riesige Landgüter zu verschaffen. Diese ließen sie nach dem Muster der karthagischen Kapitalisten durch Sklaven bewirtschaften, die in aller Welt zusammengekauft und nach Italien eingeführt wurden.

Welch ein Gegensatz! Vor dem Zweiten Punischen Krieg eine dichte Bevölkerung vorwiegend nordischer Bauern, die dem Volke immer wieder Scharen gesunder Kinder schenkten. Bald nach dem Zweiten Punischen Krieg dünn besiedelte riesige Rittergüter, von Sklaven bewirtschaftet, die ein Rassengemisch aus aller Welt darstellten. Die Nachkommen dieser Sklaven bildeten in späterer Zeit zum größten Teil das „römische Volk“.

VII. Weiterer Ausbau der Weltmacht – weitere Entnordung

Im 2. und 1. Jahrhundert v. Zw.[2] setzte Rom seine Eroberungen fort. Seit der Niederwerfung der Punier herrschte der Einfluss der Senatorenfamilien, die, geblendet von dem Reichtum und der griechischen Bildung und Zivilisation des Ostens, nur ein Ziel kannten, Rom zur Weltmacht über allen anderen Reichen zu erheben. So wurden in jener Zeit Makedonien, Griechenland, Kleinasien, Syrien, Ägypten und Gallien erobert und damit ein riesiges Reich gegründet, das alle Länder um das Mittelmeer umfasste. Indem Rom aber gleichzeitig die bäuerlichen Grundlagen seiner Geschichte immer stärker vernachlässigte, richtete es sich schließlich selbst zugrunde. Für die gewaltigen Aufgaben des Weltreiches fehlte es bald an der notwendigen nordischen Volkskraft. Es kam hinzu, dass schwere Bürgerkriege das Reich erschütterten, in denen die Führergeschlechter sich gegenseitig ausrotteten und so die Entnordung Italiens beschleunigten. Im letzten Jahrhundert v. Zw. starben die meisten nordischen Geschlechter des alten Amtsadels aus oder entarteten durch Rassenmischung. Ein neuer Adel bildete sich, ein reiner Geldadel, der sich von der breiten „Masse“ nur noch durch größeren Reichtum auszeichnete.

VIII. Der Rassenmischmasch im Kaiserreich

1. Die Entstehung des Kaisertums

Da diesem Geldadel die angeborenen Führereigenschaften fehlten, konnte der große, klug berechnende Julius Cäsar es unternehmen, mit Hilfe der großstädtischen Massen die Macht des Senates zu brechen und sich zum Alleinherrscher zu machen, wenn auch die alten Rechte des Senats zum Schein bestehen blieben. Zwar fiel er im Jahre 44 v. Zw. unter den Dolchen adliger Verschwörer. Aber in dem nun ausbrechenden langen und blutigen Bürgerkriege unterlagen schließlich die Anhänger der Adelspartei (Schlacht bei Actium 31 v. Zw.), und der Sieger Oktavian wurde der alleinige Herr in dem gewaltigen Reich, der Kaiser Augustus. [...]

Karl Grunwald/Otto Lukas (Hrsg.): Von der Urzeit zur Gegenwart. Aufgabe und Stoff eines Geschichtsunterrichts auf rassischer Grundlage. Frankfurt am Main: Diesterweg. 6. Auflage, 1941.

Anmerkungen:

1 Mammonsucht: Geldgier
2 v. Zw.: Abkürzung für „vor der Zeitenwende“, d. h. v. Chr.

Hilfsmittel:

Keine

Erläuterungen und Bearbeitungshinweise

Die Aufgabe bezieht sich auf das Wahlpflichtmodul 1 (Krise(n) der römischen Republik seit dem 2. Jh. v. Chr.) des Rahmenthemas 1 (Krisen, Umbrüche und Revolutionen) mit Semesterübergriff zum Wahlpflichtmodul 6 (Nationalsozialismus und deutsches Selbstverständnis) im Rahmenthema 3 (Wurzeln unserer Identität).
Hier soll eine Darstellung zur römischen Revolutionszeit behandelt werden, die aus eindeutig nationalsozialistischer Perspektive verfasst wurde. Somit bietet schon das zugrunde liegende Material den Semesterübergriff. Indirekt ist auch das 4. Semester (Geschichts- und Erinnerungskultur) mit einbezogen, da die nationalsozialistische Instrumentalisierung der römischen Geschichte vor allem in der letzten Aufgabe eine Rolle spielt.
Unter den Kategorien „Individuum und Gesellschaft“, „Freiheit und Unfreiheit“, „Frieden und Krieg“ stehen als historische Dimensionen „Kultur- und Ideengeschichte“ und „Politikgeschichte“ im Mittelpunkt. Die Perspektiven sind europäisch und national.

Verbindliche Gewichtung der Teilaufgaben

Teilaufgabe	überwiegend Anforderungsbereich	Gewichtung in Prozent
1	I	25
2	II	25
3	II	25
4	III	25

Lösungsvorschläge

1. *Bei der Lösung dieser Aufgabe ist es besonders wichtig, die Quelle zunächst vorzustellen und sie in die NS-Zeit einzuordnen. Die Intentionen der Verfasser bzw. Herausgeber müssen explizit benannt werden. Die Zusammenfassung sollte möglichst knapp sein und mit eigenen Worten erfolgen. Bleiben Sie dabei nicht zu nah am Text, da sonst die Gefahr einer Nacherzählung besteht, die dem Operator „zusammenfassen" nicht gerecht wird. Auch ist es besonders wichtig, auf sprachliche Distanz zu achten (Verwendung des Konjunktivs) und jegliches NS-Vokabular deutlich als solches zu kennzeichnen (durch Setzung von Anführungszeichen u. ä.) (AFB I).*

Der vorliegende Text ist ein Auszug aus dem von Karl Grunwald und Otto Lukas herausgegebenen Werk „Von der Urzeit zur Gegenwart" aus dem Jahr 1941. Abgedruckt sind die Abschnitte „Äußerer Glanz – innerer Verfall", „Weiterer Ausbau der Weltmacht – weitere Entnordung" und „Der Rassenmischmasch im Kaiserreich", die sich mit der Geschichte der römischen Revolutionszeit befassen. Es handelt sich somit einerseits um eine **Darstellung zur römischen Geschichte**, andererseits um eine **Quelle zur nationalsozialistischen Sicht auf diese Zeit**. Die Autoren bzw. Herausgeber deuten die römische Geschichte im Rahmen der nationalsozialistischen Ideologie. Adressaten sind die interessierte **deutsche Öffentlichkeit**, unter Umständen handelt es sich um ein Geschichtslehrbuch.
Die Darstellung setzt ein mit dem **Sieg Roms über Karthago** und wertet diesen einerseits als **großen römischen Erfolg**, andererseits als **Beginn des inneren Verfalls von Rom**. Der „vorderasiatische" (Z. 9 f.) Händlergeist Karthagos habe auf Rom übergegriffen und in der römischen Oberschicht eine Geldgier ausgelöst, die zum Verfall der römischen Werte geführt habe. Besonders der **Zustrom von Kapital** durch Zahlungen aus Karthago und Tribute aus den neuen Provinzen habe dies bewirkt (vgl. Z. 18–20). Bereicherung des Amtsadels und Korruption, vor allem in Form von Stimmenkauf, habe um sich gegriffen (vgl. Z. 16–18).
Zudem sei es zu einem **Niedergang der römischen Bauern** gekommen, die einerseits durch Verluste im Krieg (vor allem gegen Hannibal) dezimiert, andererseits durch den Import billigen Getreides aus den neuen Provinzen und durch dessen teilweise kostenlose Verteilung an die Bevölkerung wirtschaftlich ruiniert worden seien. Diese Bauern seien dann nach Rom gezogen und hätten als korrumpierte Wähler zum allgemeinen Niedergang beigetragen. Der Bevölkerungsschwund auf dem Land habe zur Entstehung **großer, von Sklaven bewirtschafteter Güter im Besitz reicher Senatoren** geführt – auch das nach karthagischem Vorbild. Die Sklaven hätten ein ethnisches Gemisch dargestellt, das die Grundlage der späteren römischen Bevölkerung gewesen sei. Dieser gesamte Vorgang wird als „**rassischer Verfall**" gewertet (vgl. Z. 47–50).
Im 2. und 1. Jahrhundert v. Chr. habe Rom sich zur Weltmacht erhoben, aber durch den „inneren Verfall[...]" (Z. 4) habe es an Kraft zur Bewältigung der Aufgaben dieses Weltreiches gefehlt. **Bürgerkriege** seien ausgebrochen, die noch „nordischen" (Z. 63) Adelsgeschlechter seien ausgestorben oder „rassisch entartet" (vgl. Z. 64) und ein „reiner Geldadel" (Z. 65) sei entstanden. Diesem hätten aber

die „**angeborenen Führereigenschaften**" (Z. 69) **gefehlt**, sodass **Julius Caesar** die Macht habe an sich reißen können. Nach dessen Ermordung habe sich schließlich, nach weiteren Bürgerkriegen, **Octavian** bzw. **Augustus** gegen die Adelspartei durchgesetzt.

2. *Der Operator „herausarbeiten" gehört in den AFB II. Bei dieser Aufgabe ist es wichtig, die Element der NS-Ideologie nicht nur zu erkennen, sondern sie auch mit den entsprechenden Schlüsselbegriffen aus dem Text zu belegen. Achten Sie darauf, keine langen eigenen Erklärungen zu den ideologischen Aspekten hinzuzufügen. Diese sind hier nicht gefordert und kosten nur unnötig Zeit. Auch sollte man sich nicht auf einen Vergleich, z. B. Hitler – Caesar, einlassen, der an dieser Stelle nicht sinnvoll ist. Vielmehr sollten Sie z. B. das Führerprinzip an der hier vorliegenden Darstellung Caesars belegen.*

Der vorliegende **Text** ist deutlich **von der nationalsozialistischen Ideologie geprägt**. Man sieht dies schon an der Verwendung von „v. Zw." statt „v. Chr." als Zeitrechnung, durch die der christliche Bezug vermieden werden sollte. So ist die gesamte Darstellung der **römischen Revolutionszeit als Vorgang des „inneren Verfalls**" (Z. 4) durch die „Entnordung" (Z. 51) gedeutet, der, ausgehend vom Sieg über Karthago und die sich daraus ergebende „Rassenmischung" (Z. 64), zum Niedergang der Republik geführt habe. Hier wird der Kern der NS-Ideologie sichtbar: die **Rassenlehre** bzw. der Rassismus Hitlers, der die Menschheit in höher- und minderwertige Rassen einteilt. Die hochwertigste Rasse war für Hitler die „**nordische[…]**" **Rasse** (vgl. Z. 60 f.), d. h. die „Rasse der Arier"; unter diesen waren laut Hitler die Deutschen das eigentliche „Herrenvolk". In der vorliegenden Darstellung nehmen jedoch die **Römer**, v. a. die römischen Bauern und der alte Amtsadel, diese herausragende Stellung ein. So spricht der Text von der „altrömische[n] Einfachheit" (Z. 12 f.), von der „altrömische[n] Redlichkeit und selbstlose[n] Staatsgesinnung" (Z. 20 f.) und den „nordischen Geschlechter[n] des alten Amtsadels" (Z. 63 f.), ferner von der „bäuerliche[n] Bevölkerung, in der das nordische Blut immer noch am stärksten vertreten war" (Z. 37 f.). Schließlich beklagt er die „**Entnordung Italiens**" (Z. 62 f.) und die damit fehlende „nordische[…] Volkskraft" (Z. 60 f.).
Mit der ursprünglichen „nordischen Volkskraft" (Z. 60 f.) wird der „Geist der allgemeinen Zersetzung" (Z. 33) kontrastiert, der den „vorderasiatische[n] Händler[n]" (Z. 9 f., vgl. auch Z. 6) und „Kapitalisten" (Z. 43) aus Karthago angelastet wird. Die **Karthager** nehmen hier die Stellung ein, die Hitler den **Juden** zuschrieb: als „Parasiten" und „**Zersetzer einer Kultur**", die allein „Arier" zu bilden in der Lage waren. Aufgabe der „Arier" war es eigentlich, so Hitler, diese „Zersetzer" zu vernichten.
Einen weiteren Kontrast zur „arischen Rasse" bilden die „**rassisch gemischten**" **Sklaven**, die nun in Italien die großen Landgüter bewirtschaften und die Grundlage des neuen römischen Volkes bilden, nach Ansicht des Textes natürlich eine **minderwertige Grundlage** (vgl. Z. 47–50). Diese Sklaven kann man nach Hit-

lers Weltbild mit den „Fellachenrassen“ gleichsetzen, der Masse der „nichtarischen“ Weltbevölkerung, die nach der NS-Ideologie nur dazu da waren, für die „Herrenrasse“ der „Arier“ zu arbeiten.
Von dieser grundlegenden Rassenlehre abgeleitet gab es einige weitere ideologische Grundprinzipien des NS-Staates: Die „**Volksgemeinschaft**“ der „Arier“, die im vorliegenden Text bei der Klage über deren Verfall in Rom anklingt (vgl. Z. 20–22). Gerade dem **Bauerntum** wurde eine besondere Bedeutung als „rassischer Kern“ zugesprochen (**Blut- und Bodenideologie**). Hitler plante einen Krieg zur Eroberung von „**Lebensraum im Osten**“, der mit „nordische[n] Bauern“ (Z. 46) besiedelt werden sollte. Ähnlich ist die Beschreibung der römischen Bauern im Text zu bewerten, deren Verelendung folglich als Quelle des Verfalls gewertet wird (vgl. z. B. Z. 37–39, Z. 45–47, Z. 58 f.).
Außerdem galt das „**Führerprinzip**“, nach dem nur außergewöhnliche Persönlichkeiten in der Lage seien, die „Volksgemeinschaft“ zu führen. Dies wird hier an der **Charakterisierung Caesars** deutlich, der als „groß[...]“ und „klug berechnend[...]“ (Z. 69 f.) beschrieben wird und somit einen Gegensatz zum Geldadel ohne Führungseigenschaften bildet.
Schließlich wird auch die **nationalsozialistische Kapitalismuskritik** deutlich: Die karthagischen Kapitalisten und der Zustrom von Kapital nach Rom werden als Ursachen des Verfalls dargestellt (vgl. Z. 6–9, Z. 20–22, Z. 42–44). Der neue römische „Geldadel“ (Z. 65) zeigt – so der Text – folglich keine echten Qualitäten mehr außer Geldgier (vgl. Z. 11, 20, 65 f.); durch ihre Ausbeutung der Provinzen (vgl. Z. 18–20), ihre rücksichtslose wirtschaftliche Betätigung (vgl. Z. 39–44) und ihren Stimmenkauf bei der Bewerbung um ein Amt (vgl. Z. 16–18, 29–32) habe der Adel letztlich die Republik zerstört (vgl. Z. 69–72).

3. *In Zeile 61 werden die Bürgerkriege erwähnt, die für die römische Revolutionszeit kennzeichnend waren. Die Schwierigkeit dieser Aufgabe liegt darin, einerseits geeignete theoretische Modelle zur Erläuterung zu finden, andererseits die Bürgerkriege sinnvoll dazu in Beziehung zu setzen. Dabei müssen Sie nicht alle Bürgerkriege berücksichtigen, vielmehr können Sie auch nur Teilaspekte bearbeiten, die auf die ausgewählte Theorie bezogen werden müssen. Die hier notwendige eigenständige Strukturierung und Auswahl machen diese Aufgabe besonders anspruchsvoll und erfordern vorbereitende Notizen bzw. ein kurzes Konzept, das man beim Schreiben systematisch abarbeiten sollte. Der Operator „erläutern“ gehört zum AFB II.*

Die im 2. Jahrhundert v. Chr. einsetzende römische Revolutionszeit war gekennzeichnet durch zahlreiche Krisen und Bürgerkriege, die sich immer weiter verschärften und schließlich zum Untergang der römischen Republik und langfristig zur weitgehenden Auslöschung der traditionellen Führungsschicht, der Nobilität, führten. Die Zeit der Bürgerkriege begann mit der **Ermordung der Gracchen** (133 und 123 v. Chr.): Tiberius Gracchus, der mit Reformgesetzen die Agrarkrise eindämmen wollte, wurde mit einigen Hundert seiner Anhänger von Senatoren

umgebracht. Sein Bruder Gaius erlitt zehn Jahre später dasselbe Schicksal, nur dass hier schon mehrere Tausend Anhänger mit ihm den Tod fanden – die Krise hatte sich inzwischen zu **bürgerkriegsähnlichen Zuständen** verschärft. Beide Gracchen aber konnten die auch im vorliegenden Text geschilderte **Agrarkrise**, die schließlich zu einer **militärischen Krise** für die römische Republik wurde, nicht lösen. Vielmehr scheiterten sie am Widerstand der adligen Senatsmehrheit: Die Nobilität, die vom Aufkauf der Bauernhöfe profitierte und auf Landbesitz als einzige standesgemäße wirtschaftliche Betätigung angewiesen war, war nicht bereit, sich selbst wirtschaftlich einzuschränken. Damit verletzten die Angehörigen der Nobilität zwar ihre traditionellen Pflichten als Patrone ihrer bäuerlichen Klientel, für ihren in der Führungsschicht ausgetragenen Kampf um „gloria“ und „dignitas“ bekamen sie so aber die finanziellen Mittel, die im wachsenden Weltreich immer wichtiger wurden. Traditionelle römische Werte wurden dabei jedoch mehr und mehr vernachlässigt.
Innerhalb der adligen Führungsschicht entstanden zwei Parteien: Die **Popularen**, die in der Tradition der Gracchen v. a. das Amt des Volkstribuns nutzten, um Veränderungen zu erreichen, und die **Optimaten**, die sich auf die Traditionen der römischen Republik beriefen und gegen Reformen waren.
Nachdem **Marius** (ein Popular) durch seine **Heeresreform** ein Berufsheer geschaffen hatte (105–101 v. Chr.), war die militärische Krise zwar erst einmal überwunden, die neuen **Berufssoldaten** aber **fühlten sich ihrem Heerführer** und nicht mehr dem römischen Staat und der Nobilität **verpflichtet:** Denn nur von ihrem Heerführer konnten sie Geld, Kriegsbeute und später eine Altersversorgung in Form von Land erwarten. Daher folgten sie ihm bereitwillig – zumal wenn er erfolgreich war. Aber auch die **italischen Bundesgenossen** forderten ihre Rechte ein, insbesondere das volle **römische Bürgerrecht**. Im Grunde war dies der erste Bürgerkrieg, da sich hier römische Soldaten gegenseitig bekämpften (**Bundesgenossenkrieg**, 91–89 v. Chr.).
Der **Aufstieg von Kriegsherren wie Sulla** (einem Optimaten) ist vor dem Hintergrund der beschriebenen Krisen zu sehen, die zu einer **Radikalisierung der Politik** führten. Sulla setzte sich gegen Marius nicht zuletzt aufgrund seines erfolgreichen Feldzugs gegen Mithridates durch. Sein **Marsch auf Rom** und das anschließende Blutbad durch die **Proskriptionen** dezimierten seine politischen Gegner in der Führungsschicht und zerstörten viele republikanische Traditionen. So kehrte Rom auch nach Sullas freiwilligem Rücktritt nicht zur Republik zurück. Vielmehr übernahmen weitere erfolgreiche und mächtige Feldherren – ebenfalls gestützt auf ihre Soldaten – die Herrschaft. Zu diesen gehörte u. a. **Gnaeus Pompeius**, der zunächst als **Konsul**, dann im **Triumvirat mit Caesar und Crassus** die Politik bestimmte. **Caesar** zeigte jedoch schon früh das Bestreben, seine Macht auszubauen. Dies erreichte er nicht zuletzt aufgrund seiner erfolgreichen **Eroberung Galliens**, die er als Sprungbrett für die Machteroberung in Rom nutzte. Als sich Caesar Anfang 44 v. Chr. zum **Diktator auf Lebenszeit** proklamieren ließ, taten sich senatstreue Verschwörer unter der Führung von Brutus und Cassius zusammen und ermordeten ihn während einer Senatssitzung. Aus den inneren Machtkämpfen und Bürgerkriegen, die auf Caesars Tod folgten, ging

31 v. Chr. **Octavian** als Sieger hervor – vor allem, weil er sich auf die Militärklientel seines Adoptivvaters Caesar stützen konnte. Er schuf mit dem **Prinzipat** eine neue Herrschaftsform, die äußerlich die Formen der Republik wahrte, aber alle Macht beim princeps als einzigem Inhaber einer Militärklientel und aller wichtigen Amtsvollmachten vereinigte. Die alte Nobilität war weitgehend ein Opfer der Kämpfe geworden, der princeps konnte sich eine neue, ihm genehme Führungsschicht aufbauen und eine dem Weltreich angemessene Staats- und Verwaltungsstruktur schaffen.
Auf diese Vorgänge kann man verschiedene Krisen- und Revolutionstheorien anwenden, so z. B. **Christian Meiers** Bewertung der Krise der römischen Republik als **„Krise ohne Alternative"**. Seiner Auffassung nach konnte das politische System der römischen Republik nicht mit der Ausdehnung zu einem Weltreich Schritt halten: Die Verfassung habe nicht mehr zur Wirklichkeit gepasst. Die Führungsschicht hatte dieser Entwicklung jedoch nichts entgegenzusetzen, sodass die Gesellschaft ab dem 2. Jahrhundert v. Chr. zunehmend auseinandergebrochen sei und der Adel seine Disziplin aufgegeben habe. Innerhalb der Führungsschicht taten sich zwar immer wieder einzelne mächtige Akteure (z. B. Marius, Caesar) hervor, die die Krisenphänomene beseitigen wollten. Da eine derartige Machtanhäufung jedoch der traditionellen Vorstellung der Nobilität widersprach, wurden diese Akteure bekämpft. Letztlich lief die Entwicklung aber dennoch auf die **Monarchie** eines einzelnen Nobilis hinaus, der alle Macht auf sich vereinte. Erste Anzeichen hierfür sieht man bereits bei Marius und Sulla. Die Geschehnisse zur Zeit Caesars und Octavians zeigen, dass allein der Übergang zur Monarchie die Krise beenden konnte, indem eine neue, an die Realitäten des römischen Weltreiches angepasste Staatsform entstand. Alle Reformen innerhalb des bestehenden Systems (z. B. die der Gracchen) mussten dagegen scheitern.

4. *Der Operator „überprüfen" (AFB III) erfordert eine sachgerechte Untersuchung der vorliegenden Sachverhalte auf der Basis eigener Kenntnisse. D. h. die Darstellung der römischen Revolutionszeit muss in diesem ideologisch extrem tendenziösen Text systematisch überprüft und größtenteils widerlegt werden. Der Verweis auf die Absicht der Autoren und ihre Instrumentalisierung von Geschichte für ihre Gegenwart darf dabei nicht fehlen. Die Hauptschwierigkeit liegt in der sinnvollen Strukturierung der Überprüfung. Am einfachsten ist es, an der Darstellung entlangzugehen und die einzelnen Punkte der Reihe nach zu untersuchen.*

Zunächst einmal kann man festhalten, dass der Verlauf der römischen Geschichte und einzelne Fakten in dem vorliegenden Text durchaus richtig dargestellt werden. Der zugrunde liegende **ideologische Ansatz** aber beruht auf dem **nationalsozialistischen Rassismus** und ist deshalb abzulehnen. Den Autoren geht es vor allem darum, ihren Lesern bei der Darstellung der römischen Geschichte die **NS-Ideologie zu vermitteln**.
Demnach kann man der Grundthese der Verfasser, der Niedergang der römischen Republik beruhe auf „rassischem Verfall" und „Entnordung" (Z. 62) keinesfalls zustimmen. Zwar ist die Darstellung, dass die Ausdehnung des römischen Rei-

ches auf die Oberschicht zurückwirkte und das Macht- und Reichtumsgefüge des römischen Adels verschob, durchaus richtig. Die Schuldzuweisung an das „vorderasiatische[…] Händlertum[…]“ (Z. 6) in Form der Karthager ist aber abwegig. Eher **demontierte sich die römische Oberschicht selbst**, indem sie ihre Geldgier und ihr Streben nach Ruhm nicht an die Gegebenheiten des Reiches anpasste. Da die Ämter in der Republik Ehrenämter waren, beutete die Nobilität deshalb zunehmend die Provinzen aus. Dieser Sachverhalt wird auch im Text erwähnt, allerdings wird falsch von „Kolonien“ (Z. 18) gesprochen.

Auch die Darstellung der **Agrarkrise** als Folge der ausgedehnten Kriege und die Entstehung von Latifundien der römischen Adligen, die von zahlreichen Sklaven bewirtschaftet wurden, ist korrekt. Dies gilt ferner für die große wirtschaftliche und soziale Belastung der Bauern, durch die diese gezwungen waren, nach Rom zu ziehen und als Proletarier in prekären Verhältnissen zu leben. Angesichts dieser Not waren sie bei Wahlen leicht mit Getreidespenden und Geld zu manipulieren. Allerdings ist die **Gleichsetzung der Bauern mit „nordische[m] Blut“** (Z. 37) **abwegig**, genauso wie der angebliche, durch die kapitalistischen Einflüsse Karthagos ausgelöste **Sittenverfall** (vgl. Z. 20–22).

Die **Ursache des inneren Konflikts** kann nicht, wie der Text behauptet, auf das schlechte Vorbild der griechischen und orientalischen Zivilisation sowie auf die sich daraus ergebende „Rassenmischung“ (Z. 64) zurückgeführt werden (vgl. auch Z. 52–55). Zwar dienten die neu eingerichteten Provinzen durchaus der Bereicherung der Führungsschicht und auch die Beeinflussung des römischen Reiches durch die Kultur der eroberten Staaten ist nicht zu unterschätzen; aber letztlich war es das traditionelle römische Streben nach Ruhm und Einfluss des Einzelnen bzw. der eigenen Familie, das die Adligen in einen andauernden Konkurrenzkampf trieb, der von den neuen Verhältnissen noch weiter verstärkt wurde. Damit kam, insbesondere durch die (bewusste) Vernachlässigung der Bauern durch die Nobilität, das traditionelle **Klientelwesen aus dem Gleichgewicht**, das die römische Republik wesentlich stabilisiert hatte. Mit der Militärklientel einerseits und den korrumpierten städtischen Wählern andererseits entwickelten sich Wahlen in erster Linie zu einem finanziellen Kräftemessen. Diese **Destabilisierung des römischen Staates** lag aber nicht an der schwindenden „nordischen Volkskraft“ (Z. 60 f.) oder der Entwicklung eines „Geldadel[s]“ (Z. 65, Z. 69), sondern daran, dass die Regierung bzw. die regierende Schicht eines Stadtstaates mit der Regierung eines Weltreiches zunehmend überfordert war.

Darum kann man auch Caesars und Octavians besondere Führungseigenschaften nicht allein für den **Übergang zur Monarchie** (**Prinzipat**) verantwortlich machen (Z. 69 f., Z. 76). Diese Entwicklung war unter den damaligen Bedingungen die einzige Möglichkeit, den neuen Ansprüchen eines Weltreiches gerecht zu werden.

Abschließend ist festzuhalten, dass die vorliegende Bewertung der römischen Revolutionszeit im Wesentlichen abzulehnen ist, auch wenn Details durchaus richtig dargestellt sind.